近出殷周金文集録

第二册

劉雨　盧岩　編著

中華書局

目　　錄

三、鼎類

165 戈冊方鼎

現藏：山東濟南市博物館

　　　　戈冊。

字數：1
度量：通高 22 釐米
時代：商代後期
著錄：《文物》1999 年 8 期 92 頁
流傳：1997 年 10 月山東濟南市
　　　博物館從市文物商店徵集
現藏：山東濟南市博物館

166 戉鼎

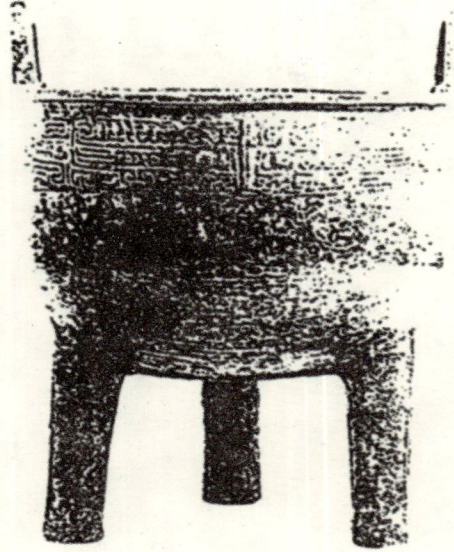

 戉。

字數:1
度量:通高 29 釐米
時代:商代後期
著錄:富士比(1978,7,11:10)
流傳:英國倫敦富士比拍賣行

大。

字數:1
度量:通高 21.8 釐米
時代:商代後期
著録:《考古學報》1986 年 2 期 161—172 頁
出土:1979—1980 年河南羅山縣蟒張鄉天湖村墓葬 41:2
現藏:河南羅山縣文化館

168 盉鼎

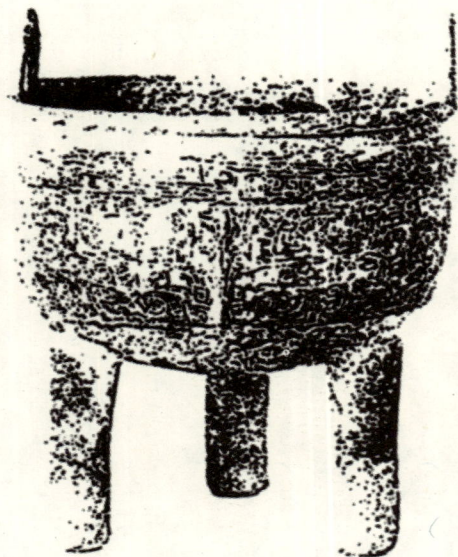

盉。

字數：1
度量：通高 16.5 釐米
時代：商代後期
著錄：富士比（1978，7，11：7）
流傳：英國倫敦富士比拍賣行

169 㱃鼎

㱃。

字數:1
度量:通高 15.7 釐米,口徑 14 釐米,重 1.25 千克
時代:商代後期
著錄:《考古》1989 年 2 期 133 頁
出土:1984 年秋河南安陽市殷墟苗圃北地墓葬 M123:01
現藏:中國社會科學院考古研究所安陽工作隊

170 邑鼎

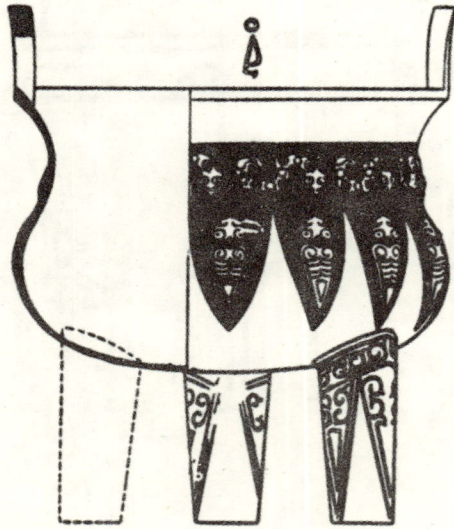

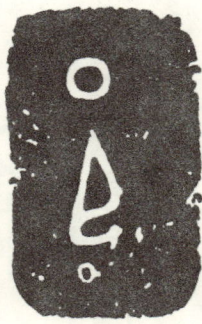

邑。

字數：1
度量：通高 21.9 釐米，口徑 18 釐米
時代：商代後期
著録：《文物》1986 年 11 期 14 頁
出土：1985 年 1 月山西靈石縣旌介村墓葬 M1：36
現藏：山西靈石縣文化局

171 兔鼎

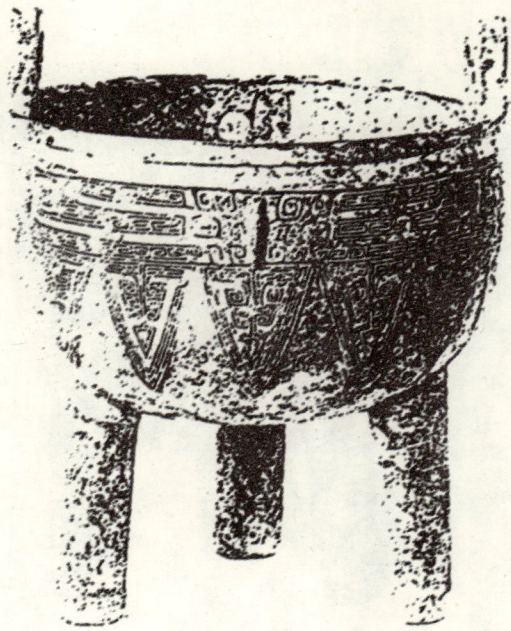

 兔。

字數:1
度量:通高 19.5 釐米
時代:商代後期
著録:富士比(1978,7,11:8)
流傳:英國倫敦富士比拍賣行

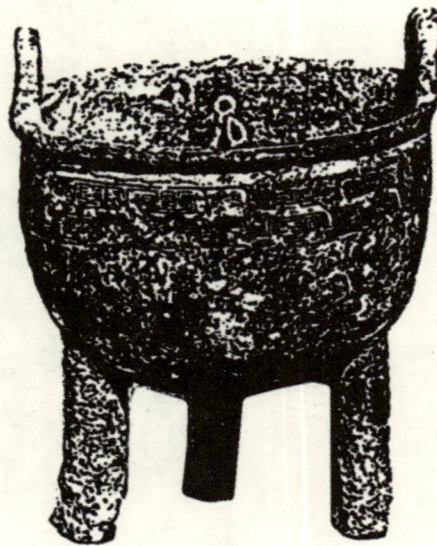

字數:1
度量:通高 15 釐米
時代:商代後期
著録:佳士得(1987,6,8:199)
流傳:英國倫敦佳士得拍賣行

息。

字數：1
度量：通高 21.9 釐米，口徑 17.5 釐米
時代：商代後期
著録：《考古學報》1986 年 2 期 161—172 頁
出土：1979—1980 年河南羅山縣蟒張鄉天湖村墓葬 28:12
現藏：河南羅山縣文化館

174 息鼎

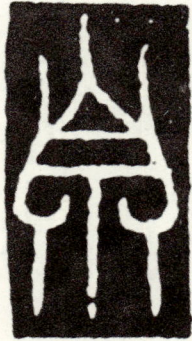

息。

字數:1
度量:通高 21.9 釐米,口徑 17.5 釐米
時代:商代後期
著録:《考古學報》1986 年 2 期 161—172 頁
出土:1979—1980 年河南羅山縣蟒張鄉天
　　　湖村墓葬 28:11
現藏:河南羅山縣文化館

175 息鼎

息。

字數:1
度量:通高 19.7 釐米,口徑 15.5 釐米
時代:商代後期
著録:《考古學報》1986 年 2 期 161—172 頁
出土:1979—1980 年河南羅山縣蟒張鄉天湖村墓葬 5:1
現藏:河南羅山縣文化館

176 舌鼎

舌。

字數:1
度量:通高 18.3 釐米
時代:商代後期
著錄:富士比(1984,12,11:13)
流傳:英國倫敦富士比拍賣行

177 眉鼎

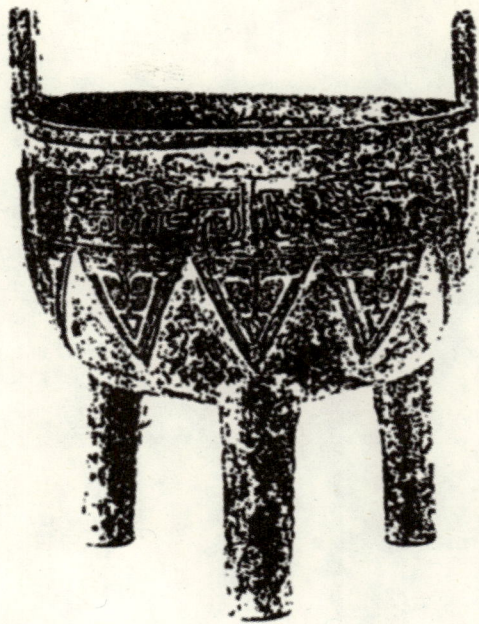

眉。

字數:1
度量:通高 15.5 釐米
時代:商代後期
著錄:富士比(1973,11,27:6)
流傳:英國倫敦富士比拍賣行

178 共鼎

　　　　　　　　　共。

字數：1
度量：通高 22 釐米，口徑 17 釐米
時代：商代後期
著録：《考古》1993 年 4 期 322 頁
出土：1987 年 5 月河北薊縣張家園遺址 M2：1
現藏：天津市歷史博物館考古部

179 叟鼎

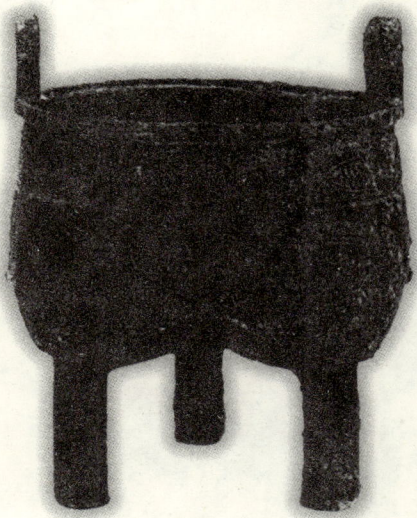

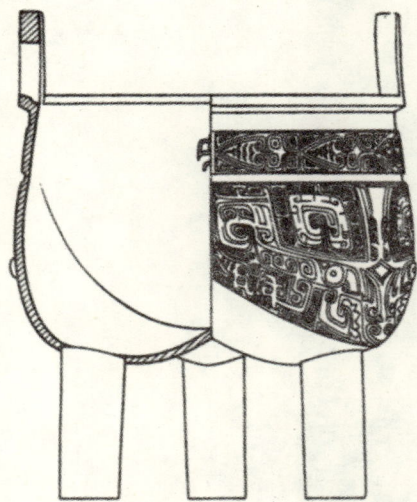

叟。

字數：1
度量：通高 22.2 釐米，口徑 17 釐米
時代：商代後期
著錄：《考古》1998 年 10 期 38—40 頁
出土：1995 年河南安陽市郭家莊東南 26 號墓 M26∶29
現藏：中國社會科學院考古研究所安陽工作隊

180 爰鼎

爰。

字數:1
度量:通高 28.3 釐米,口徑 21.5 釐米,重 4.35 千克
時代:商代後期
著録:《考古學報》1991 年 3 期 333—342 頁
出土:1984 年 10—11 月河南安陽市戚家莊東 269 號墓
現藏:河南安陽市文物工作隊

181 爰鼎

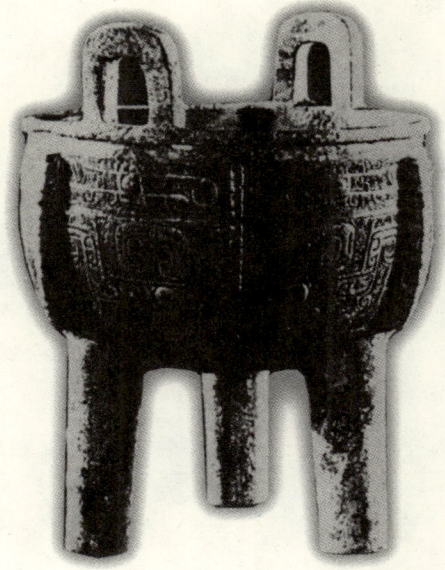

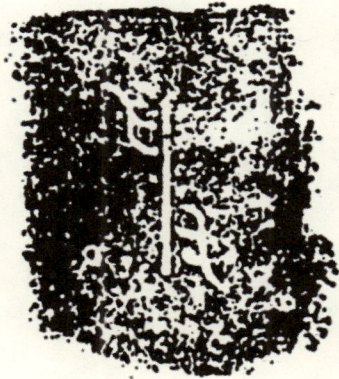

爰。

字數:1
度量:通高 21 釐米,口徑 15.4 釐米,重 2.05 千克
時代:商代後期
著錄:《考古學報》1991 年 3 期 333—342 頁
出土:1984 年 10—11 月河南安陽市戚家莊東 269 號墓
現藏:河南安陽市文物工作隊

182 爰方鼎

爰。

字數:1
度量:通高 22.5 釐米,重 3.1 千克
時代:商代後期
著録:《考古學報》1991 年 3 期 333—342 頁
出土:1984 年 10—11 月河南安陽市戚家莊東 269 號墓
現藏:河南安陽市文物工作隊

183 正鼎

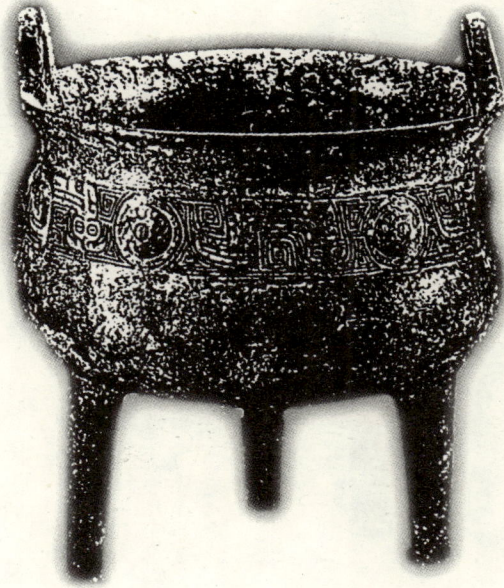

正。

字數：1
度量：通高 16.5 釐米
時代：商代後期
著錄：富士比（1993, 12, 7：7）
流傳：英國倫敦富士比拍賣行

184 隻鼎

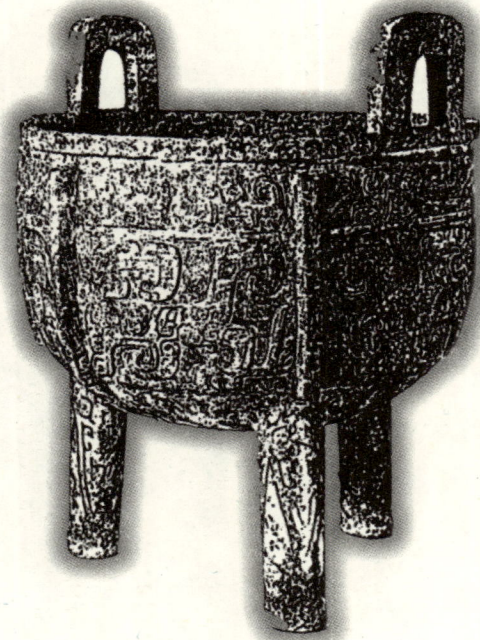

隻。

字數:1
度量:通高 25.8 釐米
時代:商代後期
著録:富士比(1984,6,19:14)
流傳:英國倫敦富士比拍賣行

185 子鼎

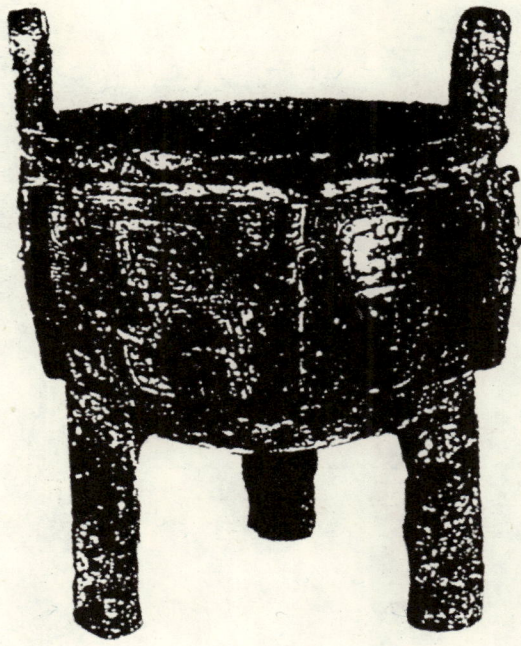

 子。

字數:1
度量:通高 16 釐米
時代:商代後期
著錄:富士比(1973,6,26:37)
流傳:英國倫敦富士比拍賣行

186 子鼎

　　　　　　子。

字數：1
度量：通高 20 釐米
時代：商代後期
著録：富士比（1970，12，15：16）
流傳：英國倫敦富士比拍賣行

187 巳鼎

巳。

字數:1
度量:通高 37 釐米,口徑 28.9 釐米
時代:商代後期
著録:《文物》1989 年 12 期 91—92 頁
出土:1981 年 5 月河南武陟縣宁郭村
現藏:河南武陟縣博物館

188 亞方鼎

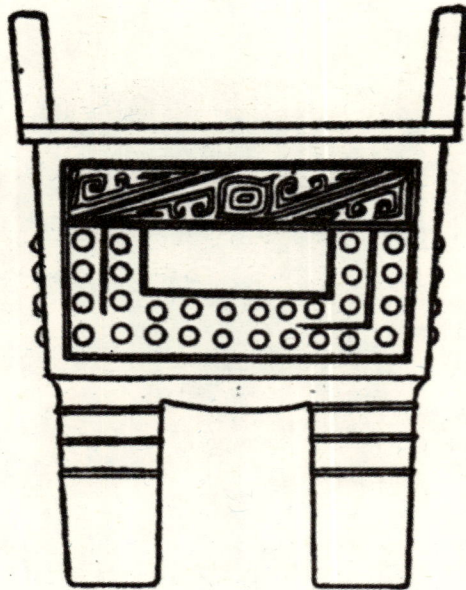

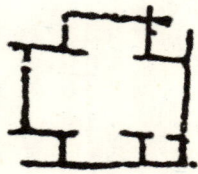　　　　　　　　亞。

字數:1
度量:通高 10 釐米
時代:商代後期
著錄:《考古》1988 年 10 期 876—878 頁
出土:1987 年夏河南安陽市郭家莊墓葬 M1:19
現藏:中國社會科學院考古研究所安陽工作隊

189 寵方鼎

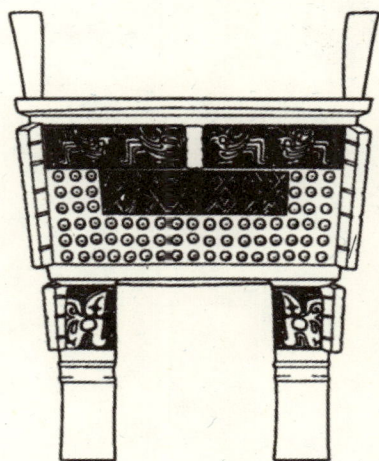 

寵。

字數:1
度量:通高 23.2 釐米,重 3.25 千克
時代:商代後期
著録:《文物》1997 年 12 期 29—33 頁
出土:1996 年 4 月湖北蘄春縣達城鄉新屋彎
現藏:湖北蘄春縣博物館

190 寵方鼎

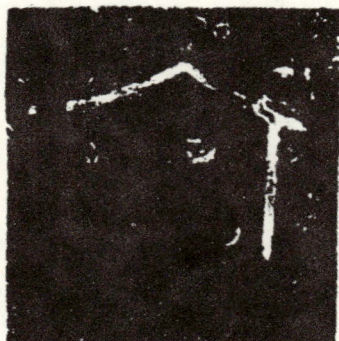

寵。

字數:1
度量:重 3.08 千克
時代:商代後期
著錄:《文物》1997 年 12 期 29—33 頁
出土:1996 年 4 月湖北蘄春縣達城鄉新屋灣
現藏:湖北蘄春縣博物館

191 夆方鼎

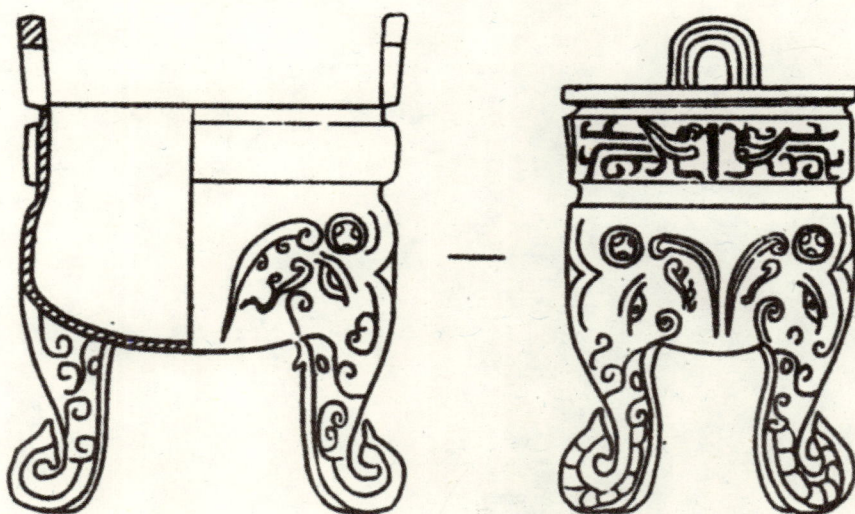

夆。

字數:1
度量:通高 20.4 釐米
時代:西周早期
著録:《文物》1996 年 12 月 7—10 頁
出土:1985 年 5 月山東濟陽縣姜集鄉
　　　劉臺子村墓葬 M6:22
現藏:山東省文物考古研究所

192 Ⱳ鼎

字數：1
度量：通高 19.5 釐米
時代：商代後期
著錄：富士比（1979，12，11：25）
流傳：英國倫敦富士比拍賣行

193 融方鼎

　　　　　　　融。

字數:1
度量:通高 21.5 釐米
時代:商代後期
著録:《海岱考古》第一輯 256—266 頁
出土:1986 年春山東青州市蘇埠屯墓葬 M8:13
現藏:山東青州市博物館

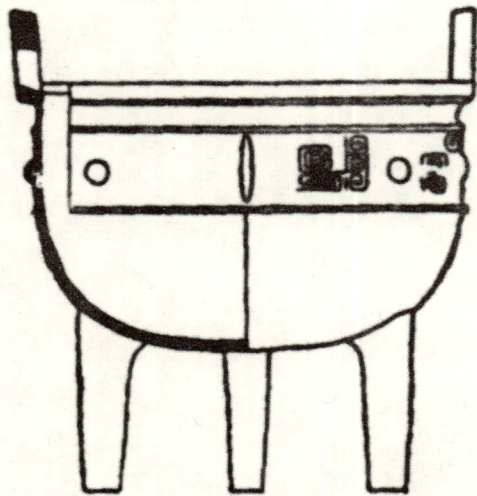

个。

字數:1
度量:通高 15.3 釐米
時代:商代後期
著錄:《考古學報》1992 年 3 期 354—356 頁
出土:1960 年秋河北武安縣趙窑村墓葬 M10:7
現藏:河北省文物研究所

195 弓鼎

弓。

字數:1
度量:通高 17.1 釐米,口徑 15.2 釐米,重 1.45 千克
時代:西周中期
著録:《考古與文物》1994 年 3 期 31 頁
出土:1957 年陝西岐山縣京當鄉禮村
現藏:陝西岐山縣博物館

196 弓鼎

弓。

字數：1
度量：通高 17 釐米
時代：西周中期
著錄：《考古與文物》1984 年 5 期 9 頁
出土：1957 年陝西岐山縣京當鄉禮村
現藏：陝西岐山縣博物館

197 卜鼎

 卜。

字數：1
度量：通高 22.8 釐米
時代：商代後期
著錄：《文物》1995 年 6 期 89 頁，《中國文物報》
　　　1993 年 21 期 4 版
出土：1992 年 10 月河北遷安縣夏官營鎮馬哨村

198 酉方鼎

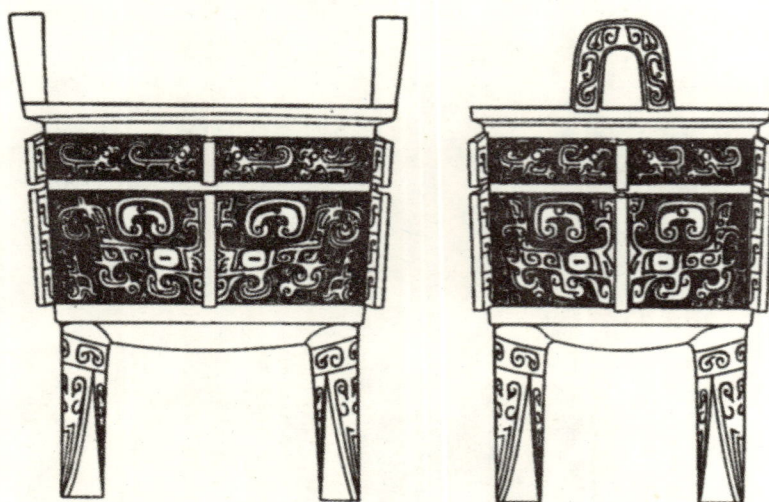

酉。

字數：1
度量：通高 22 釐米
時代：商代後期
著録：《文物》1997 年 12 期 29—33 頁
出土：1996 年 4 月湖北蘄春縣達城鄉新屋彎
現藏：湖北蘄春縣博物館

199 向鼎

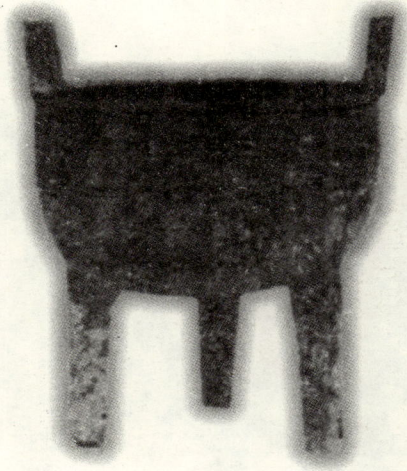

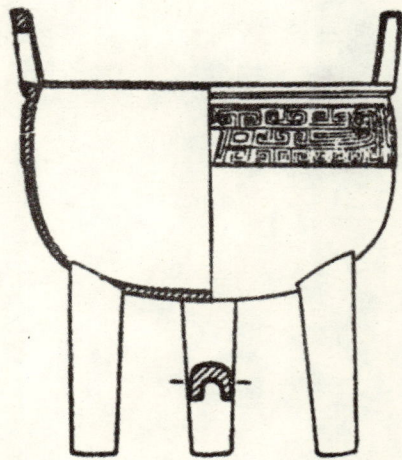

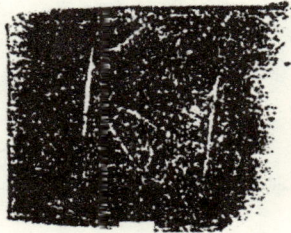 向。

字數:1
度量:通高 16.5 釐米,口徑 13.8 釐米
時代:商代後期
著録:《考古》1992 年 2 期 187 頁
出土:1990 年 5 月河南安陽市梅園莊墓葬 M1:5
現藏:中國社會科學院考古研究所安陽工作隊

200 囚鼎

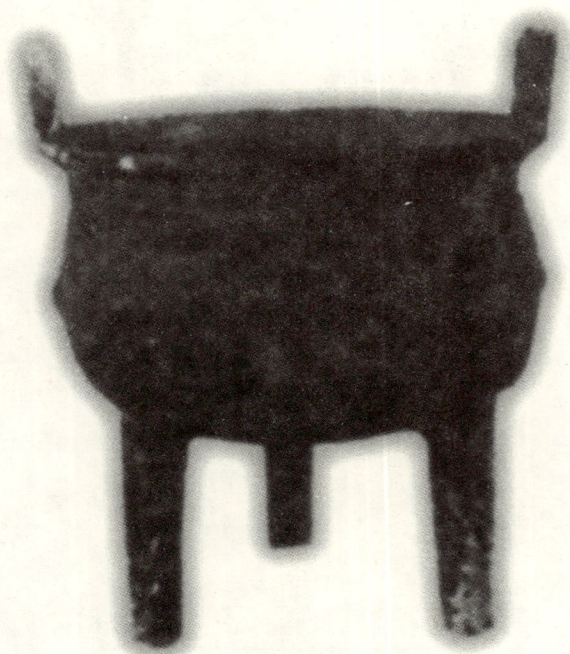

囚。

字數：1
度量：通高 19 釐米，口徑 16 釐米
時代：商代後期
著録：《考古與文物》1990 年 5 期 25—38 頁
出土：陝西西安市大白楊庫
現藏：陝西西安市文物中心

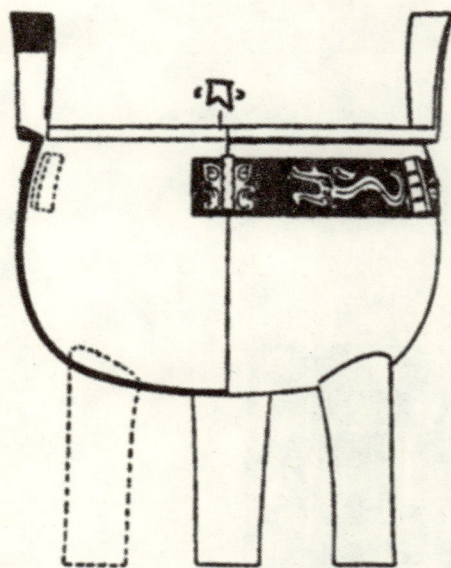

字數:1
度量:通高 33.4 釐米,口徑 25.3 釐米
時代:商代後期
著録:《文物》1986 年 11 期 14 頁
出土:1985 年 1 月山西靈石縣旌介村墓葬 M2:38
現藏:山西靈石縣文化局

202 𠨍鼎

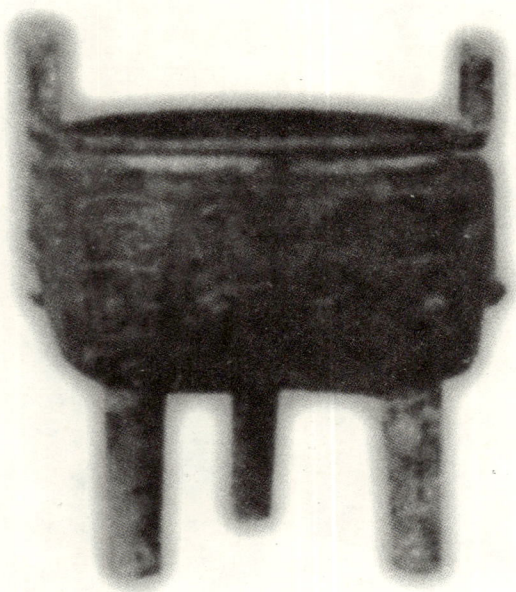

字數：1
度量：通高 20.2 釐米，口徑 16.6 釐米
時代：西周早期
著録：《考古與文物》1990 年 5 期 26—43 頁
出土：1980 年陝西長安縣灃西鄉馬王村
現藏：陝西西安市文物中心

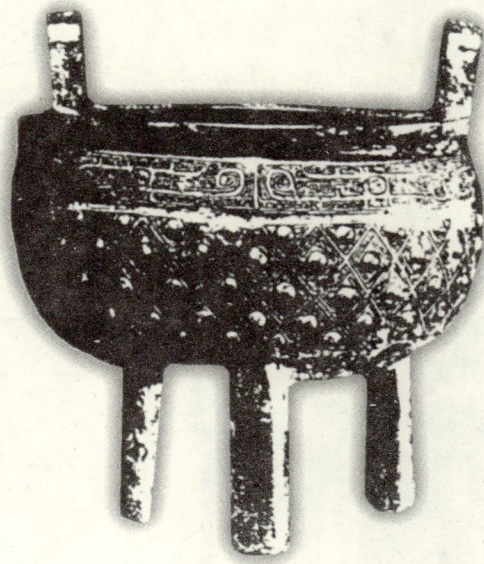

字數:1
度量:通高 16.1 釐米
時代:商代後期
著録:沃森 PL·15a;佳士得(1988,12,1:142)
流傳:英國倫敦佳士得拍賣行

204 祖癸鼎

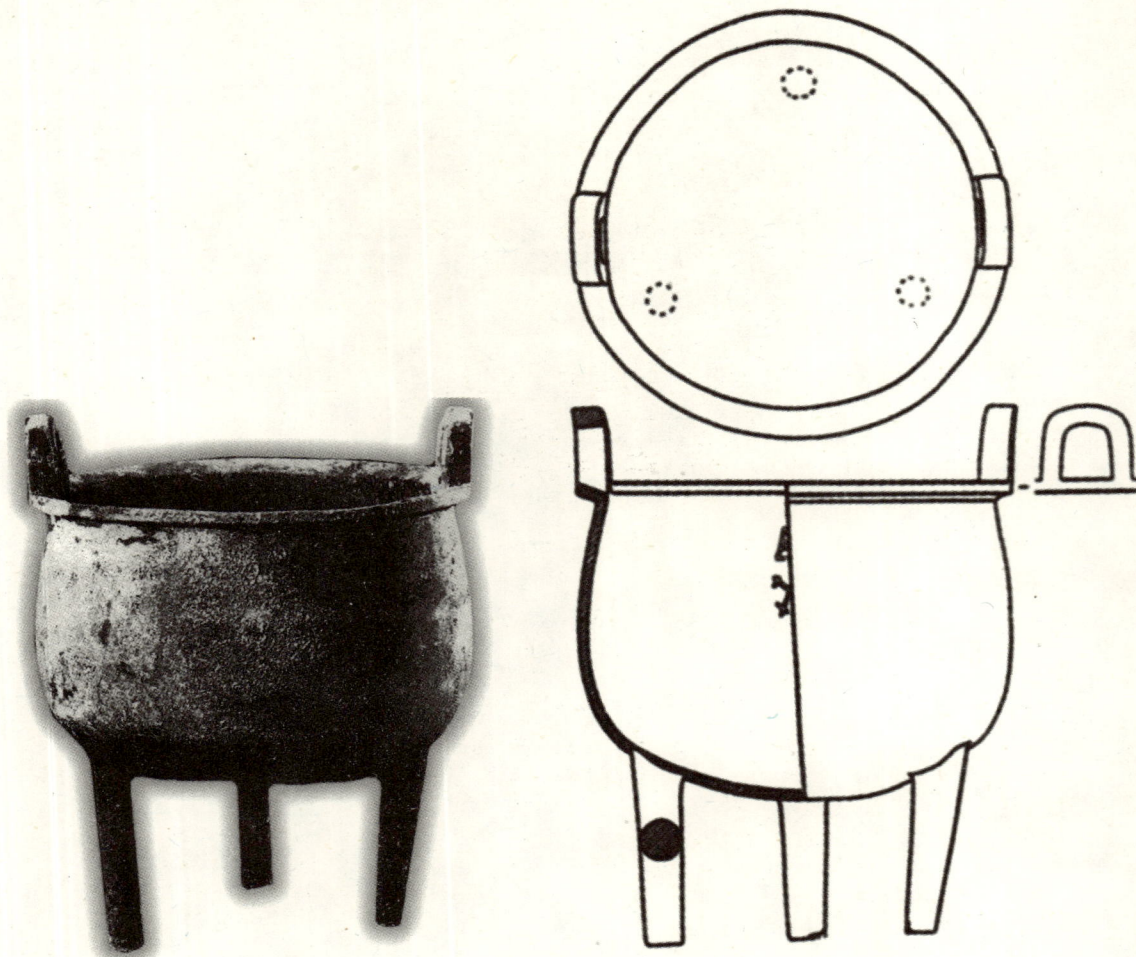

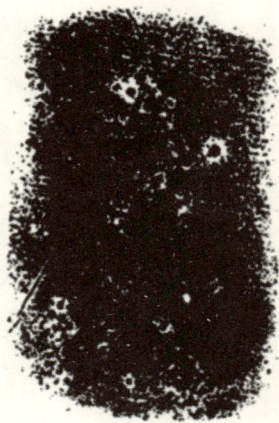

祖癸。

字數:2
度量:通高 20.7 釐米,口徑 16 釐米
時代:西周早期
著錄:《高家堡戈國墓》91 頁
出土:1991 年陝西涇陽縣興隆鄉高家堡 M4:19
現藏:陝西涇陽縣博物館

205 父庚鼎

父庚。

字數：2
度量：通高 17 釐米，口徑 15.8 釐米
時代：西周早期
著録：《考古與文物》1990 年 5 期 26—43 頁
流傳：陝西西安市大白楊庫
現藏：陝西西安市文物中心

206 戈乙鼎

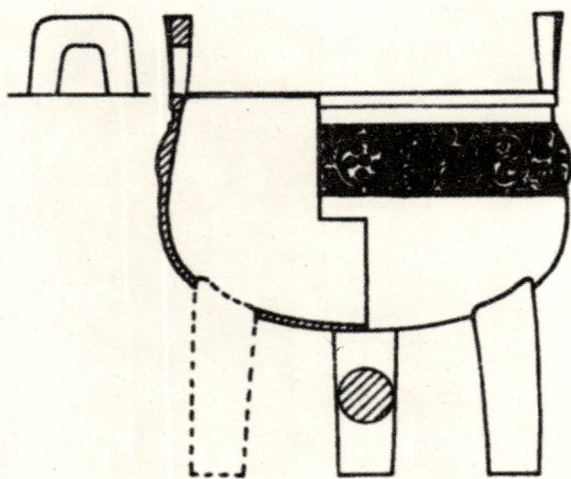

 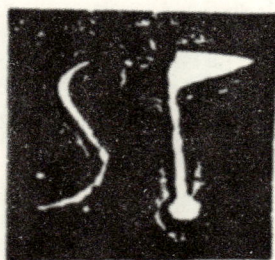

乙　戈
。

字數：2
度量：通高 25.7 釐米
時代：商代後期
著録：《江漢考古》1998 年 3 期 92—93 頁
出土：1986 年湖北武漢地區新洲縣陽邏鎮架子山

207 己並鼎

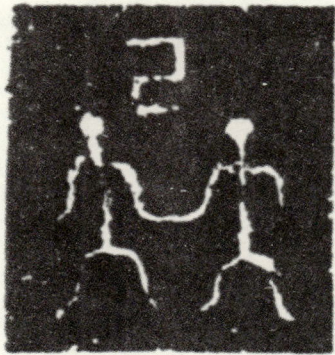

己並。

字數：2
度量：通高 33.4 釐米，口徑 28 釐米
時代：商代後期
著錄：《文物》1985 年 3 期 2—5 頁
出土：1983 年 12 月山東壽光縣"益都侯城"故址
現藏：山東壽光縣博物館

208 己並鼎

己
並。

字數:2
度量:通高 23.6 釐米,口徑 17.8 釐米
時代:商代後期
著録:《文物》1985 年 3 期 2—5 頁
出土:1983 年 12 月山東壽光縣"益都侯城"故址
現藏:山東壽光縣博物館

209 己並鼎

己並。

字數:2
度量:通高 19.2 釐米,口徑 14.8 釐米
時代:商代後期
著錄:《文物》1985 年 3 期 2—5 頁
出土:1983 年 12 月山東壽光縣"益都侯城"故址
現藏:山東壽光縣博物館

210 秉己鼎

秉己。

字數:2
度量:通高 23.5 釐米
時代:商代後期
著錄:富士比（1970,7,14:54）
流傳:英國倫敦富士比拍賣行

211 冎辛鼎

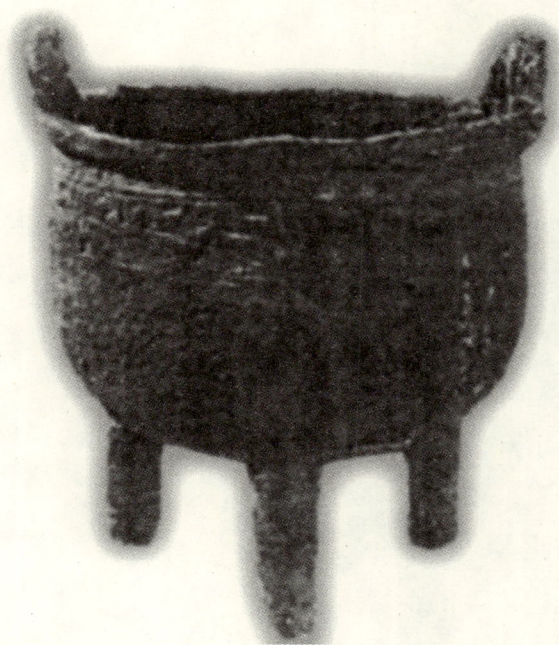

冎
辛。

字數:2
度量:通高 16 釐米,口徑 16.2 釐米
時代:商代後期
著録:《中原文物》1998 年 2 期 111—113 頁
現藏:河南鄭州大學文博學院

212 辛守鼎

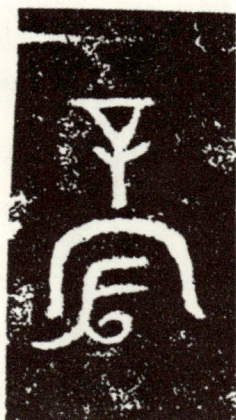

辛守。

字數:2
度量:通高 21.8 釐米, 口徑 17.8 釐米
時代:商代後期
著錄:《歐洲所藏中國青銅器遺珠》圖版 7
現藏:德國斯圖加特國立民間藝術博物館
　　　林登博物館

213 子燕方鼎

子
燕。

字數:2
度量:通高 25.6 釐米,口徑 5.2 釐米
時代:商代後期
著録:《文物》1989 年 7 期 43—44 頁
出土:1973 年四川銅梁縣土橋鄉八村墓葬
現藏:四川銅梁縣文化館

214 亞址鼎

字數：2（蓋器同銘）
度量：通高 33 釐米，口徑 8.2 釐米
時代：商代後期
著錄：《安陽殷墟郭家莊商代墓葬》80 頁
出土：河南安陽市殷墟郭家莊 M160：32
現藏：中國社會科學院考古研究所

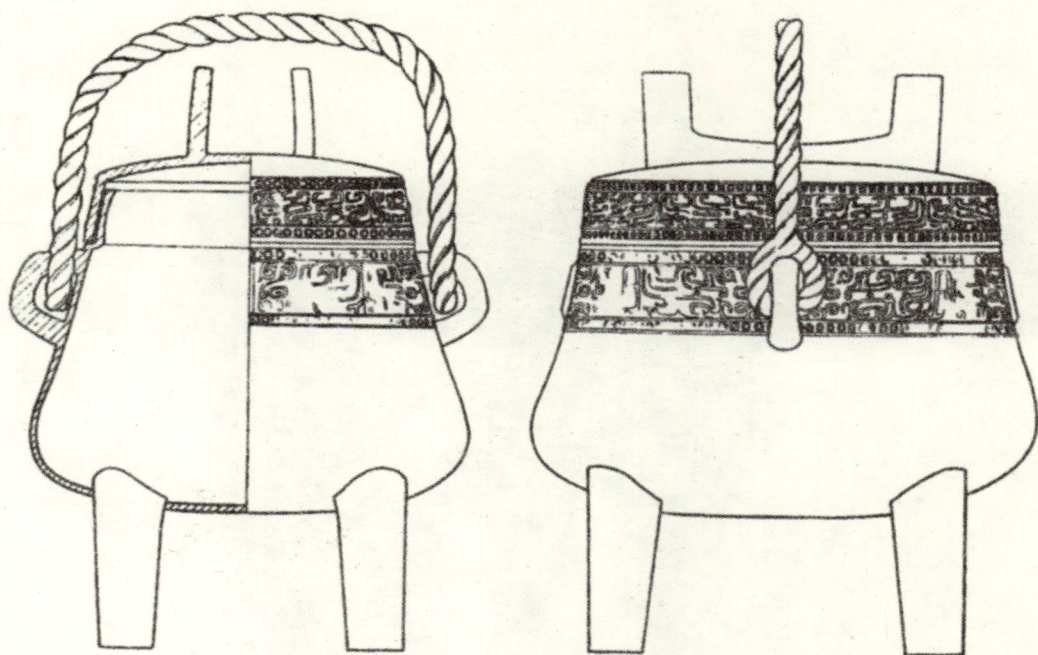

（器）　　　　（蓋）

亞址。

215 亞址方鼎

字數:2
度量:通高 21.6 釐米,口徑 3.85 釐米
時代:商代後期
著録:《安陽殷墟郭家莊商代墓葬》80 頁
出土:河南安陽殷墟郭家莊 M160:134
現藏:中國社會科學院考古研究所

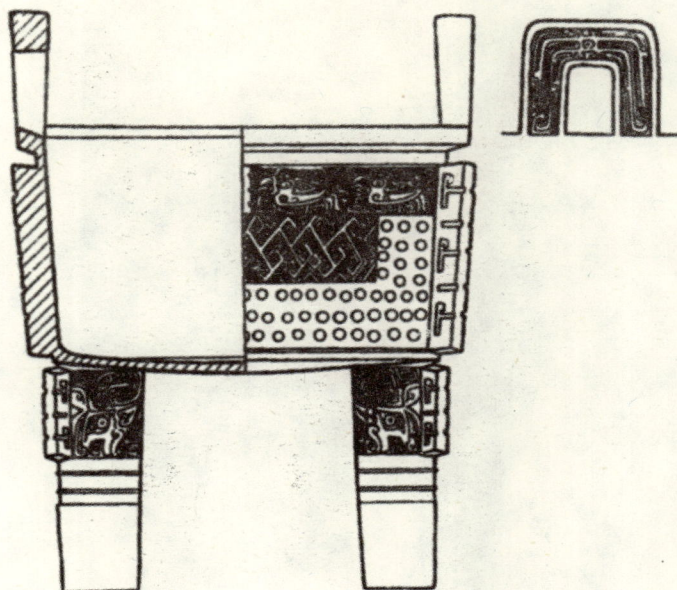

亞
址。

216 亞址鼎

字數:2
度量:通高 55 釐米,口徑 26.1 釐米
時代:商代後期
著録:《安陽殷墟郭家莊商代墓葬》80 頁
出土:河南安陽殷墟郭家莊 M160:62
現藏:中國社會科學院考古研究所

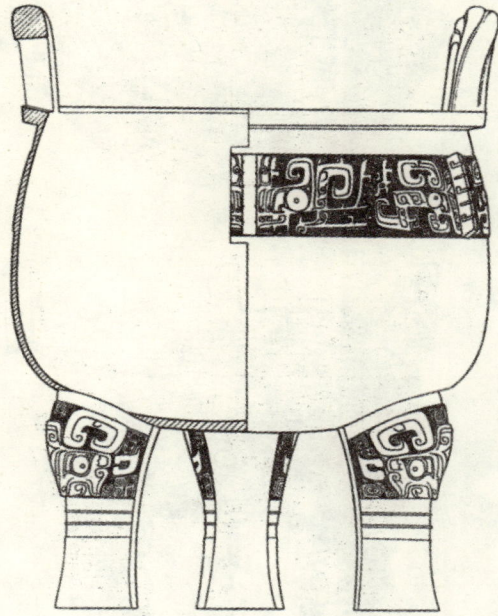

亞
址
。

217 亞齒鼎

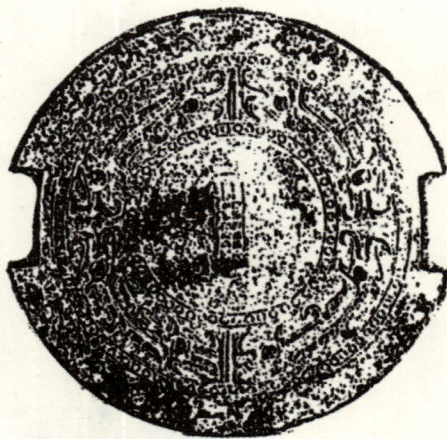

（蓋）

亞
齒。

（器）

字數：2（蓋器同銘）
度量：通高 19.1 釐米
時代：西周早期
著錄：富士比（1985，1，10：7）
流傳：英國倫敦富士比拍賣行

218 疋未鼎

疋未。

字數:2
度量:通高 16 釐米,口徑 13.7 釐米,重 0.8 千克
時代:商代後期
著録:《考古學報》1991 年 3 期 333—342 頁
出土:1984 年 10—11 月河南安陽市戚家莊東 269 號墓
現藏:河南安陽市文物工作隊

219 絆葡鼎

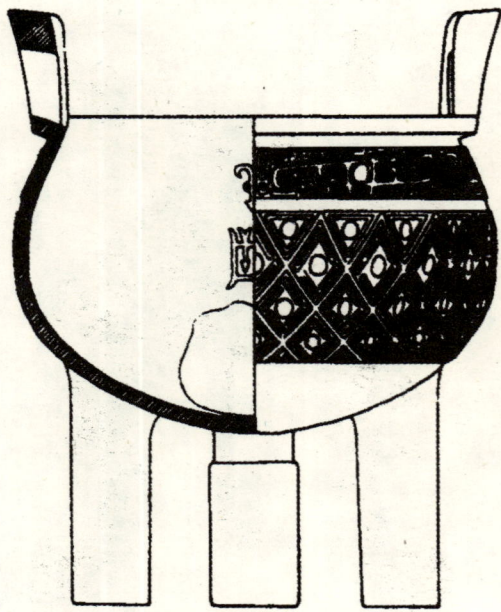

絆葡。

字數:2
度量:通高 16.7 釐米,口徑 1.4 釐米
時代:商代後期
著録:《華夏考古》1991 年 1 期 37 頁
出土:1985—1987 年河南安陽市梯家口村墓葬 M3:5
現藏:河南安陽市博物館

220 敄象鼎

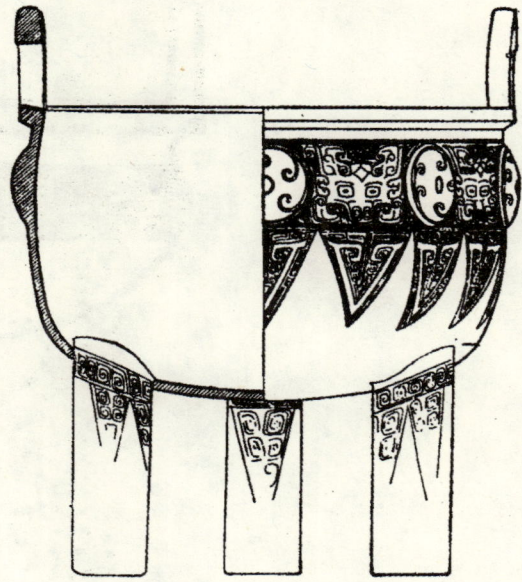

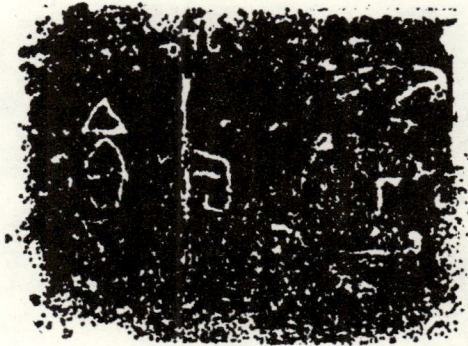

敄
象。

字數:2
度量:通 26.5 高釐米,口徑 22 釐米,重 5.55 千克
時代:商代後期
著録:《考古》1986 年 12 期 1068 頁
出土:1983 年河南安陽市薛家莊墓葬
現藏:中國社會科學院考古研究所安陽工作隊

221 冊融鼎

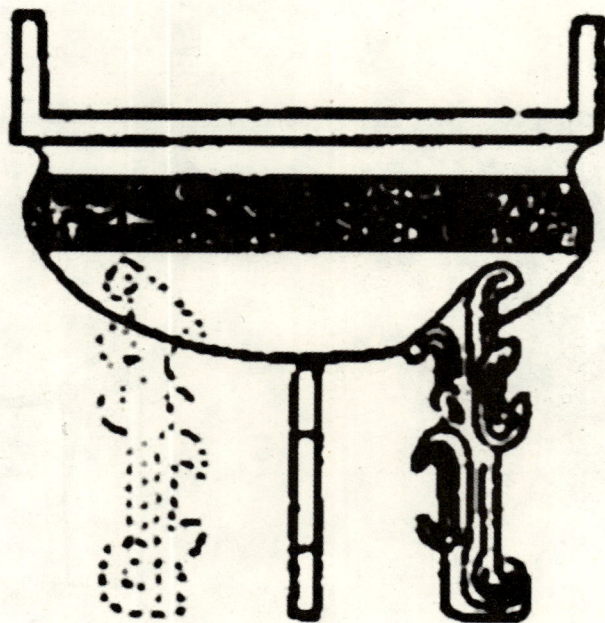

冊融。

字數:2

度量:通高 17.6 釐米,口徑 16.4 釐米

時代:商代後期

著録:《海岱考古》第一輯 256—266 頁

出土:1986 年春山東青州市蘇埠屯墓葬 M8:17

現藏:山東青州市博物館

222 冊融方鼎

冊融。

字數：2
度量：通高 18.7 釐米
時代：商代後期
著録：《海岱考古》第一輯 256—266 頁
出土：1986 年春山東青州市蘇埠屯墓葬 M8：15
現藏：山東青州市博物館

223 龏登方鼎

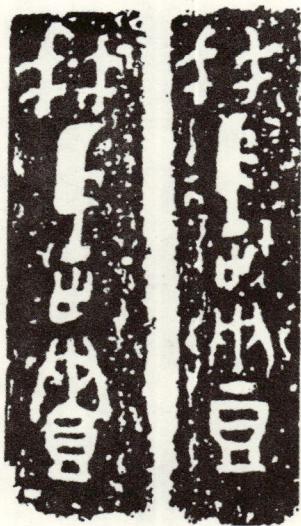

龏止登。

字數：2
度量：通高 20.7 釐米
時代：商代後期
著録：《歐洲所藏中國青銅器遺珠》圖版 9 ；
　　　富士比（1989,12,12：11）
出土：河南安陽市
流傳：英國倫敦富士比拍賣行
備注：龏登方鼎有一對，形制、銘文均同

224 矢宁鼎

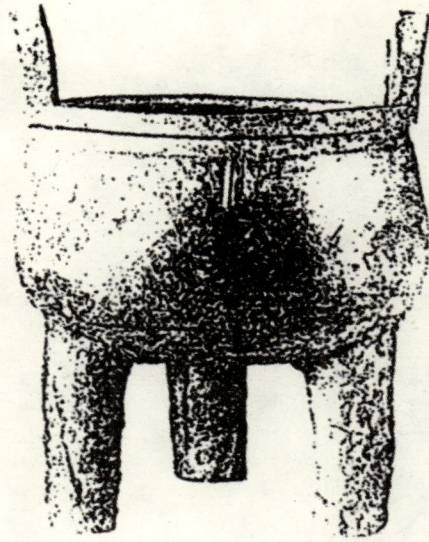

矢宁。

字數：2
度量：通高 21.6 釐米
時代：商代後期
著録：富士比（1984，12，11：16）
流傳：英國倫敦富士比拍賣行

225 ✳双鼎

✳
双。

字數:2
度量:通高 23.3 釐米
時代:西周早期
著録:《考古與文物》1991 年 1 期 3—13 頁
出土:1927 年陝西寶鷄市金臺區陳倉鄉
　　　戴家灣盜掘

226 女心鼎

女
心。

字數:2
度量:通高 13 釐米
時代:商代後期
著録:富士比(1986,12,9:8)
流傳:A. Wood 夫人 舊藏;英國倫敦富士比拍賣行

227 巫鼎

　　　　　　　巫
　　　　　　　亞。

字數:2
度量:通高 15 釐米,口徑 18 釐米
時代:商代後期
著録:《考古》1992 年 12 期 1142 頁
出土:1981 年河南正陽縣傅寨鄉伍莊村

228 散之鼎

散
之。

字數:2
度量:通高 14 釐米,口徑 13.8 釐米
時代:戰國後期
著録:《文物》1985 年 5 期 44 頁
出土:1979 年初西旬邑縣

229 責祖□鼎

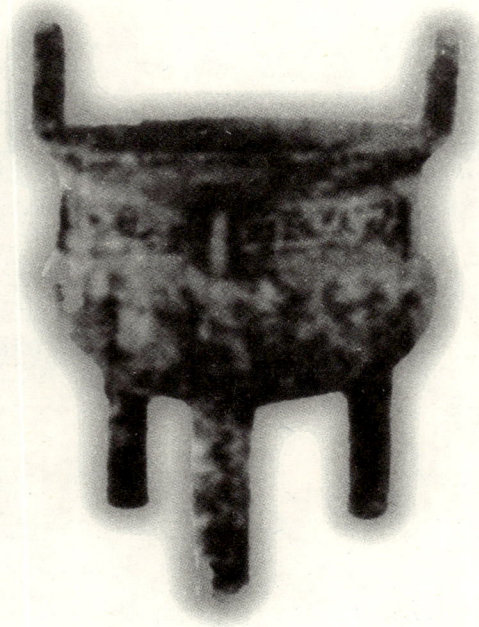

祖
□。
　責。

字數:3
度量:通高 21.8 釐米,口徑 16.7 釐米
時代:商代後期
著録:《考古與文物》1990 年 5 期 25—38 頁
流傳:陝西西安市大白楊庫
現藏:陝西西安市文物中心

230 息父乙鼎

息。父乙。

字數:3
度量:通高 22.4 釐米,口徑 17.2 釐米
時代:商代後期
著録:《考古學報》1986 年 2 期 161—172 頁
出土:1979—1980 年河南羅山縣蟒張鄉
　　　天湖村墓葬 6:2
現藏:河南羅山縣文化館

231 息父丁鼎

 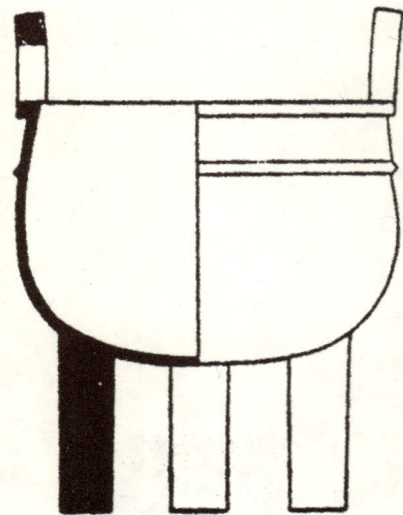

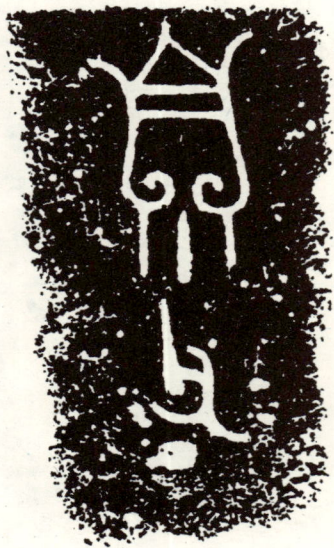

息。父丁。

字數:3
度量:通高 31 釐米,重 7 千克
時代:西周早期
著録:《文博》1985 年 5 期 4 頁
出土:1980 年陝西岐山縣京當鄉王家嘴墓葬 M1:1

232 鄁父丁鼎

鄁。父丁。

字數：3
度量：通高 14.5 釐米
時代：商代後期
著録：富士比(1985,12,10:10)
流傳：英國倫敦富士比拍賣行

233 ⚓父丁鼎

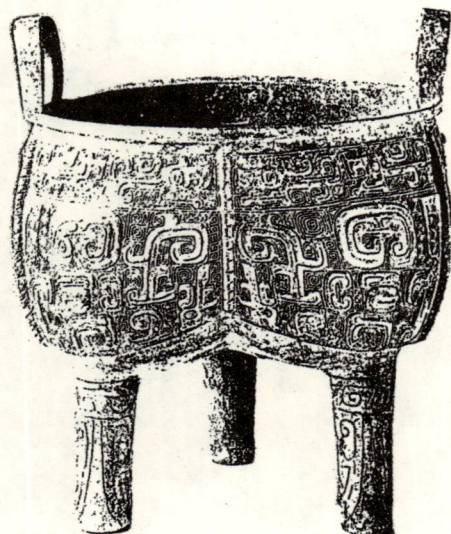

⚓。父丁。

字數:3
度量:通高 18.8 釐米
時代:商代後期
著錄:富士比(1984,6,19:19)
流傳:柏林 H. Hardf 舊藏;英國倫敦富士比拍賣行

234 屰父庚方鼎

屰。父庚。

字數：3
度量：通高 12.5 釐米
時代：商代後期
著錄：富士比（1978，3，30：12）
流傳：英國倫敦富士比拍賣行

235 息父辛鼎

父
息。

辛
。

字數:3
度量:通高 39.5 釐米,口徑 24.2 釐米
時代:商代後期
著錄:《考古學報》1986 年 2 期 161—172 頁
出土:1979—1980 年河南羅山縣張鄉天湖村
　　　墓葬 28:10
現藏:河南羅山縣文化館

236 冀父癸鼎

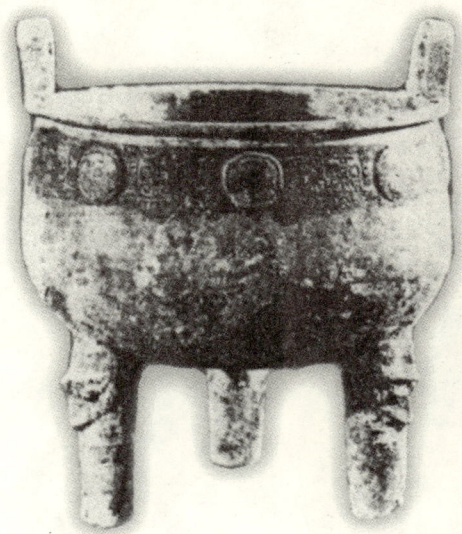 

冀。
父癸。

字數:3
度量:通高 28.6 釐米,口徑 23.2 釐米
時代:商代後期
著錄:《華夏考古》1997 年 2 期 17—18 頁
出土:1983—1986 年河南安陽市劉家莊 M9:70
現藏:河南安陽市文物工作隊

237 斐父癸鼎

斐。
父癸。

字數:3
度量:通高 38.8 釐米,口徑 27.5 釐米,
　　重 8.5 千克
時代:商代後期
著録:《考古》1990 年 10 期 879—881 頁
出土:1988 年 7 月陝西麟遊縣九成宮鎮
　　後坪村
現藏:陝西麟遊縣博物館

238 叔父癸鼎

 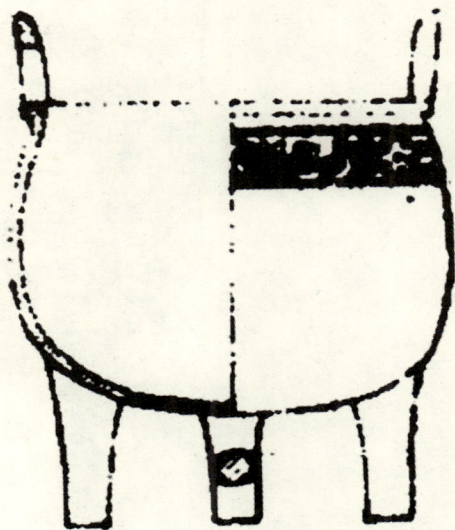

叔。父癸。

字數：3
度量：通高 27.5 釐米，口徑 22 釐米
時代：商代後期
著録：《文物》1992 年 3 期 93—95 頁
出土：1984 年 10 月山東新泰市府前街墓葬
現藏：山東新泰市博物館

239  父癸鼎

。父癸。

字數:3
度量:通高 20.5 釐米
時代:商代後期
著錄:富士比(1958,6,24:90)
流傳:英國倫敦富士比拍賣行

240 得父癸方鼎

得。父癸。

字數:3
度量:通高 23.7 釐米
時代:商代後期
著録:沃森 9b;富士比(1983,6,21:21)
流傳:英國倫敦富士比拍賣行

241 明亞乙鼎

明亞乙。

字數:3
度量:通高 26.6 釐米,口徑 19.1 釐米
時代:商代後期
著録:《海岱考古》第一輯 320—324 頁
現藏:山東濟南市博物館

242 宁戈冊鼎

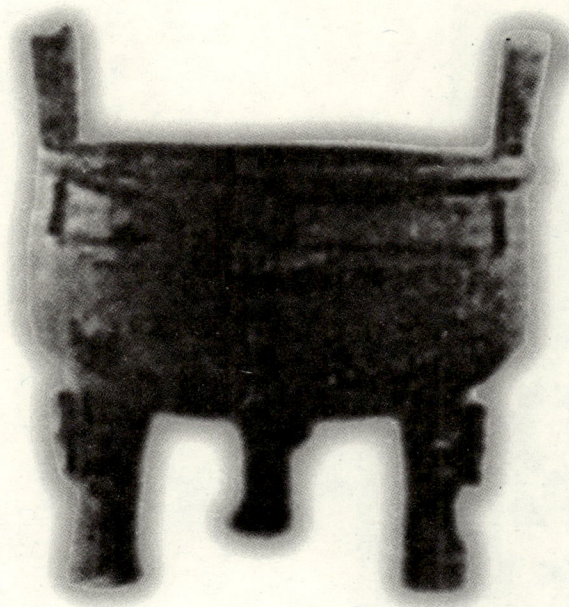

冊
宁
戈。

字數:3
度量:通高 39.5 釐米,口徑 36.4 釐米
時代:西周晚期
著録:《考古與文物》1990 年 5 期 26—43 頁
出土:陝西長安縣馬王鎮新旺村
現藏:陝西西安市文物中心

243 宁戈冊鼎

冊
宁
戈。

字數:3
度量:通高 37.8 釐米,口徑 34.5 釐米
時代:西周晚期
著録:《考古與文物》1990 年 5 期 26—43 頁
出土:陝西長安縣馬王鎮新旺村
現藏:陝西西安市文物中心

244 宁戈冊鼎

冊
宁
戈。

字數:3
度量:通高 34.5 釐米,口徑 30.6 釐米
時代:西周晚期
著録:《考古與文物》1990 年 5 期 26—43 頁
出土:陝西長安縣馬王鎮新旺村
現藏:陝西西安市文物中心

245 亞囊址方鼎

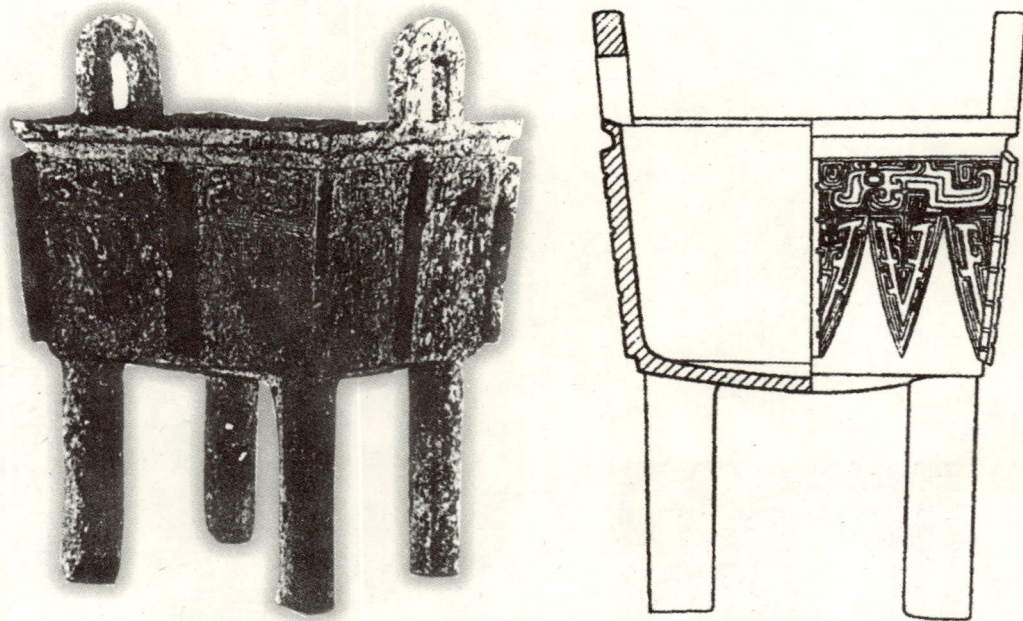

亞囊
址
。

字數:3
度量:通高 18.5 釐米,重 1.6 千克
時代:商代後期
著録:《安陽殷墟郭家莊商代墓葬》83 頁
出土:河南安陽市殷墟郭家莊 M160:21
現藏:中國社會科學院考古研究所

246 亞囊止鼎

 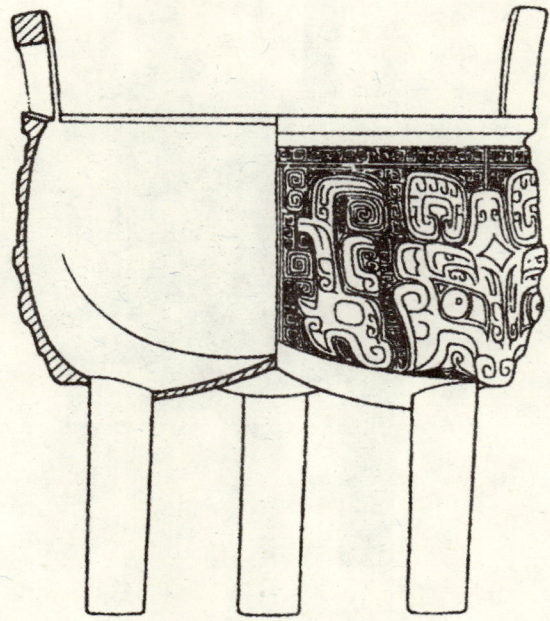

止。 亞
囊

字數:3
度量:通高 21 釐米,口徑 17.1 釐米,重 2.3 千克
時代:商代後期
著録:《安陽殷墟郭家莊商代墓葬》83 頁
出土:河南安陽市殷墟郭家莊 M160:135
現藏:中國社會科學院考古研究所

247 亞睘止鼎

止 亞
。 睘

字數:3
度量:通高21釐米,口徑17.2釐米,重2.5千克
時代:商代後期
著錄:《安陽殷墟郭家莊商代墓葬》83頁
出土:河南安陽市殷墟郭家莊 M160:123
現藏:中國社會科學院考古研究所

248 冀窄伯鼎

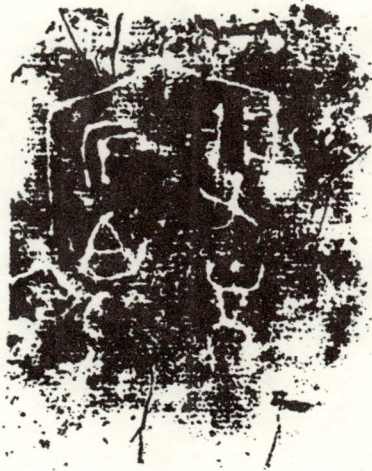

冀。
窄伯。

字數:3
度量:通高 23.5 釐米,口徑 19 釐米
時代:西周中期
著録:《文博》1991 年 2 期 71—74 頁
現藏:陝西韓城市博物館

249 邢叔鼎

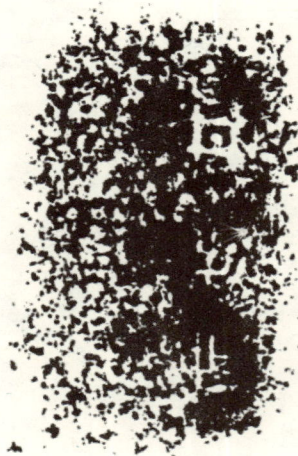

邢叔作。

字數：3
時代：西周中期
著録：《文物》1990 年 7 期 32—33 頁
出土：1984—1985 年陝西長安縣
　　　張家坡邢叔家族墓 M152
現藏：陝西省考古研究所

250 旨鼎

旨作齋。

字數:3
度量:通高 14.1 釐米,重 1.41 千克
時代:西周中期
著録:《文物》1996 年 7 期 54—68 頁
出土:1964—1972 年河南洛陽市
　　　北窑村西龐家溝墓葬

91

251 鼏作彝鼎

鼏作彝。

字數:3

度量:通高 29.7 釐米

時代:西周早期

著録:富士比(1972,3,14:13)

流傳:1953 年在科隆中國青銅器展覽展出;

英國倫敦富士比拍賣行

252 夆◇者方鼎

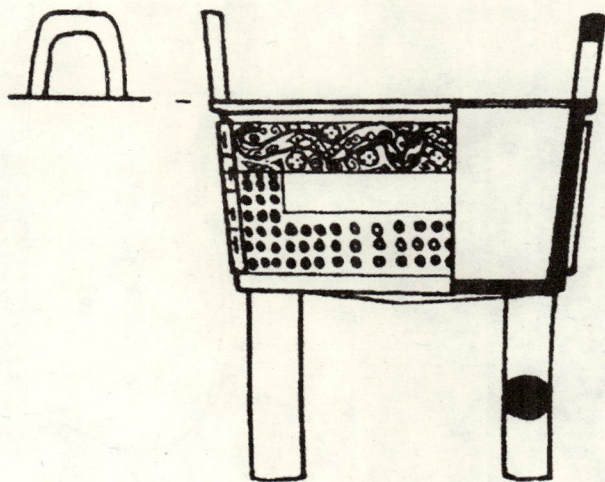

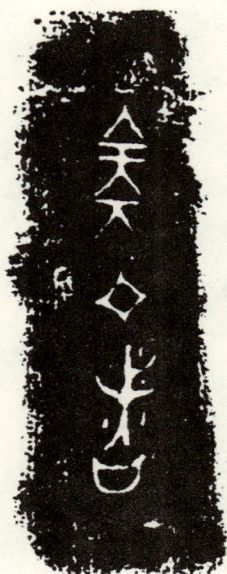

夆。◇者。

字數:3
度量:通高 26 釐米,重 4.5 千克
時代:西周早期
著錄:《文物》1992 年 6 期 76—77 頁
出土:1991 年 4 月陝西岐山縣京當鄉雙庵村
現藏:陝西岐山縣博物館

253 作冊兄鼎

 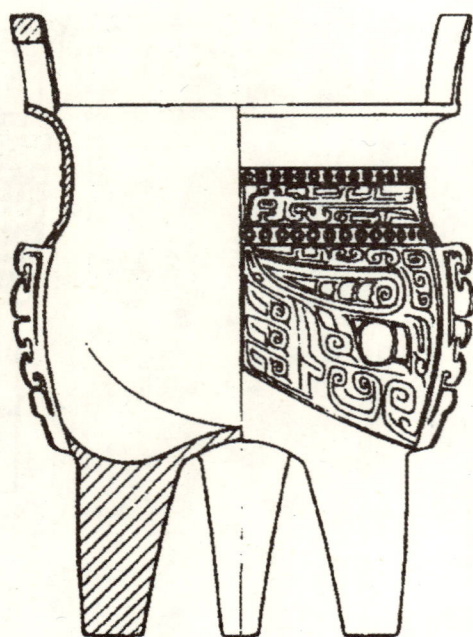

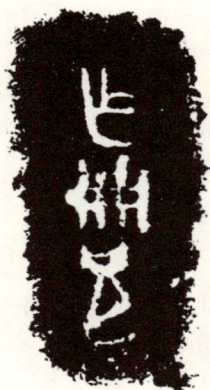

作
冊
兄。

字數：3
度量：通高 22.4 釐米，重 2.3 千克
時代：商代後期
著錄：《安陽殷墟郭家莊商代墓葬》38 頁
出土：河南安陽市殷墟郭家莊 M50:6
現藏：中國社會科學院考古研究所

254 伯作寶方鼎

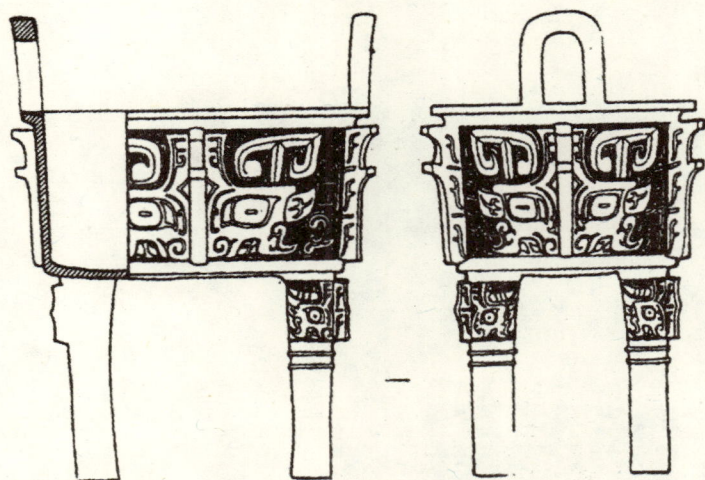

伯作寶。

字數:3
度量:通高 24 釐米
時代:西周早期
著錄:《文物》1988 年 3 期 20—24 頁
出土:1981 年 9 月陝西寶雞市西關紙坊頭村墓葬
現藏:陝西寶雞市博物館

255 伯鼎

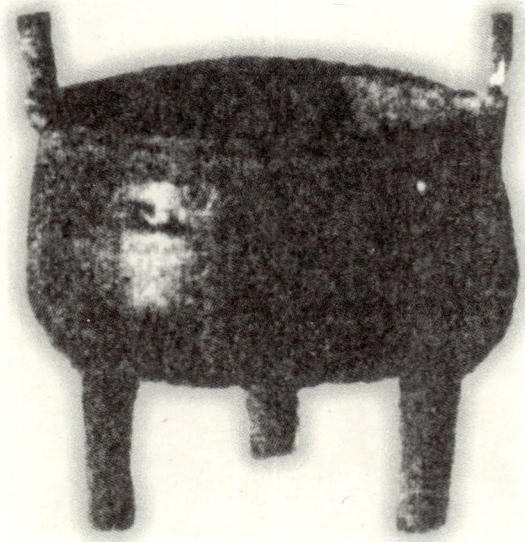

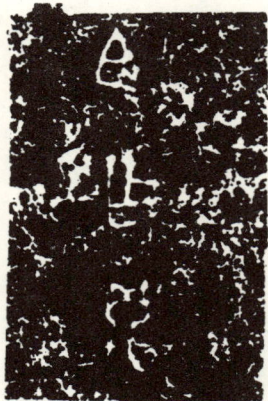

伯作鼎。

字數:3
度量:通高 20 釐米,口徑 18.6 釐米
時代:西周中期
著録:《考古與文物》1989 年 2 期 53 頁
出土:1971 年陝西咸陽市渭城區正陽鄉向家嘴村
現藏:陝西咸陽市博物館

256 伯鼎

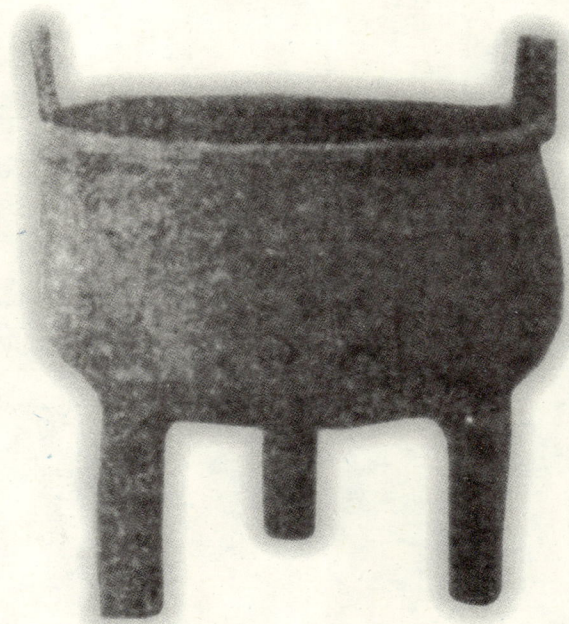

伯作鼎。

字數:3
度量:通高 21 釐米,口徑 18 釐米
時代:西周早期
著録:《考古與文物》1990 年 5 期 26—43 頁
出土:1976 年 4 月陝西長安縣銅網廠
現藏:陝西西安市文物中心

257 作寶鼎

作寶鼎。

字數：3
度量：通高 21.3 釐米
時代：西周中期
著録：《歐洲所藏中國青銅器遺珠》圖版 106
現藏：瑞典斯德哥爾摩遠東古物博物館

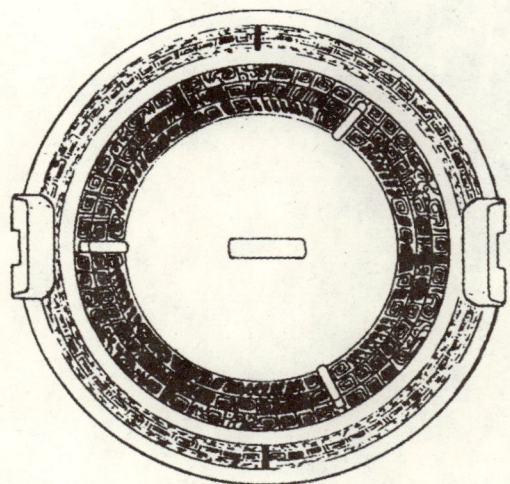

258 作尊彝鼎

作尊彝。

字數:3
度量:通高 22 釐米,口徑 15.7 釐米
時代:西周早期
著録:《考古》1997 年 4 期 58 頁;《中國文物報》
　　　1988 年 9 月 23 日 2 版
出土:1984 年 8 月河北遷安縣小山東莊 M1:4
現藏:河北遷安縣文物管理所

259 王子耶鼎

字數:3
度量:通高 14.6 釐米
時代:商代後期
著録:佳士得(1987,12,10:3)
流傳:英國倫敦佳士得拍賣行

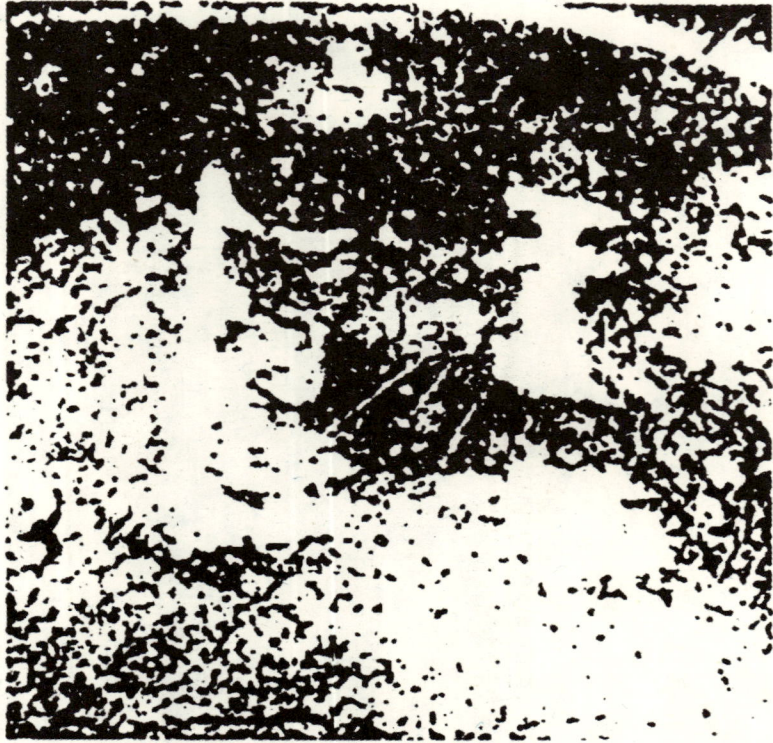

王子
王
子
耴。

260 □□彝鼎

□
□
彝。

字數:3
度量:通高 30 釐米,口徑 24.5 釐米,重 5.2 千克
時代:西周早期
著録:《高家堡戈國墓》74 頁
出土:1991 年陝西涇陽縣興隆鄉高家堡 M4:5
現藏:陝西涇陽縣博物館

261 工師厚子鼎

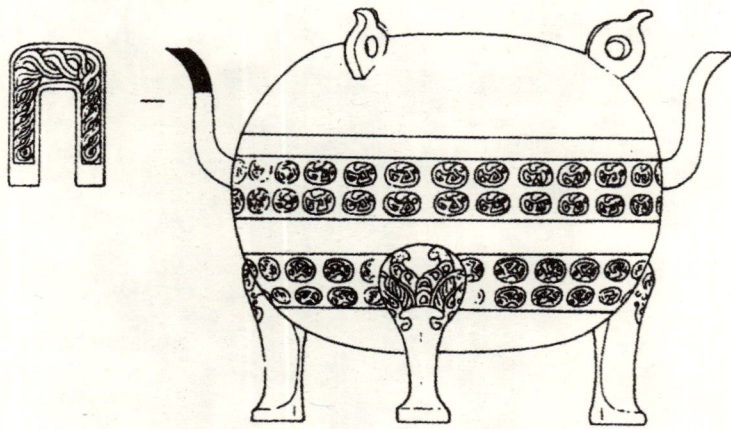

工師厚子。

字數:3(又合文 1)
度量:通高 11.3 釐米,口徑 8.8 釐米
時代:戰國後期
著録:《文物》1997 年 6 期 16—18 頁
出土:1992 年山東臨淄商王村 M1:105
現藏:山東淄博市博物館

262 月𣂤祖丁鼎

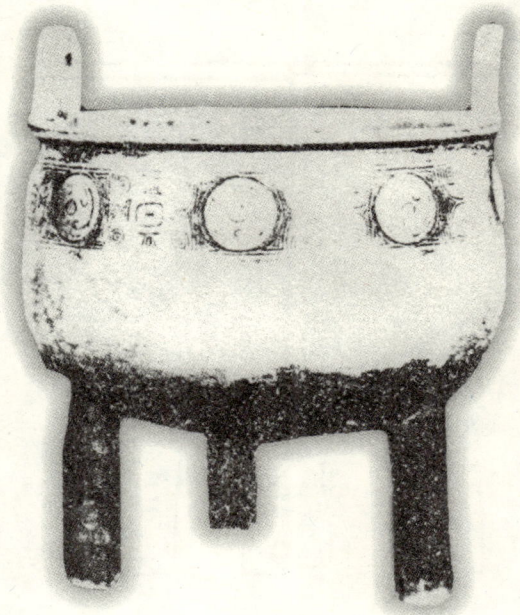 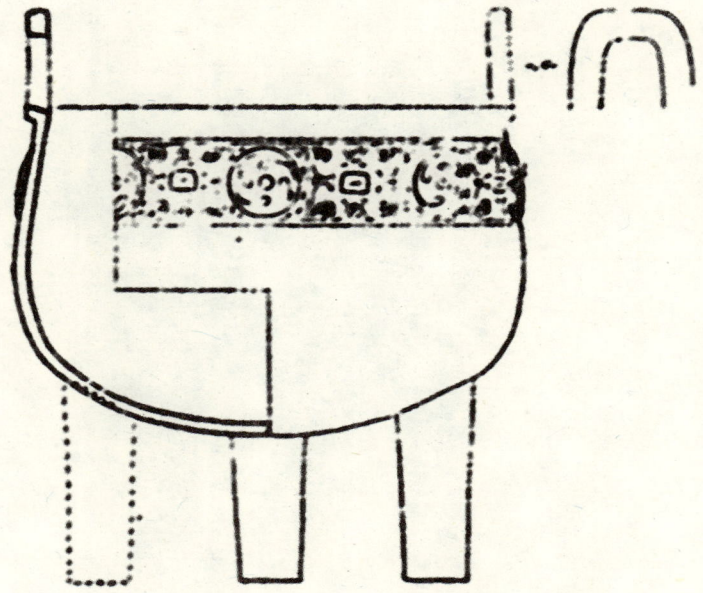

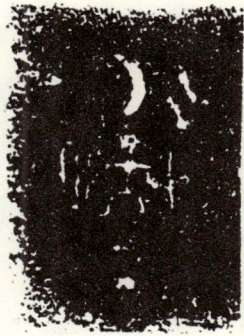

月𣂤。
祖丁。

字數:4
度量:通高 17.7 釐米,口徑 13.4 釐米
時代:商代後期
著錄:《文物》1987上1期48頁
流傳:1985年河北新樂縣中同村

263 亞咥父乙鼎

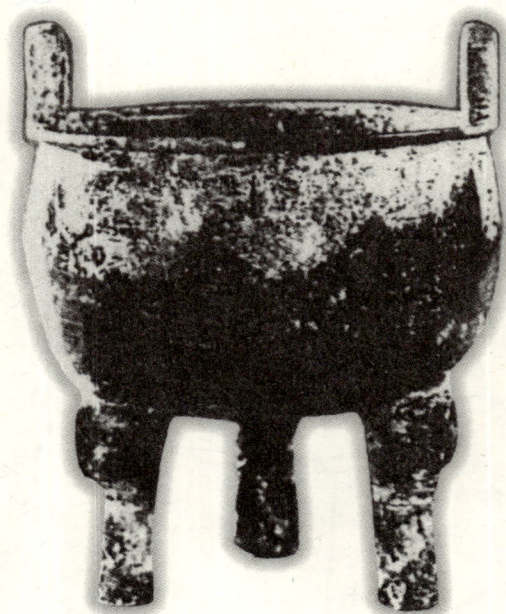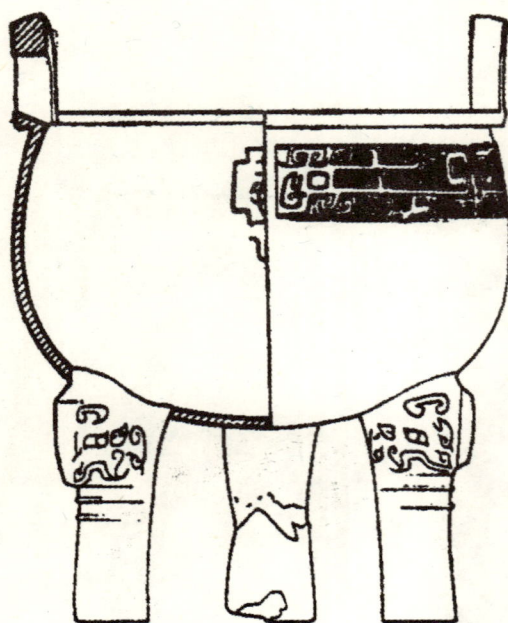

亞咥。

父乙。

字數:4
度量:通高 19.5 釐米,口徑 15.3 釐米
時代:西周早期
著錄:《考古》1984 年 9 期 781 頁
出土:1983 年陝西長安縣張家坡村墓葬
現藏:中國社會科學院考古研究所灃西發掘隊

264 冊畧父丁鼎

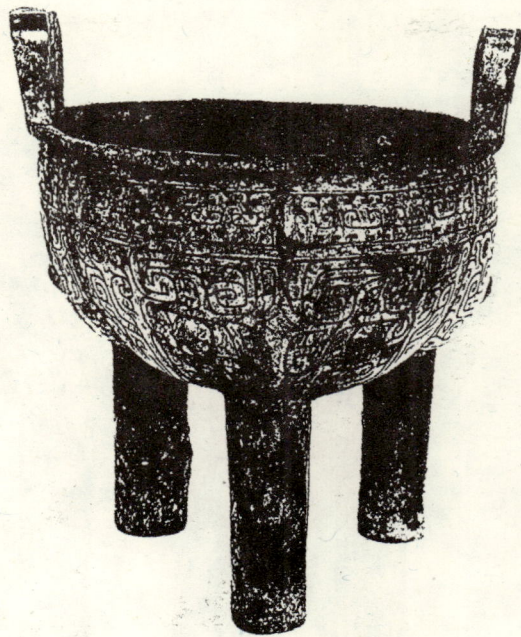

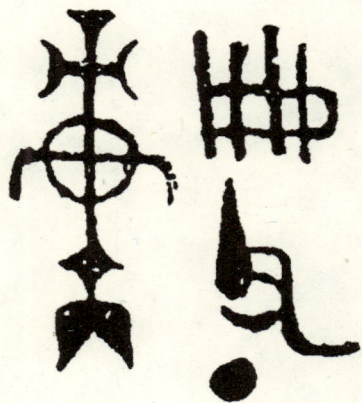

冊父丁。
畧。

字數：4
度量：通高 20 釐米
時代：商代後期
著錄：富士比（1969,11,4:18）
流傳：英國倫敦富士比拍賣行

265 子父戊子鼎

子父戊子。

字數:4
度量:通高 21.5 釐米
時代:商代後期
著錄:富士比(1986,12,9:3)
流傳:英國倫敦富士比拍賣行

266 秉冊父辛鼎

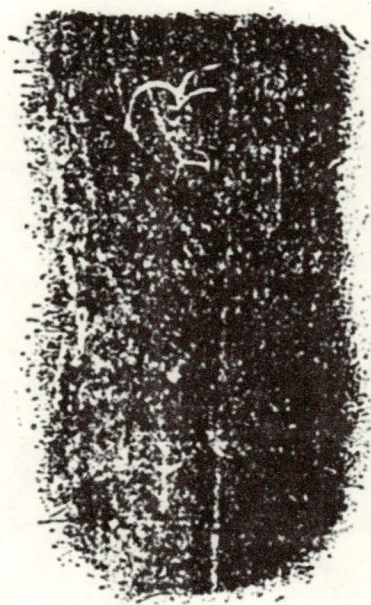

秉冊。父辛。

字數:4
度量:通高 21.2 釐米,口徑 16.8 釐米,重 1.7 千克
時代:西周早期
著錄:《寶鷄強國墓地》(上)60 頁
出土:陝西寶鷄市竹園溝 13 號墓 M13:18
現藏:陝西寶鷄市博物館

267 伯鼎

伯作寶鼎。

字數：4
度量：通高 16.2 釐米
時代：西周中期
著錄：《高本漢》(1952)24；富士比(1984,6,19：5)
流傳：Oeder 舊藏；英國倫敦富士比拍賣行

268 伯鼎

伯作
旅鼎。

字數:4
時代:西周中期
著録:《文博》1986 年 5 期 67—68 頁
出土:1985 年 11 月陝西扶風縣法門鄉
　　　官務窑院村墓葬
現藏:陝西扶風縣博物館

269 伯鼎

伯作
寶彝。

字數:4
時代:西周早期
著録:《中原文物》1988 年 1 期 21 頁
出土:1985 年 4 月河南平頂山市薛莊鄉北滍村
現藏:河南平頂山市文物管理委員會

270 員鼎

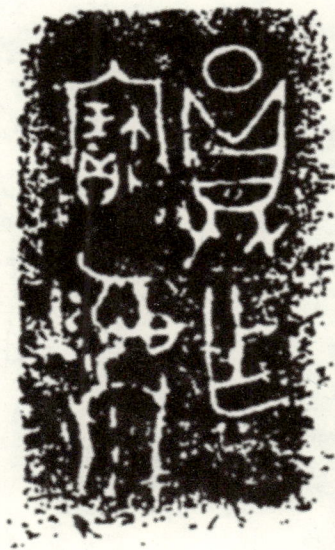

員作
寶彝。

字數：4
度量：通高 24.6 釐米，口徑 17.3 釐米
時代：西周早期
著録：《考古》1984 年 5 期 413—414 頁
出土：1981—1983 年北京琉璃河西周燕國墓地 M1026：2
現藏：北京市文物研究所琉璃河考古隊

271 皇鼎

 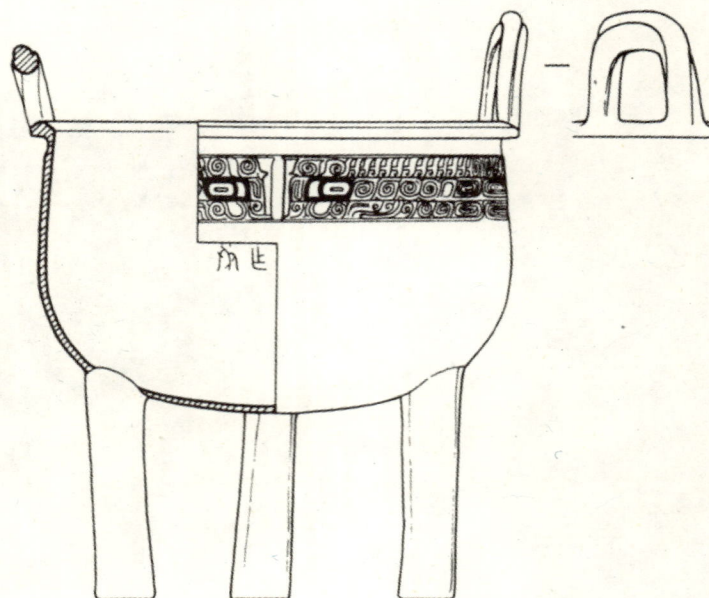

皇作
寶彝。

字數:4
度量:通高 23 釐米,口徑 18.9 釐米
時代:西周早期
著録:《保利藏金》55 頁
現藏:北京保利藝術博物館

272 奄鼎

奄作
寶彝。

字數:4
度量:通高 26.3 釐米,口徑 22.2 釐米,重 3.85 千克
時代:西周中期
著録:《文物》1996 年 7 期 54—68 頁
出土:1964—1972 年河南洛陽市北窑村西龐家溝墓
　　葬 M112:1

273 應侯鼎

應侯作旅。

字數：4
度量：通高 21.6 釐米，口徑 18 釐米
時代：西周中期
著録：《文物》1998 年 9 期 7—11 頁
出土：河南平頂山市新華區薛莊鄉北滍村
　　　滍陽嶺應國墓葬 M84：76
現藏：河南省文物考古研究所

274 庸伯方鼎蓋

庸伯作寶。

字數：4
度量：通高 7.1 釐米
時代：西周中期
著録：《考古與文物》1990 年 5 期 26—43 頁
流傳：陝西西安市大白楊庫
現藏：陝西西安市文物中心

275 夆方鼎

 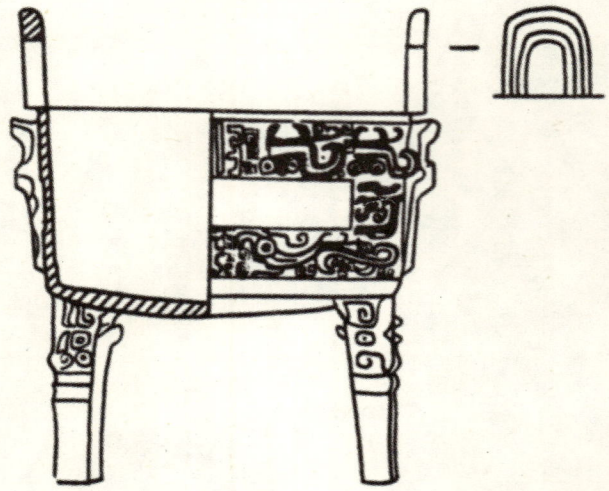

夆寶尊鼎。

字數：4
度量：通高 19.5 釐米
時代：西周早期
著録：《文物》1996 年 12 夆 7—10 頁
出土：1985 年 5 月山東濟陽縣姜集鄉劉臺子村墓葬 M6：19
現藏：山東省文物考古研究所

276 鳥母嬇鼎

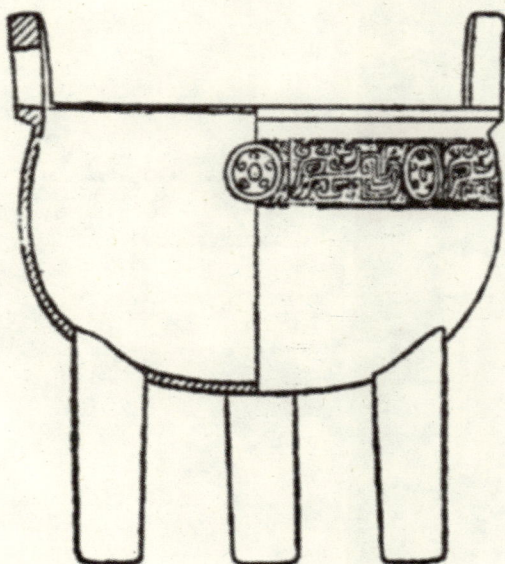

鳥母
嬇彝。

字數:4
度量:通高 15.7 釐米,口徑 13 釐米
時代:商代後期
著録:《考古》1988 年 10 期 876—878 頁
出土:1987 年夏河南安陽市郭家莊墓葬 M1:24
現藏:中國社會科學院考古研究所安陽工作隊

277 下官鼎

正口下官。

字數:4
度量:通高 14.5 釐米,口徑 13.5 釐米
時代:戰國後期
著録:《文物》1985 年 5 期 44 頁
出土:1979 年初陝西旬邑縣

278 平安少府鼎足

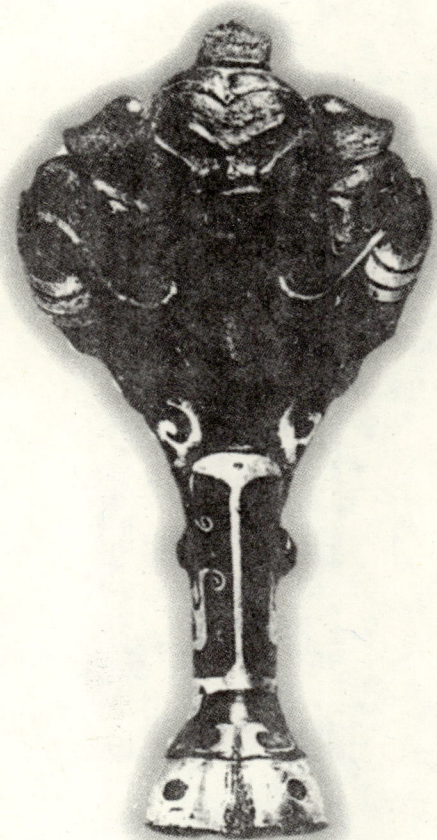

平安少府。

字數:4
度量:通高 12.4 釐米
時代:戰國後期
著録:《歐洲所藏中國青銅器遺珠》圖版 175
流傳:英國倫敦埃斯肯納齊拍賣行

279 倗鼎

備注:器已殘

倗之飤
每系鼎。

字數:4
度量:殘蓋口徑 39 釐米,殘重14.25 千克
時代:春秋後期
著錄:《淅川下寺春秋楚墓》105 頁
出土:1990 年河南淅川縣下寺 M2:47
現藏:河南省文物研究所
備注:器已殘

280 倗鼎

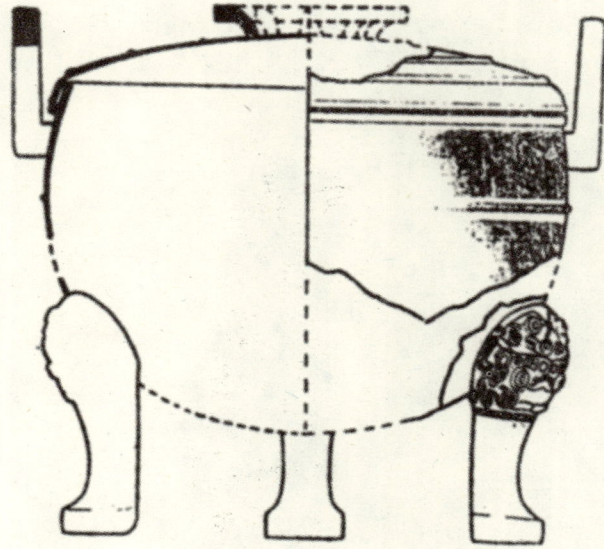

倗之飤_每鼎。

字數:4
度量:通高 44 釐米,殘重 14.9 千克
時代:春秋後期
著録:《淅川下寺春秋楚墓》105 頁
出土:1990 年河南淅川縣下寺 M2:43
現藏:河南省文物研究所

281 倗鼎

倗
之
飤
鼎盥。

字數:4
度量:通高 50 釐米,殘重 26.7 千克
時代:春秋後期
著録:《淅川下寺春秋楚墓》108 頁
出土:1990 年河南淅川縣下寺 M2:42
現藏:河南省文物研究所
備注:器已殘

282 倗鼎

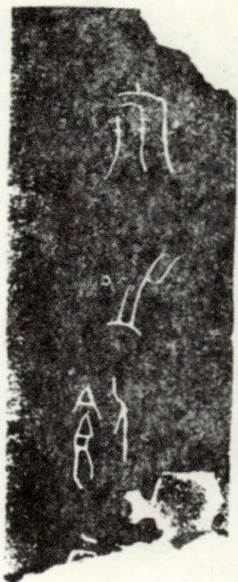

倗之飤
鼎。

字數:4
度量:通高 50 釐米,殘重 35.5 千克
時代:春秋後期
著録:《淅川下寺春秋楚墓》108 頁
出土:1990 年河南淅川縣下寺 M2:48
現藏:河南省文物研究所
備注:器已殘

283 倗鼎

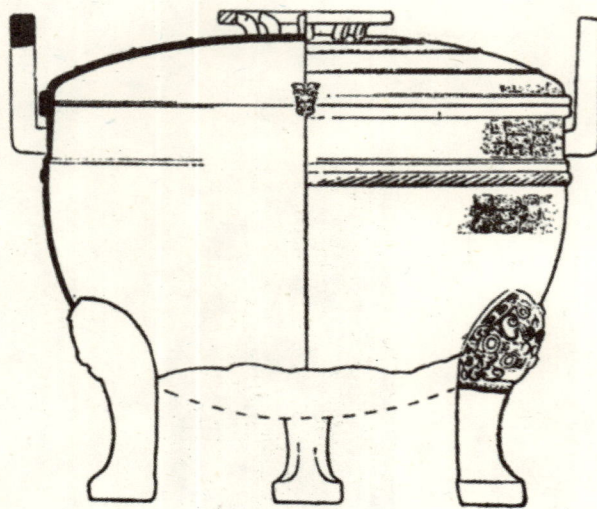

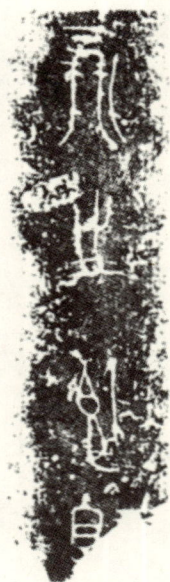

倗之飤鼎盄。

字數:4
度量:通高 50 釐米, 殘重 26.7 千克
時代:春秋後期
著録:《淅川下寺春秋楚墓》108 頁
出土:1990 年河南淅川縣下寺 M2:44
現藏:河南省文物研究所

284 倗鼎

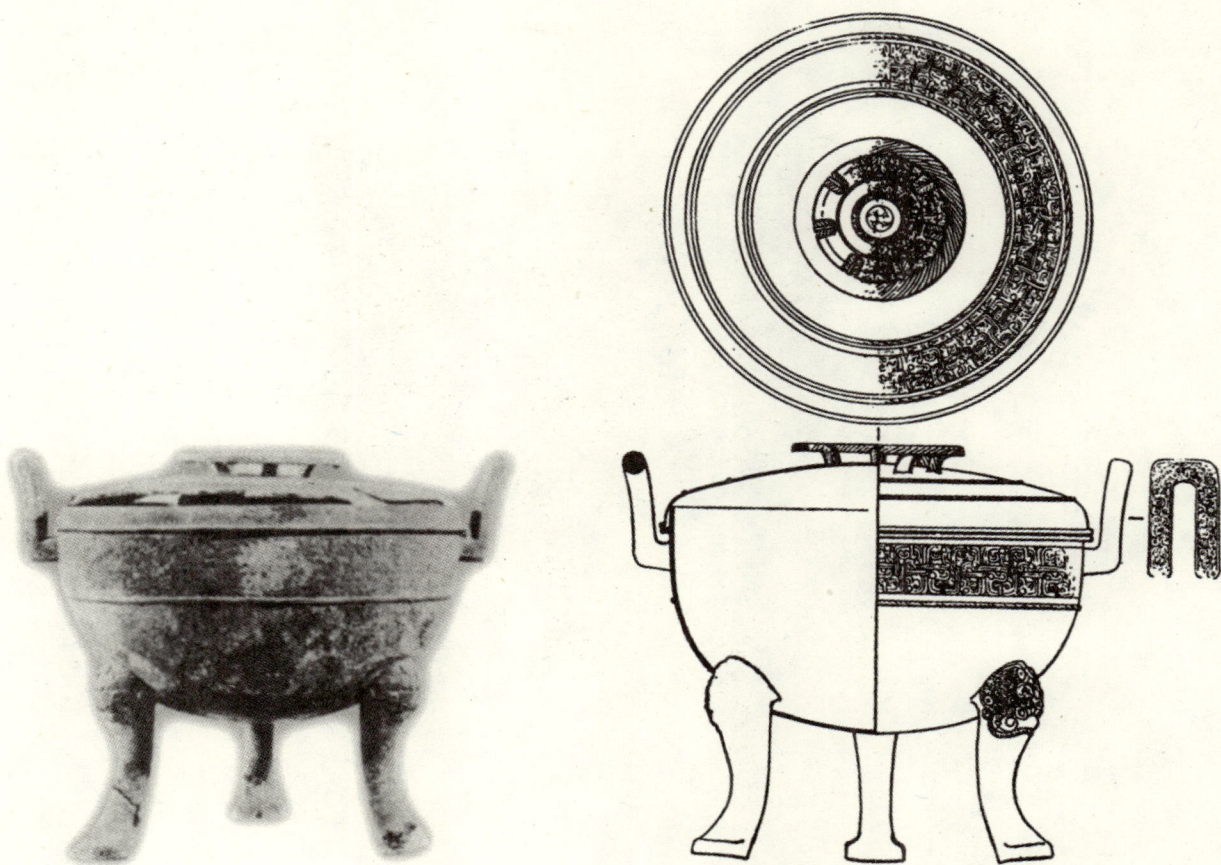

倗之飤鼎。

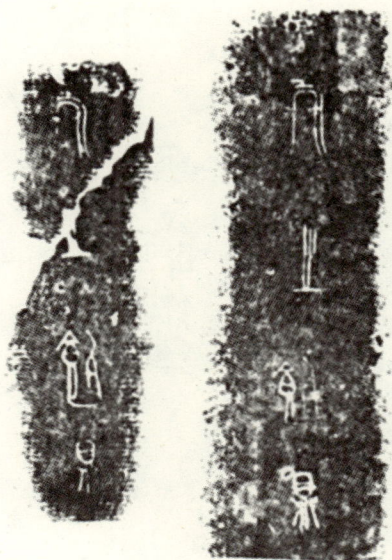

（蓋）　　（器）

字數：4（蓋器同銘）
度量：通高 27 釐米，重 6.4 千克
時代：春秋後期
著錄：《淅川下寺春秋楚墓》216 頁
出土：1990 年河南淅川縣下寺 M3：12
現藏：河南省文物研究所

285 戈父丁鼎

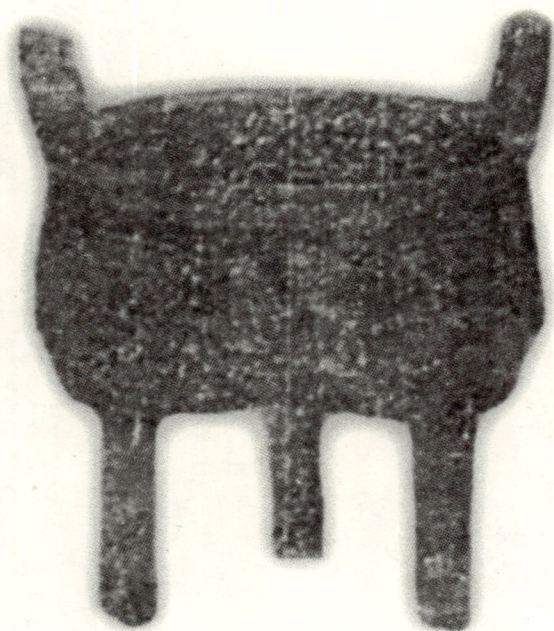

戈父丁作彝。

字數:5
度量:通高21釐米,口徑17釐米
時代:商代後期
著錄:《中原文物》1988年1期15—19頁
出土:1985年5月河南羅山縣蟒張鄉後李村墓葬 M44:2
現藏:河南羅山縣文物管理委員會

286 亞夫父辛鼎

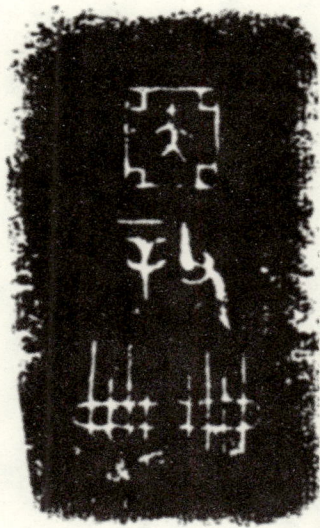

亞夫。父辛。冊。

字數:5
度量:通高 23.4 釐米,口徑 17.8 釐米,重 1.65 千克
時代:西周早期
著錄:《高家堡戈國墓》23 頁
出土:1991 年陝西涇陽縣興隆鄉高家堡 M2:3
現藏:陝西涇陽縣博物館

287 王季鼎

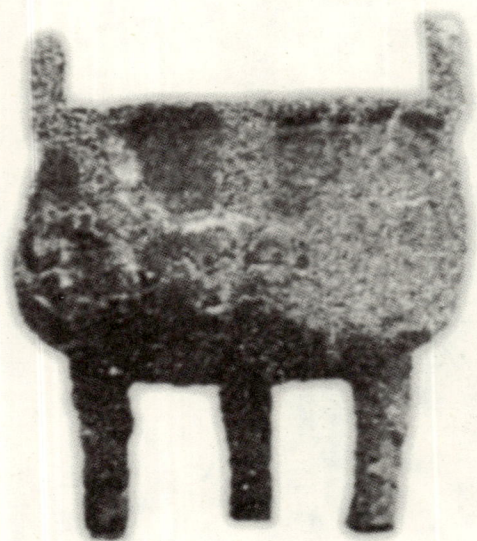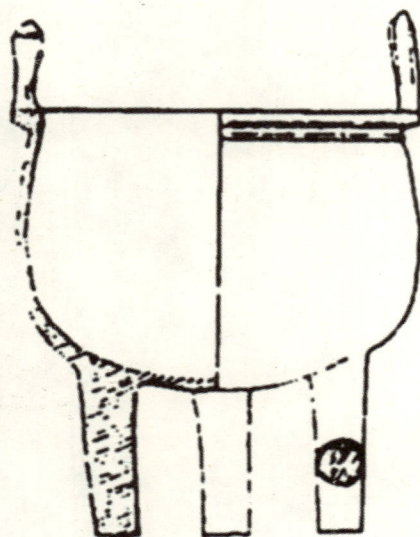

王季作
鼎彝。

字數:5
度量:通高 25.4 釐米,口徑 20 釐米
時代:西周早期
著録:《文物》1985 年 12 期 17—18 頁
出土:1982 年冬山東濟陽縣姜集公社
　　　劉臺子村墓葬 M3
現藏:山東省德州地區文化局文物組

288 應事鼎

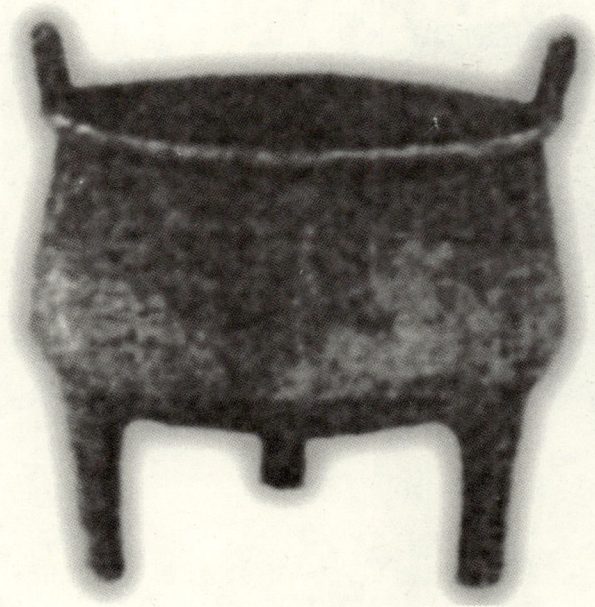

應事作旅鼎。

字數:5

度量:通高 21.2 釐米,口徑 19.3 釐米,
　　　重 2.95 千克

時代:西周中期

著録:《文物》1984 年 12 期 29 頁

出土:1982 年 11 月河南平頂山市郊滍
　　　陽鎮西門外墓葬

現藏:河南平頂山市文物管理委員會

289 王后鼎

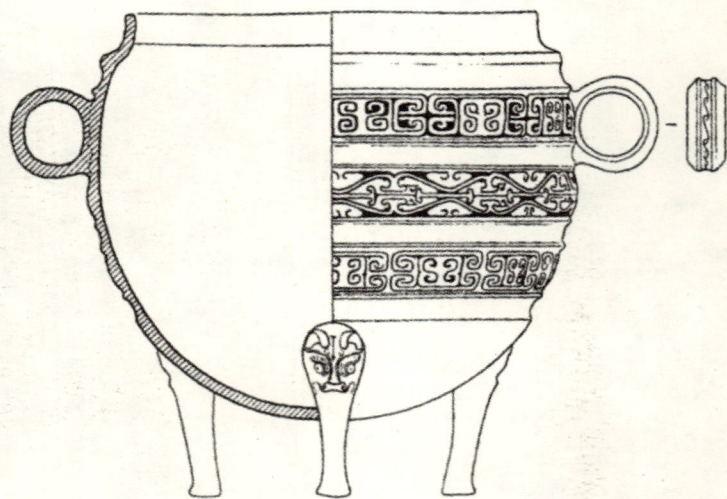

王后之御器。

字數:5
度量:通高 17.1 釐米,口徑 11.4 釐米,
　　重 1.07 千克
時代:戰國前期
著錄:《保利藏金》153—154 頁
現藏:北京保利藝術博物館

290 佫侯慶鼎

（此圖為原圖的二分之一）

飲　佫　□　□　□
飤　侯　□　□　□
□　慶　□　□　□
□　□　□　□　□
□　□　□　□　□

字數：存 5
度量：通高 30.5 釐米，口徑 36 釐米
時代：春秋前期
著錄：《考古學報》1991 年 4 期 467—478 頁
出土：1984 年 10—11 月山東滕州市薛國故城
　　　墓葬 M2:103
現藏：山東濟寧市文物管理局
備注：鼎蓋及腹內均有銘文，因銹蝕過甚，大部
　　　分不清楚，只清理出蓋頂部分的銘文

291 辛卯羊鼎

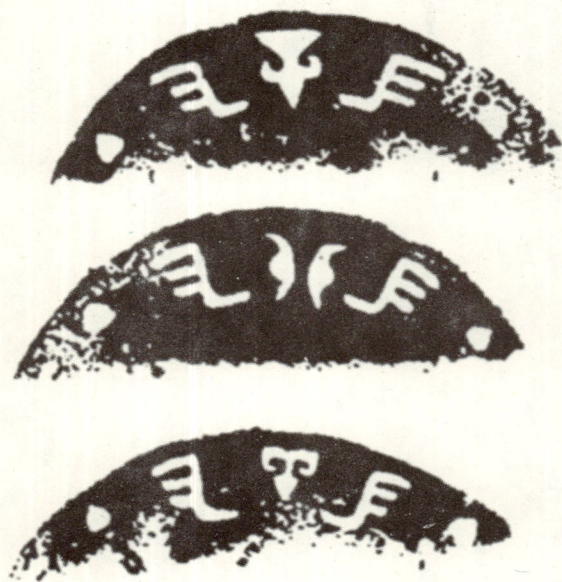

辛。卯羊。

鼳。父丁。

字數:6
度量:通高 15.4 釐米,口徑 14.5 釐米
時代:商代後期
著録:《歐洲所藏中國青銅器遺珠》圖版 11
現藏:比利時布魯塞爾皇家藝術與歷史博物館

292 陵鼎

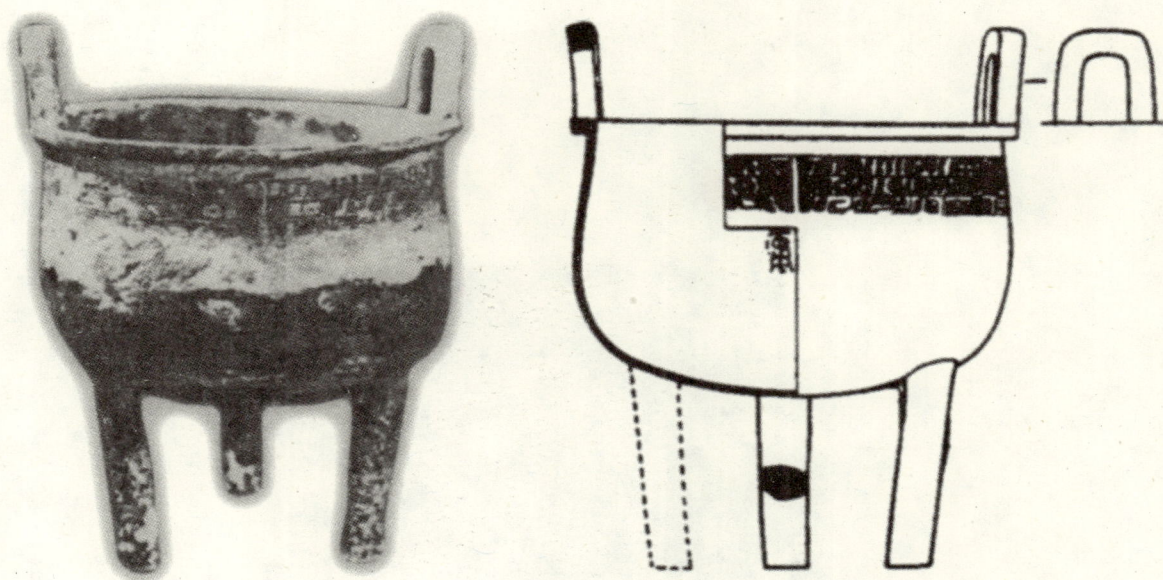

陵作父
庚尊彝。

字數:6
度量:通高 24.3 釐米,口徑 19 釐米
時代:西周早期
著録:《文物季刊》1996 年 3 期 54—55 頁
流傳:1987—1994 年山西曲沃縣公安局繳獲
現藏:山西曲沃縣博物館

293 秦公鼎

字數:6
度量:通高 47 釐米,口徑 42.3 釐米
時代:春秋前期
著録:《上海博物館集刊》1996 年 7 期 23—29 頁
出土:1987 年後甘肅省禮縣大堡子山秦國墓地
流傳:1993 年 10 月購于香港古玩街
現藏:上海博物館

秦公作
鑄用鼎。

294 秦公鼎

字數:6
度量:通高 38.5 釐米,口徑 37.8 釐米
時代:春秋前期
著録:《上海博物館集刊》1996 年 7 期 23—29 頁
出土:1987 年後甘肅省禮縣大堡子山秦國墓地
流傳:1993 年 10 月購于香港古玩街
現藏:上海博物館

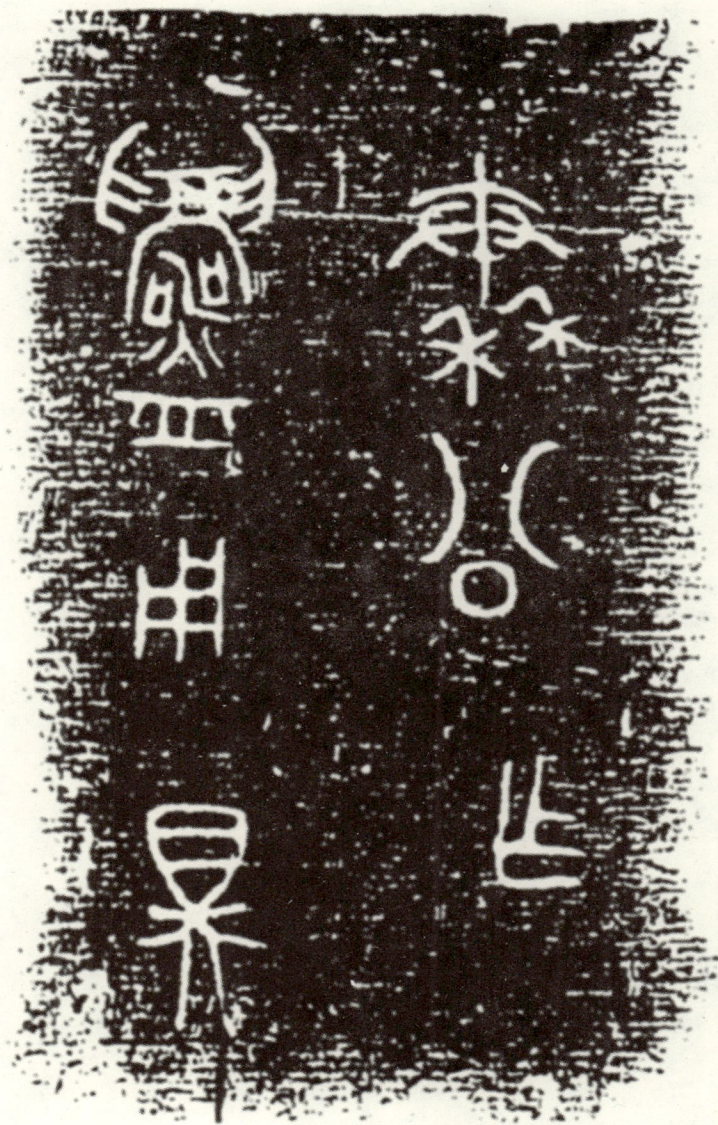

秦公作
鑄用鼎。

295 秦公鼎

字數:6
度量:通高 25.9 釐米,口徑 26 釐米
時代:春秋前期
著録:《上海博物館集刊》1996 年 7 期 23—29 頁
出土:1987 年後甘肅省禮縣大堡子山秦國墓地
流傳:1993 年 10 月購于香港古玩街
現藏:上海博物館

秦公作
寶用鼎。

141

296 秦公鼎

字數:6

度量:通高 24.2 釐米,口徑 24.2 釐米

時代:春秋前期

著錄:《上海博物館集刊》1996 年 7 期 23—29 頁

出土:1987 年後甘肅省禮縣大堡子山秦國墓地

流傳:1993 年 10 月購于香港古玩街

現藏:上海博物館

秦公
作寶用
鼎。

143

297 向監鼎

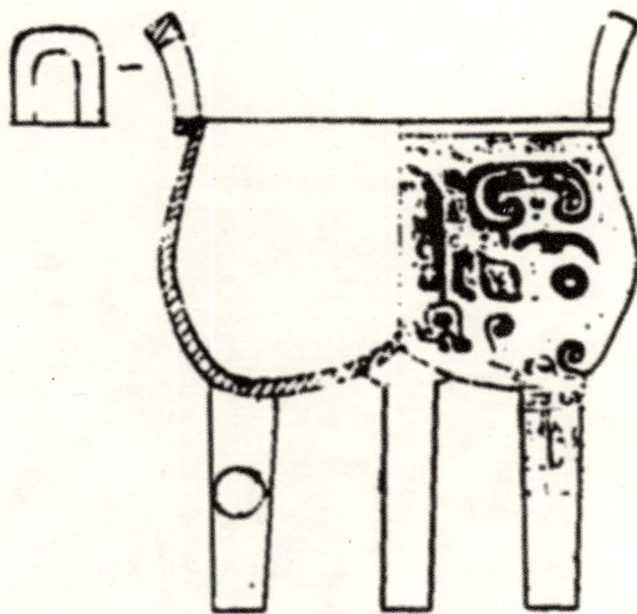

向監作
寶尊彝。

字數：6
度量：通高 20.2 釐米
時代：西周早期
著録：《文物》1991 年 5 期 84—85 頁
出土：1964 年 10 月山東龍口市蘆頭鎮韓欒村
現藏：山東烟臺市博物館

144

298 鄧公鼎

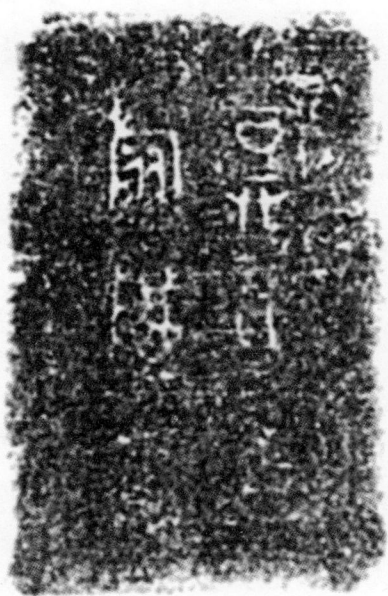

鄧公作
旅尊彝。

字數:6
度量:通高 23.5 釐米,口徑 22 釐米
時代:西周中期
著録:《考古與文物》1990 年 5 期26—43 頁
流傳:陝西西安市大白楊庫
現藏:陝西西安市文物中心

299 曾孫定鼎

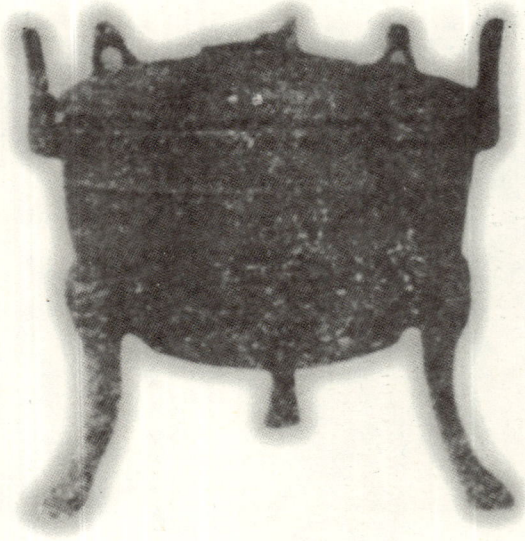
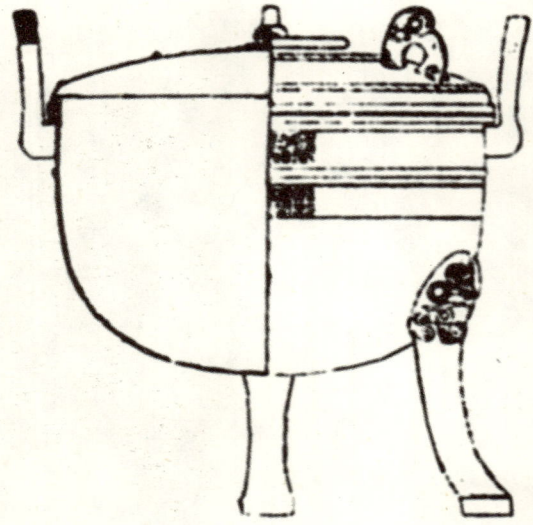

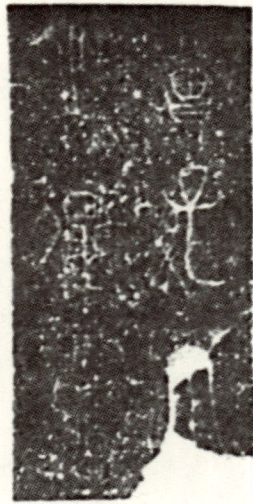

曾
孫
定
之
脰
鼎。

字數:6(蓋器同銘)
度量:通高 26 釐米,口徑 21 釐米
時代:春秋後期
著録:《江漢考古》1990 年 1 期 9—10 頁
出土:1988 年 1 月湖北隨州市安居鎮徐家咀村墓葬
現藏:湖北隨州市博物館

300 師酓父鼎

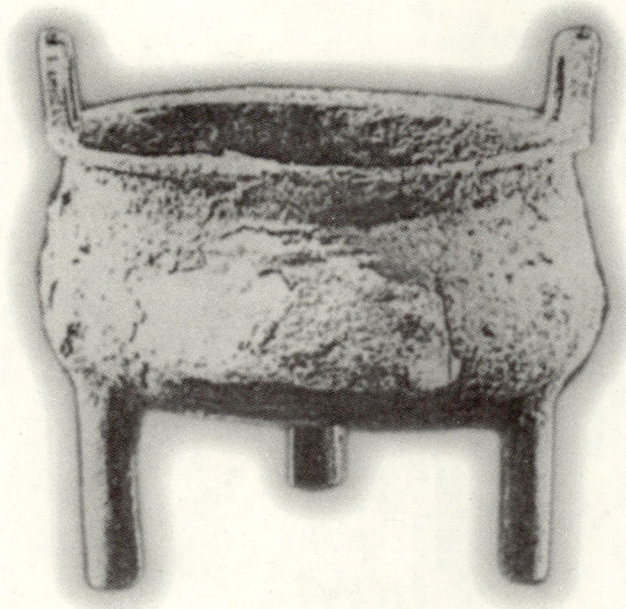

師酓父
作饙鼎彝。

字數：6
度量：通高 13 釐米，口徑 12.5 釐米
時代：西周中期
著録：《考古》1986 年 11 期 977—979 頁
出土：1984 年陝西長安縣灃西鄉大原村墓葬 M304：1
現藏：中國社會科學院考古研究所灃西發掘隊

301 備作父乙鼎

字數：7
度量：通高 19 釐米
時代：西周早期
著録：富士比（1988，6，7：10）
流傳：英國倫敦富士比拍賣行

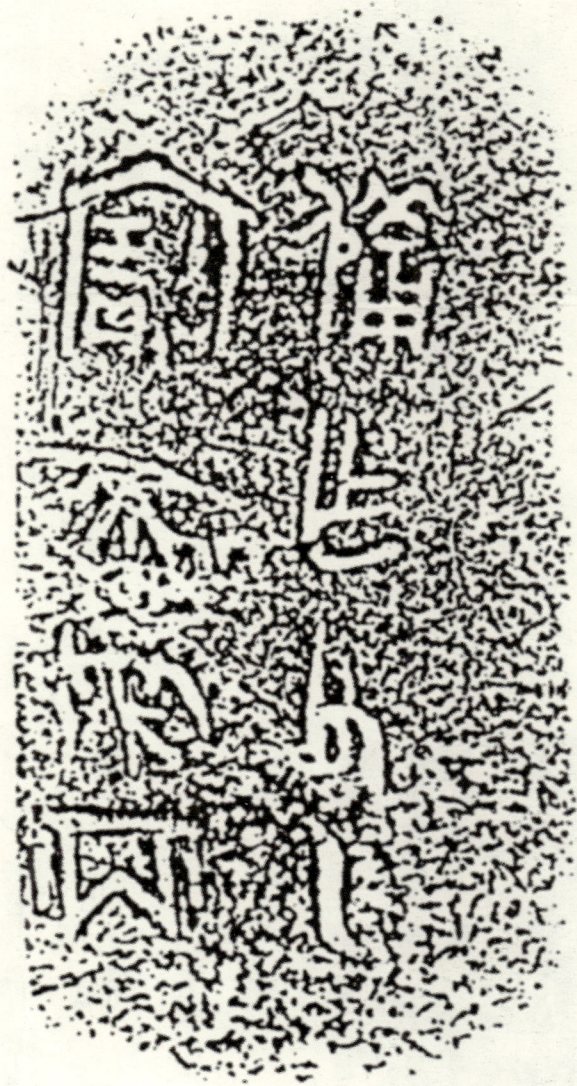

備作父乙。
寶彝。□。

302 尹掜鼎

作父丁彝。
亞尹掜

字數:7
度量:通高 23.5 釐米,重 3.45 千克
時代:西周早期
著錄:《高家堡戈國墓》74 頁
出土:1991 年陝西涇陽縣興隆鄉高家堡 M4:4
現藏:陝西涇陽縣博物館

303 尹規鼎

作父丁彝。
亞尹規

字數:7
度量:通高 24.2 釐米,重 3.78 千克
時代:西周早期
著錄:《高家堡戈國墓》63 頁
出土:1991 所陝西涇陽縣興隆鄉高家堡 M3:5
現藏:陝西涇陽縣博物館

304 倗戍作父辛鼎

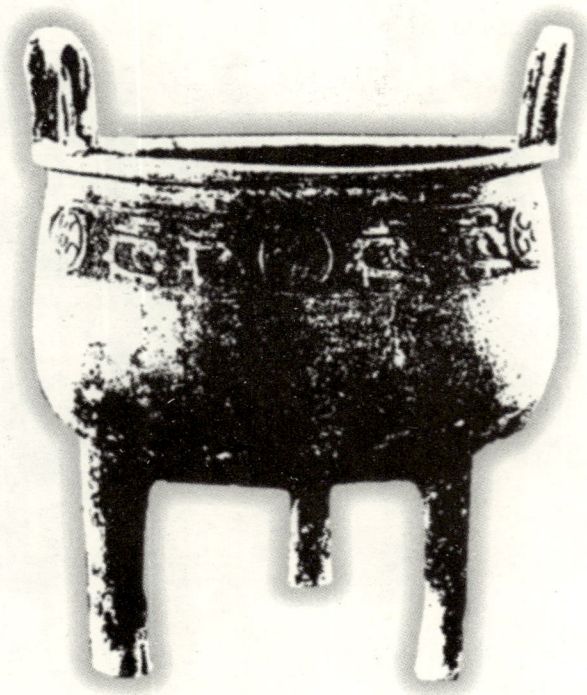

倗戍冊。作
父辛寶。

字數:7
度量:通高 25.2 釐米,重 2.9 千克
時代:西周早期
著録:《寶鷄強國墓地》(上)60 頁
出土:陝西寶鷄竹園溝 13 號墓 M13:13
現藏:陝西寶鷄市博物館

305 叔督父鼎

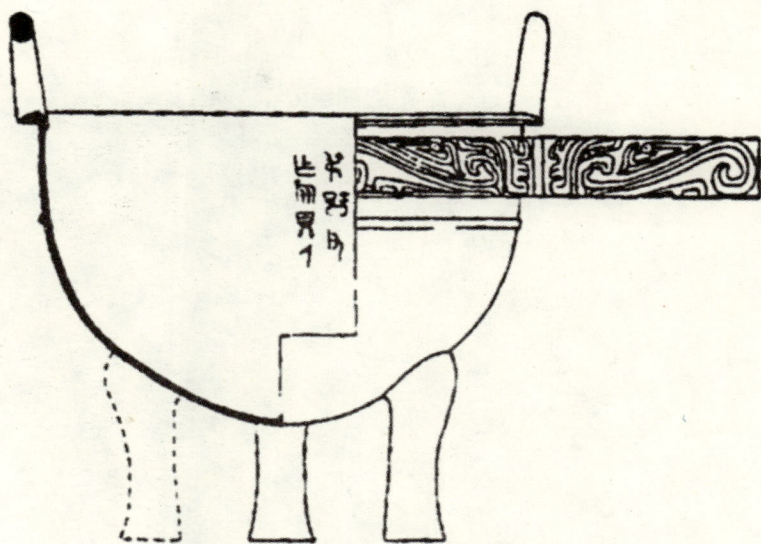

叔督父
作旅鼎。△。

字數：7
度量：通高 24 釐米，口徑 27.5 釐米
時代：西周晚期
著錄：《文物》1999 年 9 期 20、22—33 頁
出土：1997 年河南洛陽東郊邙山南
　　　楊文鎮交通部二局四處家屬院內
現藏：河南洛陽市文物工作隊

306 盂方鼎

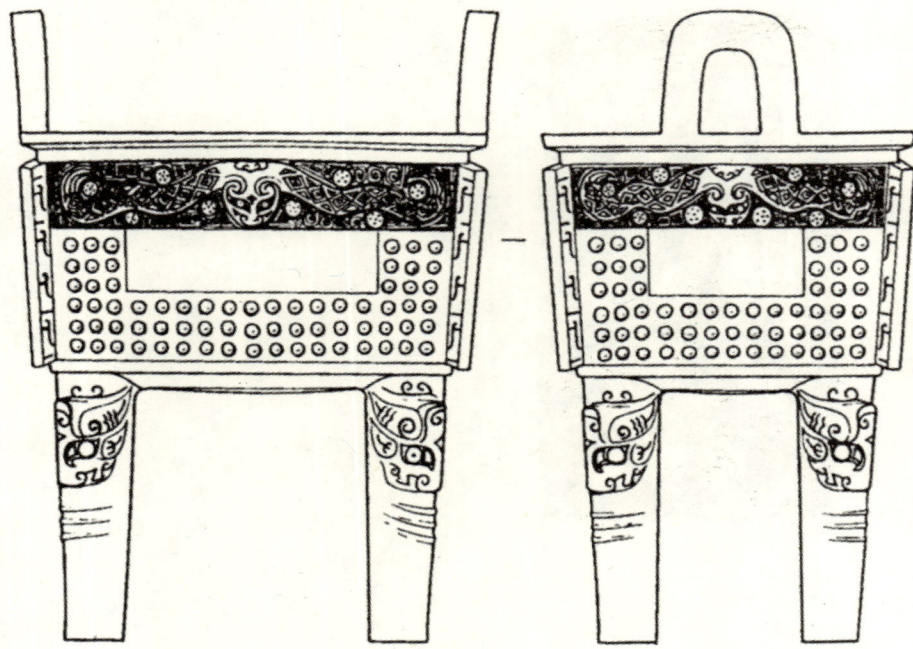

字數:8
度量:通高 24.2 釐米,重 3.43 千克
時代:商代後期
著録:《文物》1997 年 12 期 29—33 頁
出土:1996 年 4 月湖北蘄春縣達城鄉新屋彎
現藏:湖北蘄春縣博物館

盂鸞鼎文
帝母日辛尊。

307 盂方鼎

盂方鼎文
帝母日辛尊。

字數:8
度量:通高 24.2 釐米,重 3.45 千克
時代:商代後期
著録:《文物》1997 年 12 期 29—33 頁
出土:1996 年 4 月湖北蘄春縣達城鄉新屋彎
現藏:湖北蘄春縣博物館

308 王姛鼎

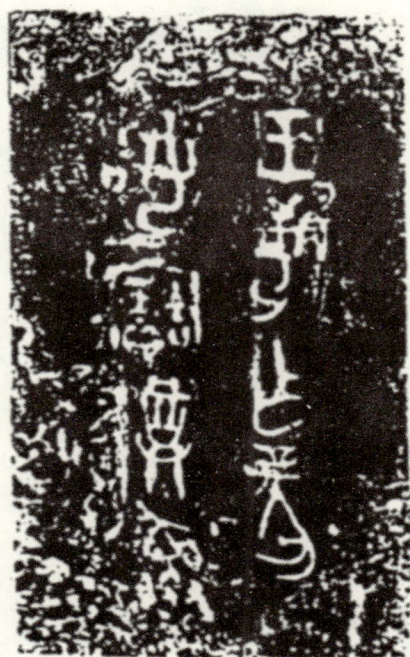

王姛作龍
姞寶尊彝。

字數:8
度量:通高 20 釐米,口徑 21 釐米
時代:西周早期
著録:《文物》1996 年 12 月 7—10 頁
出土:1985 年 5 月山東濟陽縣姜集鄉
　　　劉臺子村墓葬 M6:23
現藏:山東省文物考古研究所

157

309 王太后右和室鼎

王
太
后
右
和
室。
一
壼。

字數:8
度量:通高 16.8 釐米
時代:戰國後期
著録:《考古與文物》1994 年 3 期 100 頁
出土:陝西澄城縣

310 公朱右官鼎

字數:8(蓋器同銘)
度量:通高 16.8 釐米,口徑 17 釐米
時代:戰國後期
著録:《中國文字》新廿三期(抽印本)73—78 頁
出土:傳河南洛陽市金村
現藏:萍廬

（蓋）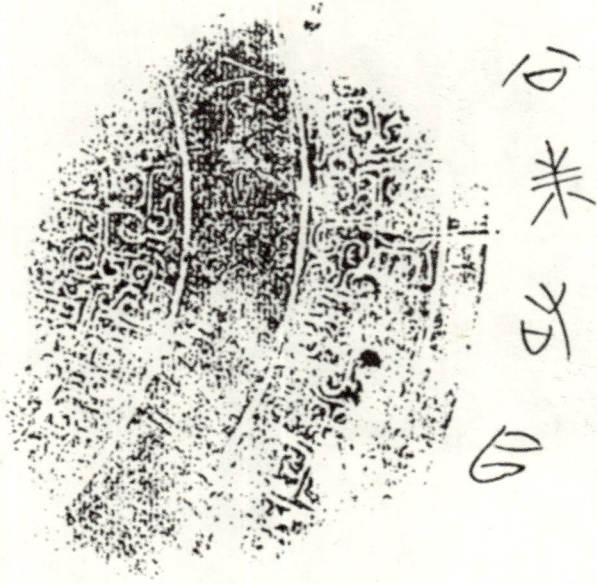

（器）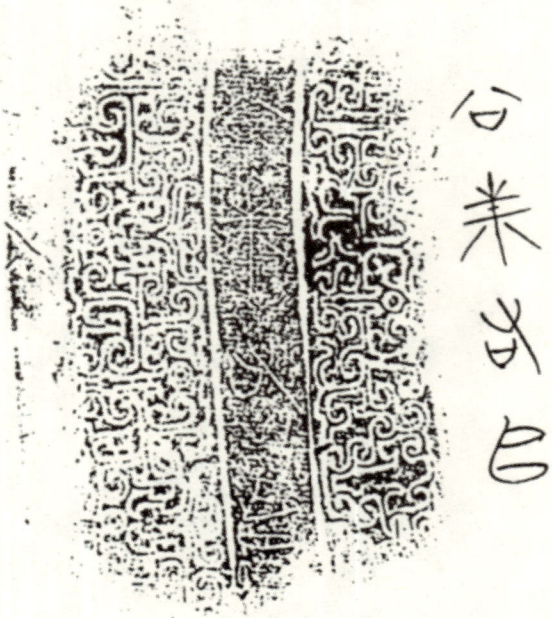

中坌北尚。
公朱右自。

160

311 楚叔之孫佣鼎

（蓋）

（器）

楚叔之孫
佣之飤盤。

字數:8(蓋器同銘)
度量:通高 45 釐米,重量 22.13 千克
時代:春秋後期
著録:《淅川下寺春秋楚墓》56 頁
出土:1990 年河南淅川縣下寺 M1:66
現藏:河南省文物研究所
備註:器已殘

312 楚叔之孫倗鼎

字數:8(蓋器同銘)
度量:通高 45.6 釐米,重量 25.8 千克
時代:春秋後期
著錄:《淅川下寺春秋楚墓》57 頁
出土:1990 年河南淅川縣下寺 M1:65
現藏:河南省文物研究所
備注:《殷周金文集成》2357 僅收蓋銘

（蓋）　　　　　　　　（器）

楚叔之孫
佣之飤盨。

313 楚叔之孫佣鼎

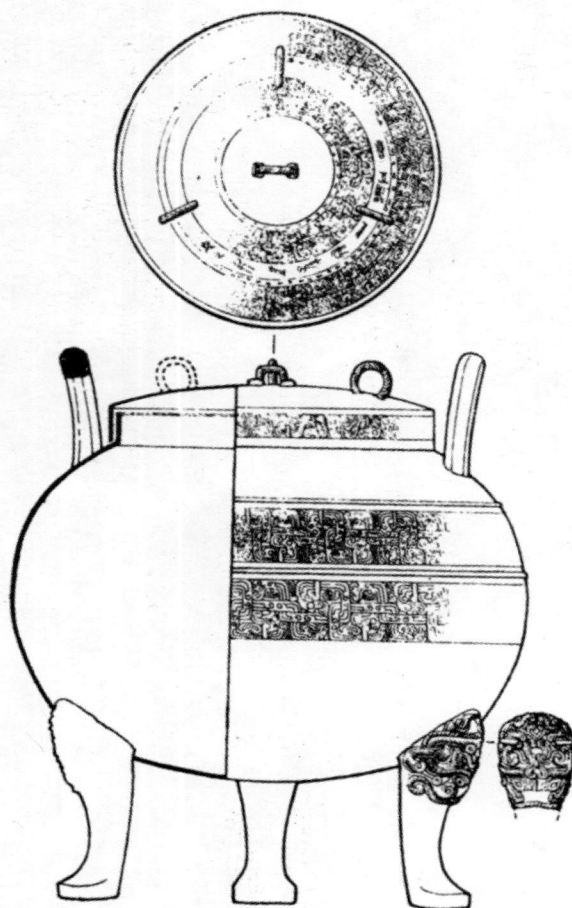

字數:8(蓋器同銘)
度量:通高 50 釐米,殘重 26.7 千克
時代:春秋後期
著録:《淅川下寺春秋楚墓》112 頁
出土:1990 年河南淅川縣下寺 M2:56
現藏:河南省文物研究所

（蓋）

（器）

楚叔之孫倗之𦉜鼎。

314 七年□合陽王鼎

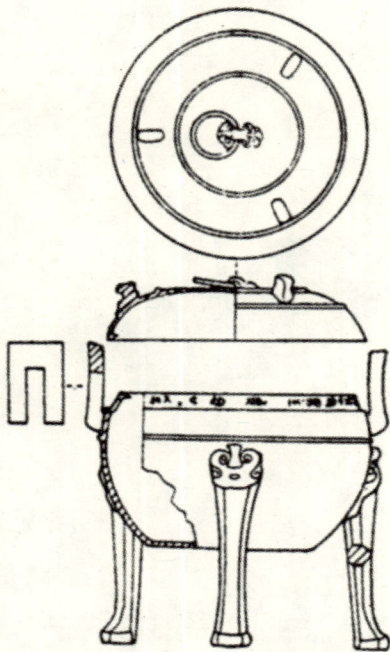

字數:11
度量:通高 25.2 釐米
時代:戰國後期
著錄:《湖南考古輯刊》1988 年 4 期
　　　25—26 頁
出土:1985 年 8 月湖南桃源縣三汉巷鄉三元村墓葬
現藏:湖南桃源縣文化局

七年中合陽王鼎。容廿五升。

167

315 晉侯蘇鼎

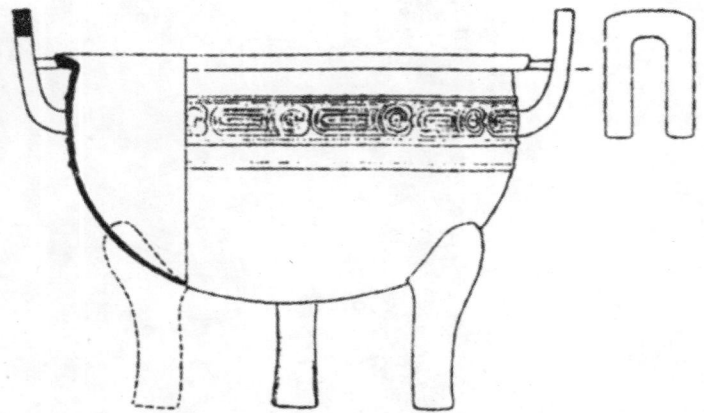

晉侯蘇作
寶尊鼎，其
萬年永寶用。

字數：13
度量：通高 19 釐米，口徑 24.8 釐米
時代：西周晚期
著錄：《文物》1994 年 1 期 16、19 頁
出土：1992 年 10 月 16 日山西曲沃縣曲村鎮
　　　北趙村天馬—曲村遺址 M8：28
現藏：山西省考古研究所

316 晉侯蘇鼎

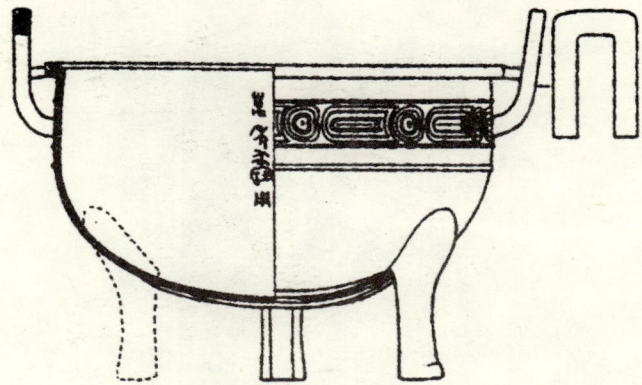

晉侯蘇作
寶尊鼎，其
萬年永寶用。

字數：13
度量：通高 32.4 釐米，口徑 39.2 釐米
時代：西周晚期
著録：《文物季刊》1996 年 3 期 54—55 頁
流傳：1987—1994 年山西曲沃縣公安局繳獲
現藏：山西曲沃縣博物館

317 晉侯蘇鼎

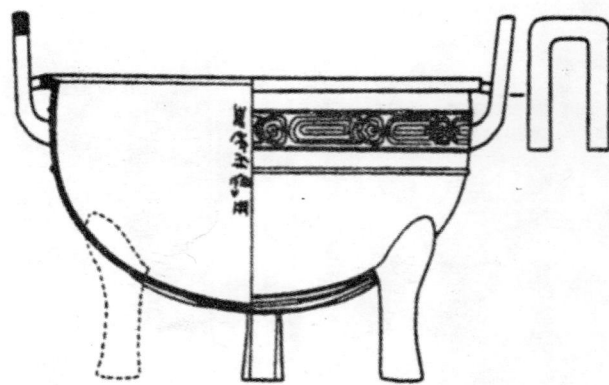

晉侯蘇作
寶尊鼎，其
萬年永寶用。

字數：13
度量：通高 30.6 釐米，口徑 36 釐米
時代：西周晚期
著録：《文物季刊》1996 年 3 期 54—55 頁
流傳：1987—1994 年山西曲沃縣公安局繳獲
現藏：山西曲沃縣博物館

318 晉侯蘇鼎

晉侯蘇作
寶尊鼎，其
萬年永寶用。

字數：13
度量：通高 28 釐米，口徑 32.7 釐米，重 7.85 千克
時代：西周晚期
著録：《上海博物館集刊》1996 年 7 期 40—42 頁
出土：1991—1992 年山西曲沃縣曲村鎮北趙村
　　　晉侯墓地 M8
流傳：1992 年後購于香港古玩街
現藏：上海博物館

319 王后鼎

□陽大□□鑄。
王后左和室。九。共。

字數:13
度量:通高 16.5 釐米,口徑 15 釐米,重 2.5 千克
時代:戰國後期
著録:《考古》1984 年 8 期 761 頁
出土:陝西子長縣馬家砭公社伍家園則大隊發現
現藏:陝西清澗縣文化館

320 仲口父鼎

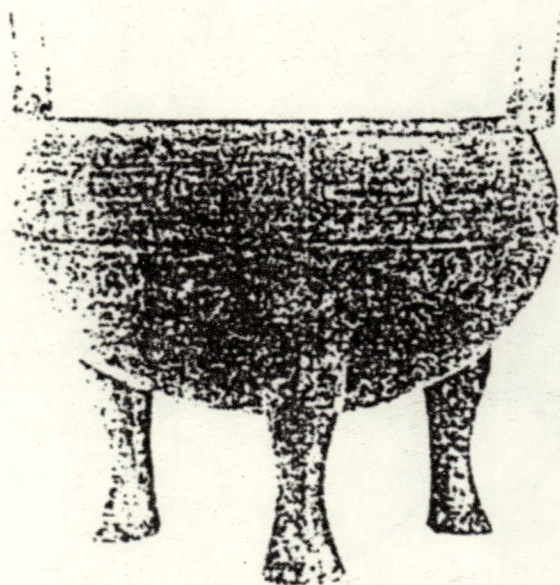

仲口父作尊
鼎，其萬年子
孫永寶用。

字數：14
度量：通高 20.5 釐米
時代：西周晚期
著錄：富士比（1984，12，11：18）
流傳：英國倫敦富士比拍賣行

321 師湯父鼎

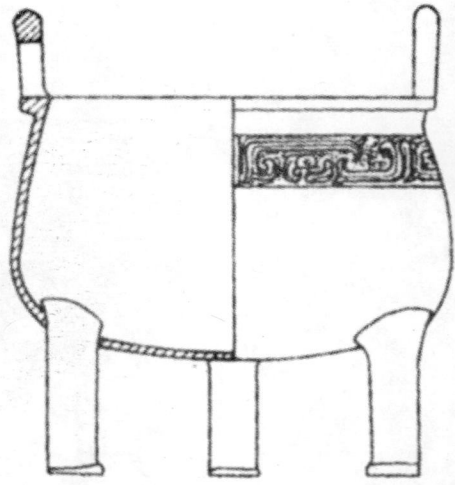

師湯父作旅
鼎，子孫其萬
年永寶用。

字數：14
度量：通高 19.7 釐米，口徑 16.7 釐米，重 2.04 千克
時代：西周中期
著錄：《考古》1999 年 4 期 18—19 頁
出土：1991 年陝西周原齊家東壕 M1 墓地
現藏：陝西周原博物館

322 膳夫吉父鼎

膳夫吉父作
鼎，其萬年子=
孫=永寶用。

字數：14（又重文 2）
度量：通高 31.8 釐米，口徑 30.5 釐米
時代：西周晚期
著録：《考古與文物》1990 年 5 期 26—43 頁
出土：1940 年 2 月陝西扶風縣任家村
現藏：陝西西安市文物商店

323 叔商父鼎

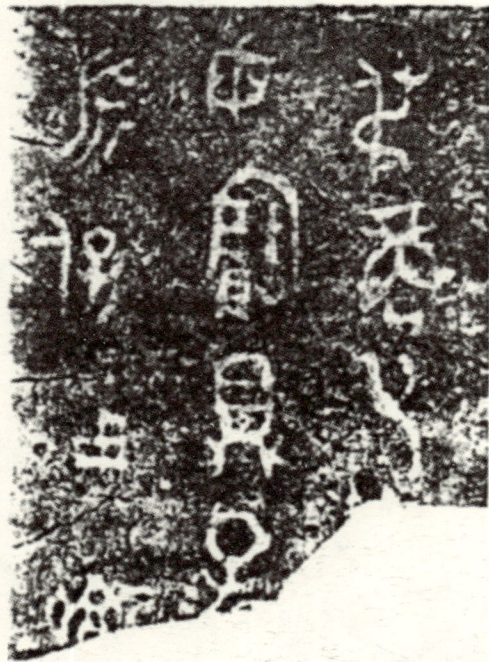

叔商父[作]□
母寶鼎。子[孫]
永保用饗。

字數:14(又重文 2)
時代:西周晚期
著録:《中原文物》1992 年 2 期 87 頁
出土:河南南陽地區廢品公司揀選
現藏:河南南陽市博物館

324 魯侯鼎

魯侯作姬羕
媵鼎，其萬年
眉壽，永寶用。

字數：15
度量：通高 26.3 釐米，口徑 28.3 釐米
時代：西周晚期
著錄：《文物》1986 年 4 期 12—14 頁
出土：1982 年 10 月山東泰安市城前村墓葬
現藏：山東泰安市文物局
備注：同出兩件形制相同

325 晉侯邦父鼎

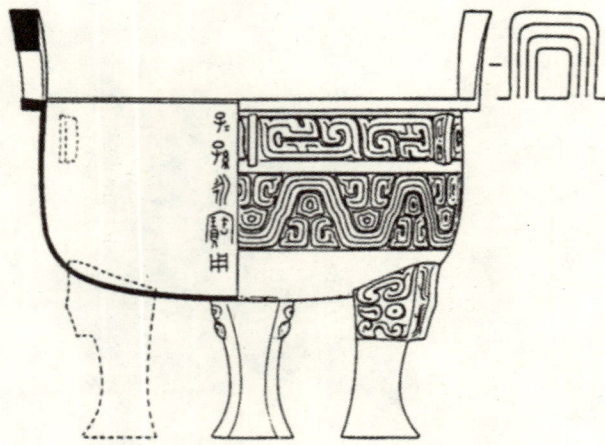

晉侯邦父作

尊鼎，其萬年

子=孫永寶用。

字數:15(又重文1)
度量:通高 28.2 釐米,口徑 29.2 釐米
時代:西周晚期
著録:《文物》1994 年 8 期 5—20 頁
出土:1993 年 9 月 11 日山西曲沃縣曲村鎮
　　　北趙村天馬—曲村遺址 M64:130
現藏:山西省考古研究所

326 仲爯父鼎

[仲]爯父作寶
鼎，其萬年子=
孫=永用享孝。

字數：15（又重文 2）
時代：西周晚期
著錄：《中原文物》1992 年 2 期 87 頁
出土：河南南陽市北郊磚瓦廠
現藏：河南南陽市博物館

327 蔡侯鼎

蔡侯作宋
姬縢[鼎，其]
萬年子[孫]
永寶用享。

字數：16(又重文 2)
時代：春秋後期
著錄：《中國文字》新廿二期
　　　(抽印本)151—164 頁
現藏：美國紐約某氏

號季鼎

328 虢季鼎

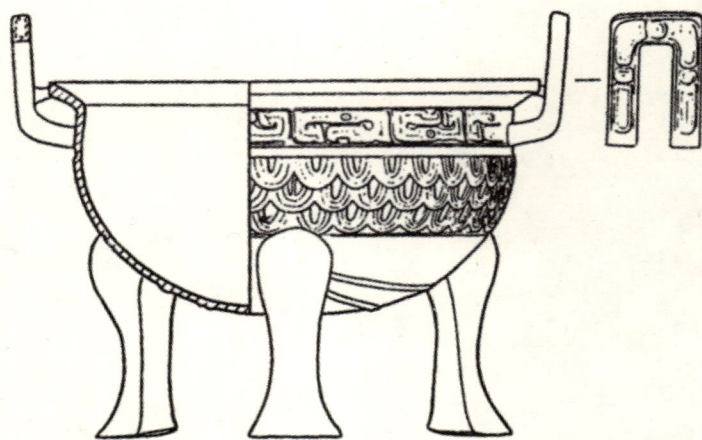

虢季作寶
鼎，季氏其
萬年，子孫
永寶用享。

字數：16（又重文 2）
度量：通高 25.4 釐米，口徑 28.6 釐米，重 5.6 千克
時代：西周晚期
著錄：《三門峽虢國墓》上冊 39 頁
出土：河南三門峽市虢國墓地 M2001：72
現藏：河南三門峽市文物工作隊

329 虢季鼎

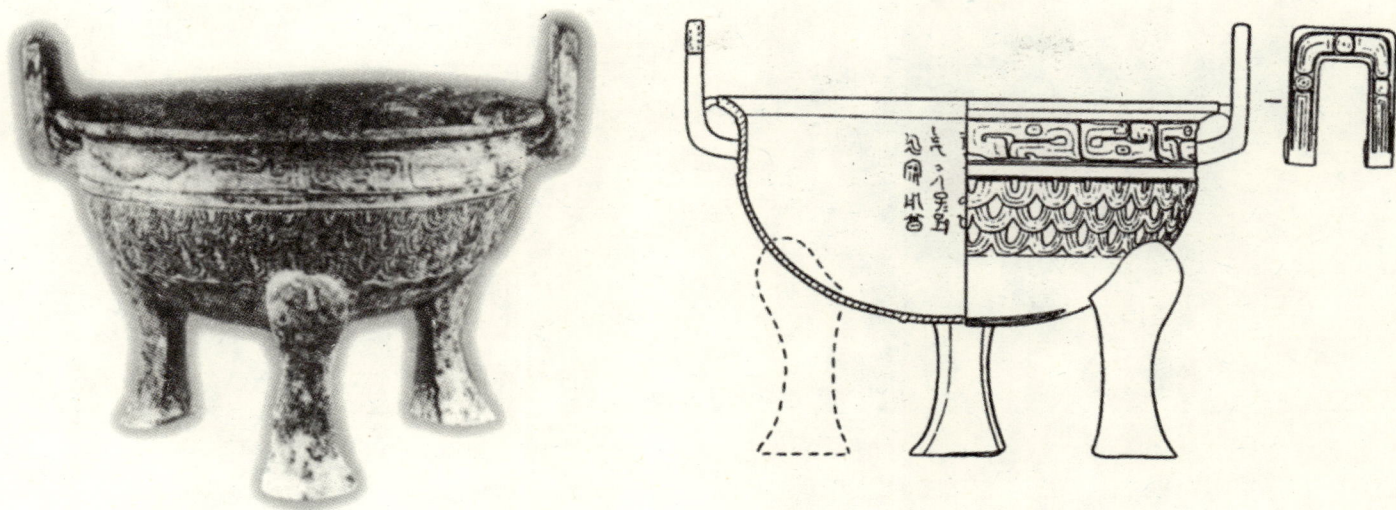

虢季作寶
鼎，季氏其
萬年，子孫
永寶用享。

字數：16（又重文 2）
度量：通高 28.2 釐米，口徑 31.8 釐米，重 8.3 千克
時代：西周晚期
著錄：《三門峽虢國墓》上冊 38 頁
出土：河南三門峽市虢國墓地 M2001：71
現藏：河南三門峽市文物工作隊

330 虢季鼎

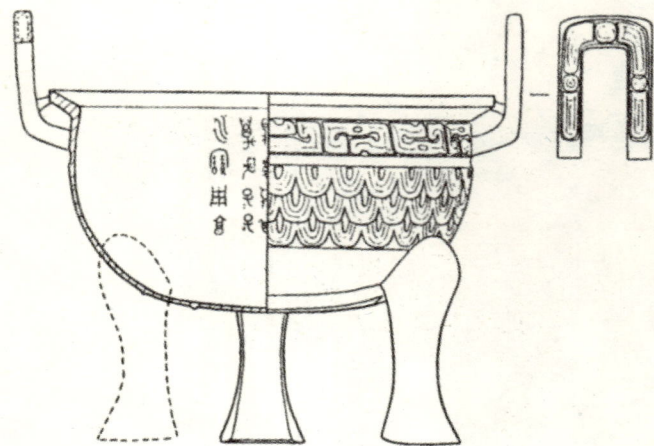

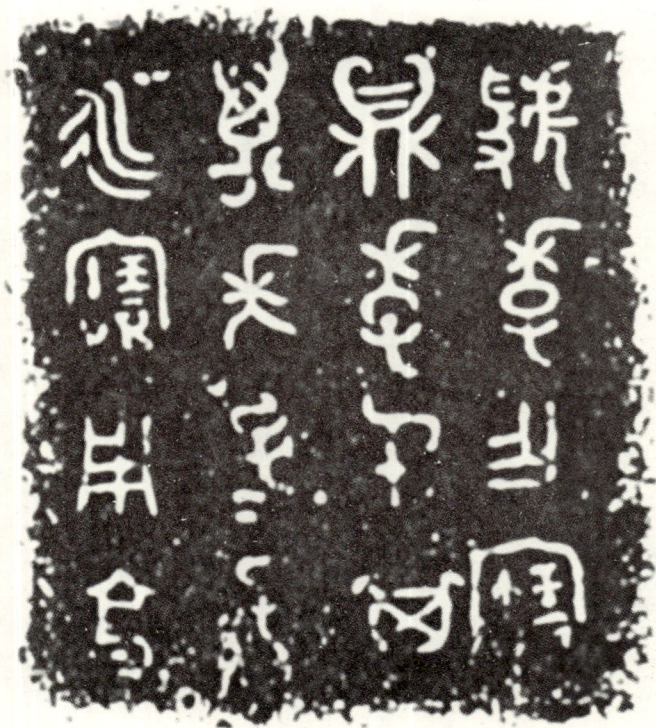

虢季作寶
鼎，季氏其
萬年，子孫
永寶用享。

字數：16(又重文 2)
度量：通高 29.6 釐米，口徑 32.4 釐米，重 8.2 千克
時代：西周晚期
著録：《三門峽虢國墓》上冊 37 頁
出土：河南三門峽市虢國墓地 M2001：106
現藏：河南三門峽市文物工作隊

331 虢季鼎

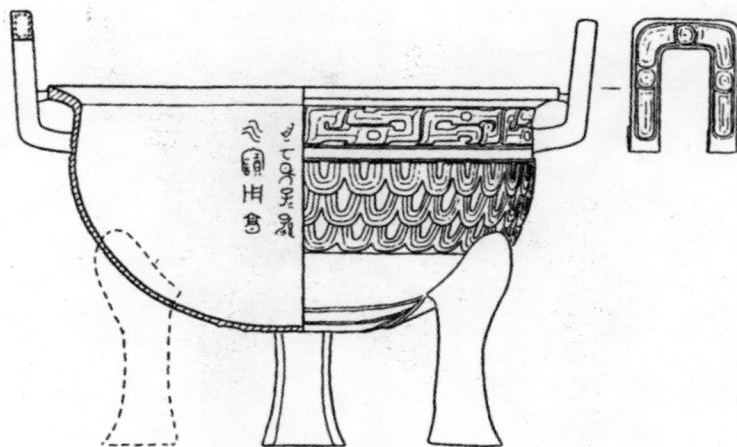

虢季作寶
鼎，季氏其
萬年，子孫
永寶用享。

字數:16(又重文 2)
度量:通高 32.1 釐米,口徑 37.2 釐米,重 11.8 千克
時代:西周晚期
著録:《三門峽虢國墓》上册 36 頁
出土:河南三門峽市虢國墓地 M2001:83
現藏:河南三門峽市文物工作隊

332 虢季鼎

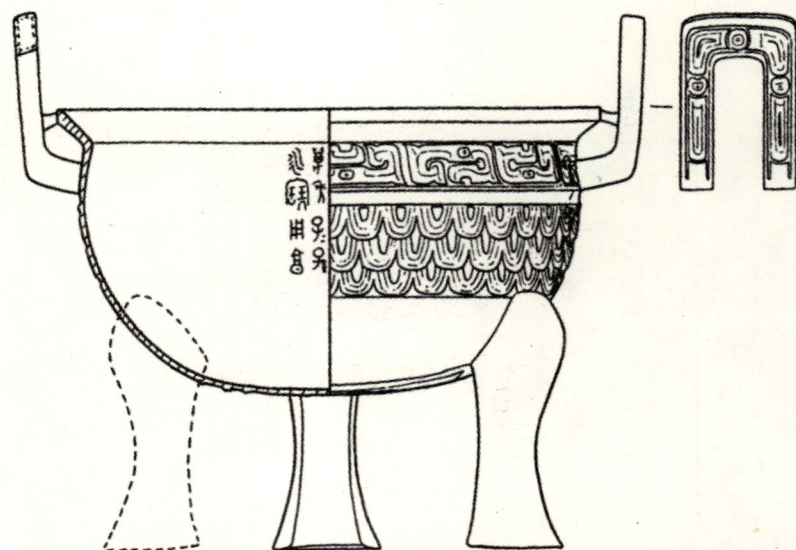

虢季作寶
鼎，季氏其
萬年，子孫
永寶用享。

字數：16(又重文 2)
度量：通高 34.6 釐米，口徑 39.6 釐米，重 14 千克
時代：西周晚期
著録：《三門峽虢國墓》上册 35 頁
出土：河南三門峽市虢國墓地 M2001：82
現藏：河南三門峽市文物工作隊

333 虢季鼎

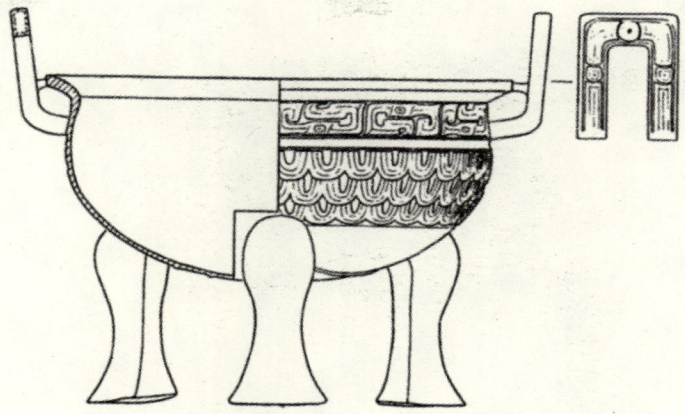

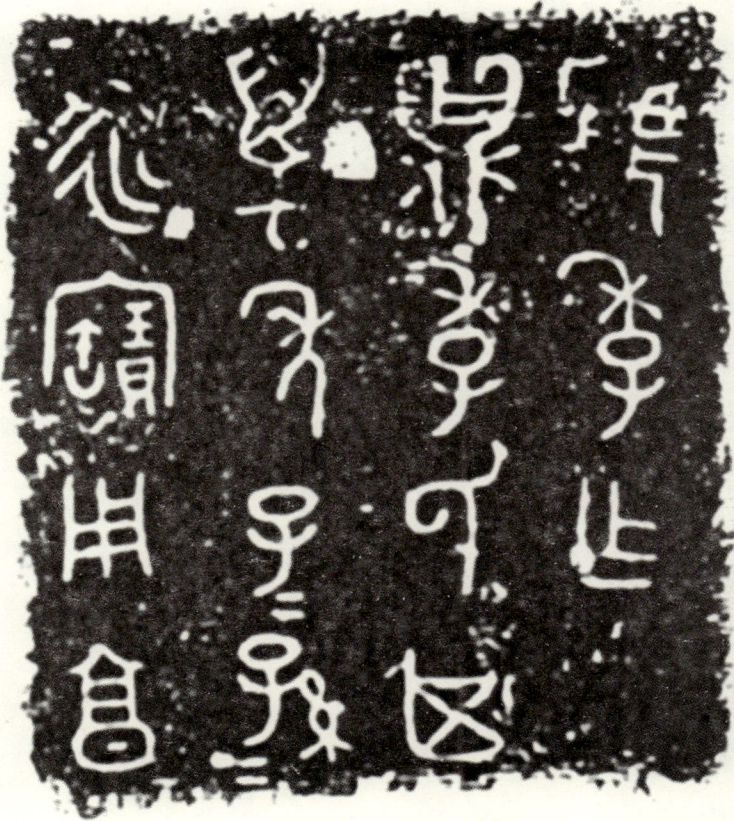

虢季作寶
鼎，季氏其
萬年，子孫
永寶用享。

字數：16(又重文 2)
度量：通高 36.8 釐米，口徑 42.6 釐米，重 15.55 千克
時代：西周晚期
著錄：《三門峽虢國墓》上冊 34 頁
出土：河南三門峽市虢國墓地 M2001：66
現藏：河南三門峽市文物工作隊

334 虢季鼎

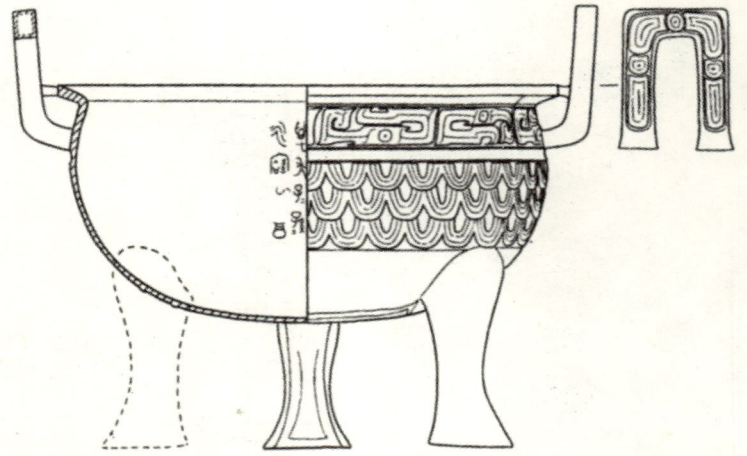

虢季作寶
鼎，季氏其
萬年，子孫
永寶用享。

字數：16(又重文 2)
度量：通高 39.8 釐米，口徑 44.2 釐米，重 17.4 千克
時代：西周晚期
著錄：《三門峽虢國墓》上冊 33 頁
出土：河南三門峽市虢國墓地 M2001:390
現藏：河南三門峽市文物工作隊

335 臣高鼎

乙亥，王賞臣
高貝十朋，用
作文父丁
寶尊彝。子。

字數：17（又合文 1）
度量：通高 21 釐米，口徑 16.8 釐米
時代：西周早期
著録：《考古與文物》1990 年 5 期 26—43 頁
流傳：陝西西安市大白楊庫
現藏：陝西西安市文物中心

336 鄮甘辜鼎

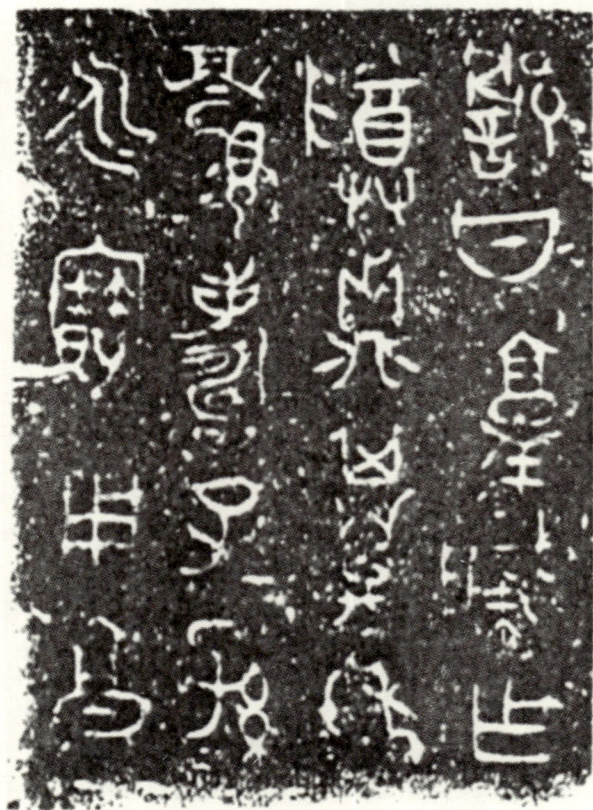

鄮甘辜肇作
尊鼎，其萬年
眉壽，子孫
永寶用享。

字數：18(又重文 2)
度量：通高 24.1 釐米
時代：西周晚期
著錄：《文物》1989 年 6 期 68 頁
出土：山東章丘縣明水鎮垓莊
現藏：山東章丘縣文物管理所

190

337 吳王姬鼎

吳王姬作南宮
史叔龡鼎。其萬
年子＝孫＝永寶用。

字數：18(又重文 2)
度量：通高 51.5 釐米，口徑 45 釐米
時代：西周晚期
著録：《考古與文物》1990 年 5 期 35—41 頁
出土：陝西西安市南郊
現藏：陝西西安市文物中心

338 孟狂父鼎

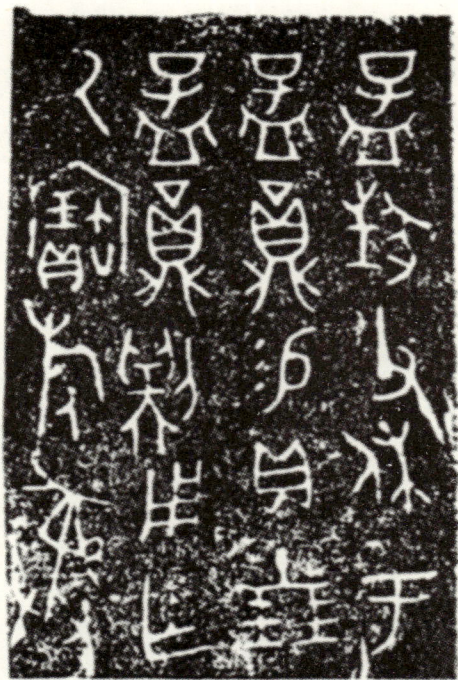

孟狂父休于
孟員，賜貝十朋，
孟員□，用作
厥寶旅彝。

字數：19（又合文 1）
度量：通高 24.4 釐米，口徑 20.8 釐米
時代：西周中期
著録：《考古》1989 年 6 期 524—525 頁
出土：1983—1986 年陝西長安縣張家坡村墓葬 M183：4
現藏：中國社會科學院考古研究所灃西發掘隊

339 亞魚鼎

壬申，王賜亞魚貝，
用作兄癸尊。在
六月，唯王七祀翌日。

字數：21
度量：通高 19 釐米，口徑 17 釐米
時代：商代後期
著錄：《考古》1986 年 8 期 705—706 頁
出土：1984 年河南安陽市商代後期殷墟 1713 號墓葬
現藏：中國社會科學院考古研究所安陽工作隊

340 小臣伯鼎

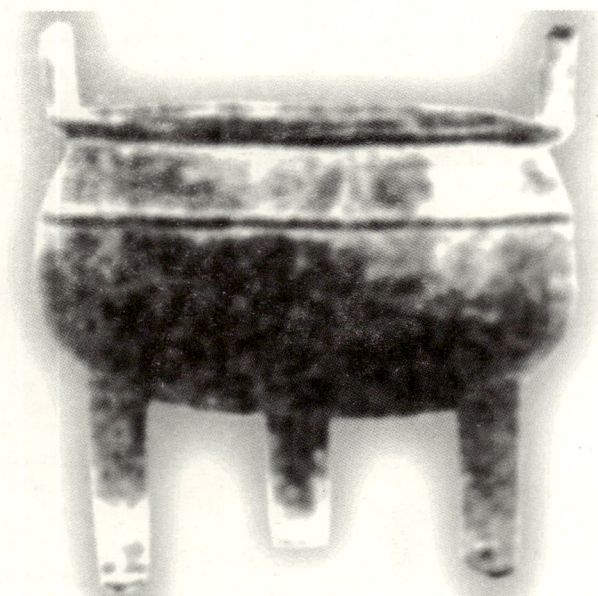

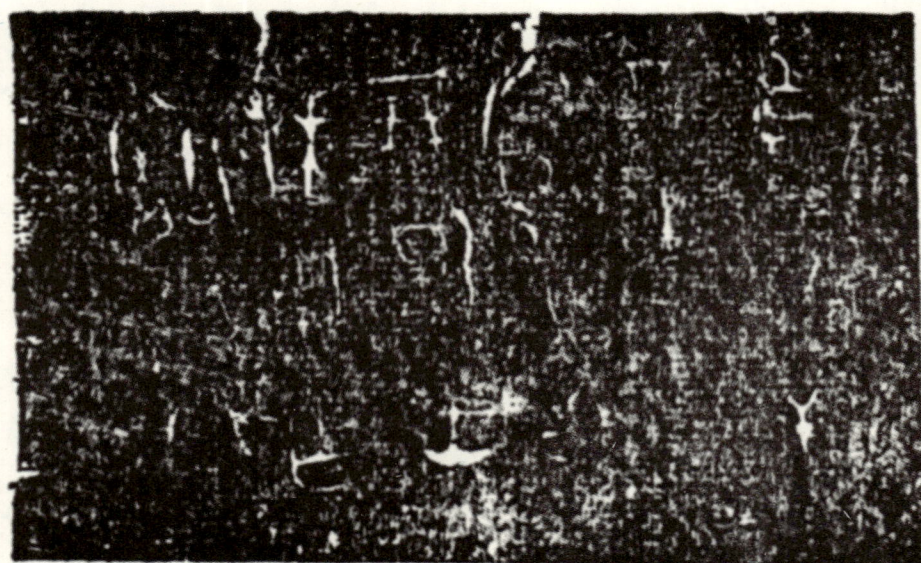

唯二月辛
酉，王姜賜
小臣伯貝
二朋。揚王
休，用作
寶鼎。

字數：21
度量：通高 15 釐米，口徑 17 釐米
時代：西周早期
著錄：《考古》1988 年 6 期 571 頁
流傳：1985 年冬四川綿竹縣清理楊銳遺物時發現
現藏：四川綿竹縣文物管理所

341 楚叔之孫倗鼎

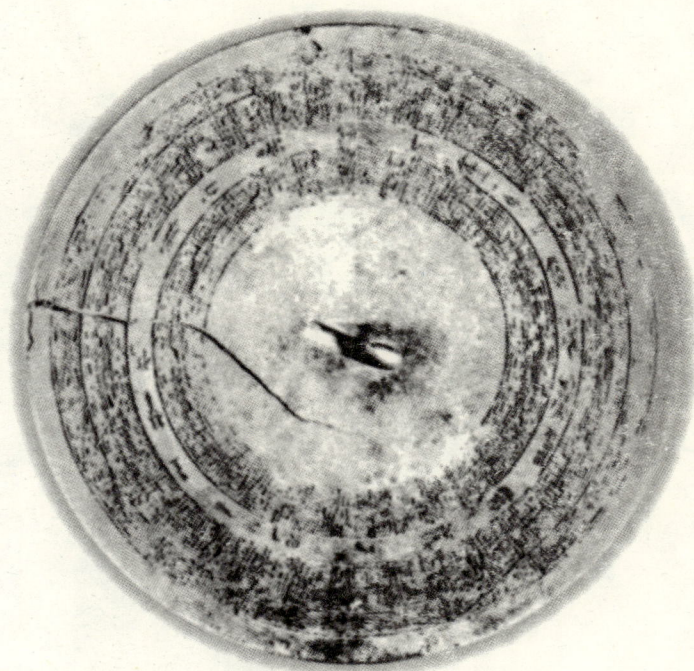

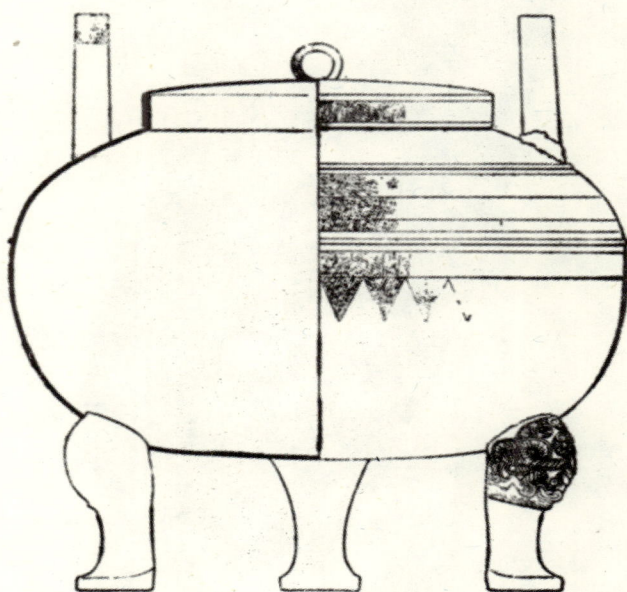

字數:21(蓋器同銘)
度量:通高 40.5 釐米,重 6 千克
時代:春秋後期
著録:《淅川下寺春秋楚墓》219 頁
出土:1990 年河南淅川縣下寺 M3:4
現藏:河南省文物研究所

（器）

楚叔之孫倗擇其
吉金，自作浴鬲。眉
壽無期，永保用之。

196

342 晉侯對鼎

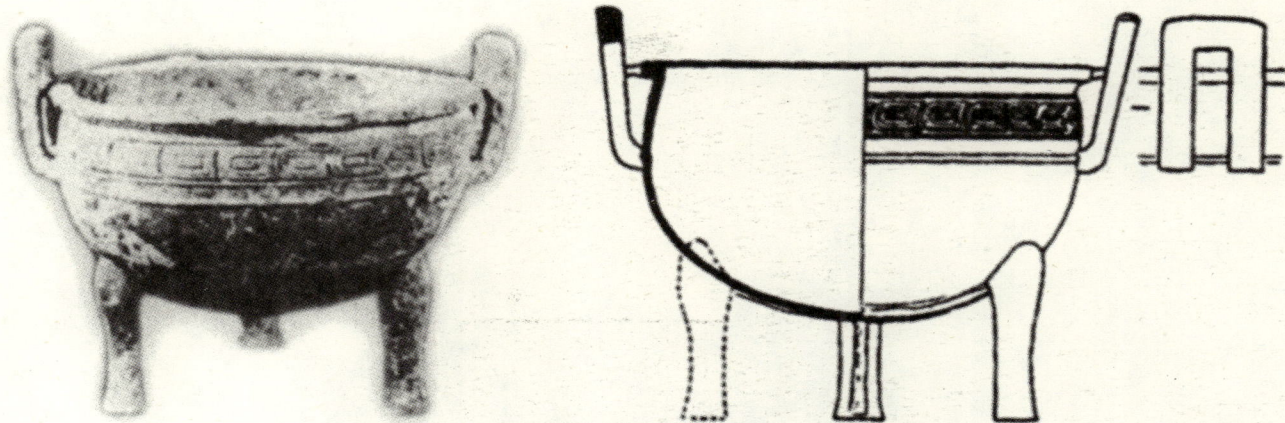

唯九月初吉庚
寅，晉侯對作
鑄尊鼎，其萬年
眉壽，永寶用。

字數：22
度量：通高 20.4 釐米，口徑 22.2 釐米
時代：西周晚期
著錄：《文物》1995 年 7 期 6—23 頁
出土：1994 年 5—10 月山西曲沃縣曲村
　　　鎮北趙村天馬—曲村遺址 M92：9
現藏：山西省考古研究所

343 鄧小仲方鼎

字數:24
度量:通高 23.8 釐米
時代:西周早期
著錄:《歐洲所藏中國青銅器遺珠》圖版 81
現藏:瑞士蘇黎世利特堡博物館

鄧小仲獲，有得，
弗敢阻，用作厥
文祖寶鼎尊，
用尊厥福于宗宮。

344 子具鼎

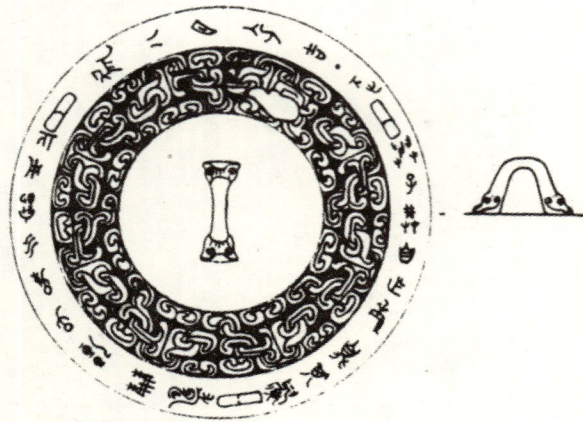

字數:24(又重文 2)
度量:通高 25.5 釐米
時代:春秋前期
著録:《文物》1994 年 3 期 40 頁
出土:1992 年 3 月四川茂縣南新鄉牟托村墓葬

唯八月初吉，逐與子具自作鋙鼎，其眉壽無疆，子孫永寶用之。

345 叔□父鼎

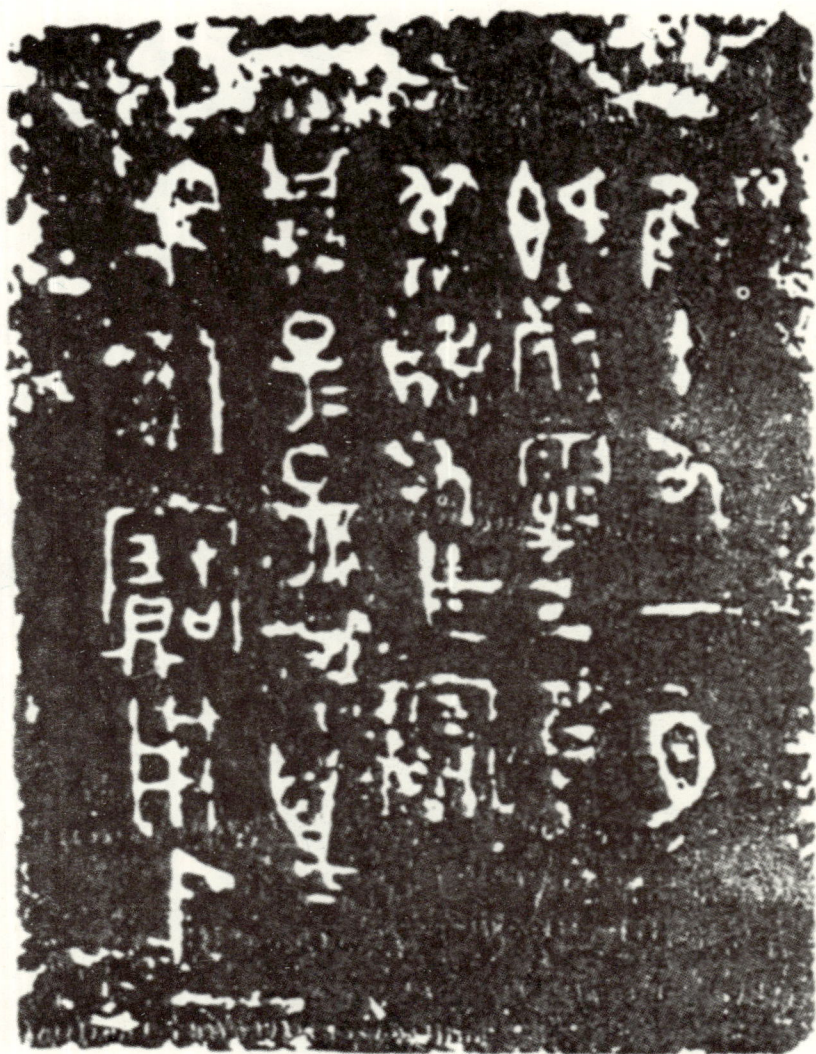

唯十又一月
既死霸己亥，
叔□父作寶
鼎。子孫其萬
年永寶用。ᐱ。

字數：25（又重文 2）
度量：通高 46 釐米，口徑 46.6 釐米
時代：西周晚期
著録：《考古與文物》1990 年 5 期 26—43 頁
出土：陝西長安縣灃鎬遺址
現藏：陝西西安市文物中心

202

346 史惠鼎

史惠作寶鼎，
惠其日就月
將，祭化諡蔑，
持純魯命。惠
其子孫永寶。

字數：25（又重文 2）
度量：通高 21.5 釐米，口徑 20.5 釐米，重 2.75 千克
時代：西周晚期
著錄：《文博》1985 年 3 期 89 頁
出土：1980 年 3 月陝西長安縣灃西新旺村
現藏：陝西省博物館

347 庌戒鼎

鞈伯慶賜庌戒簟弼、鼠膺、虎裘、豹裘。用政于六師，用桍比，用獄次。

字數：25
度量：通高 25.8 釐米，口徑 26.7 釐米，重 5.85 千克
時代：西周晚期
著録：《第三屆國際中國古文字學研討會論文集》321 頁

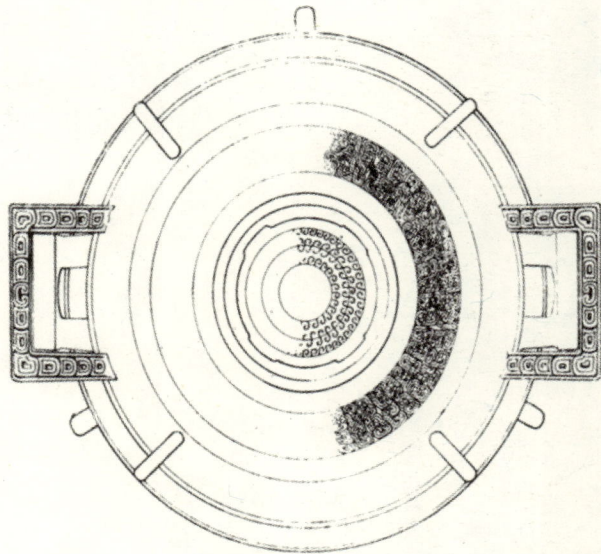

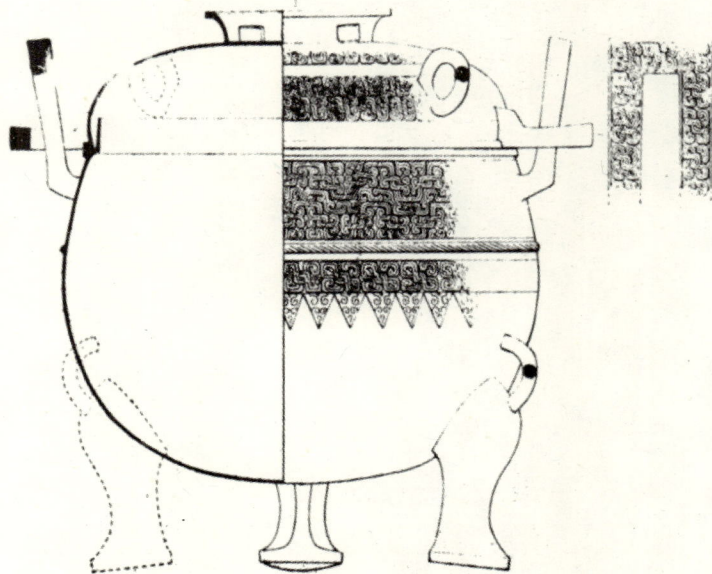

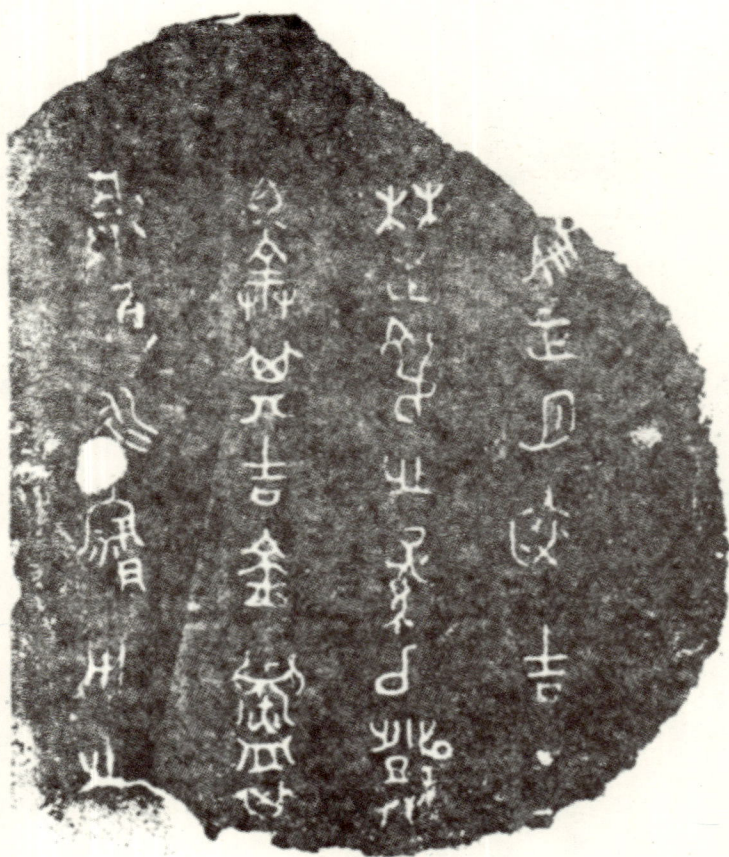

（蓋）

（器）

唯正月初吉丁亥，
楚叔之孫以鄧
擇其吉金，鑄其
𧊒鼎，永寶用之。

字數：25（蓋器同銘）
度量：通高 32 釐米，重 9 千克
時代：春秋後期
著錄：《淅川下寺春秋楚墓》8 頁
出土：1990 年河南淅川縣下寺 M8：8
現藏：河南省文物研究所

206

349 徐大子伯辰鼎

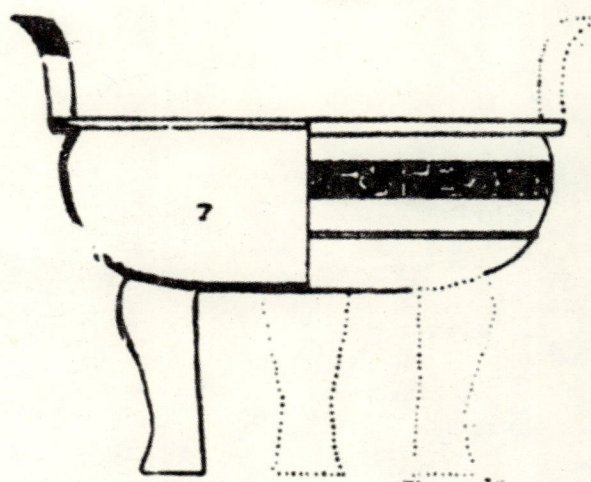

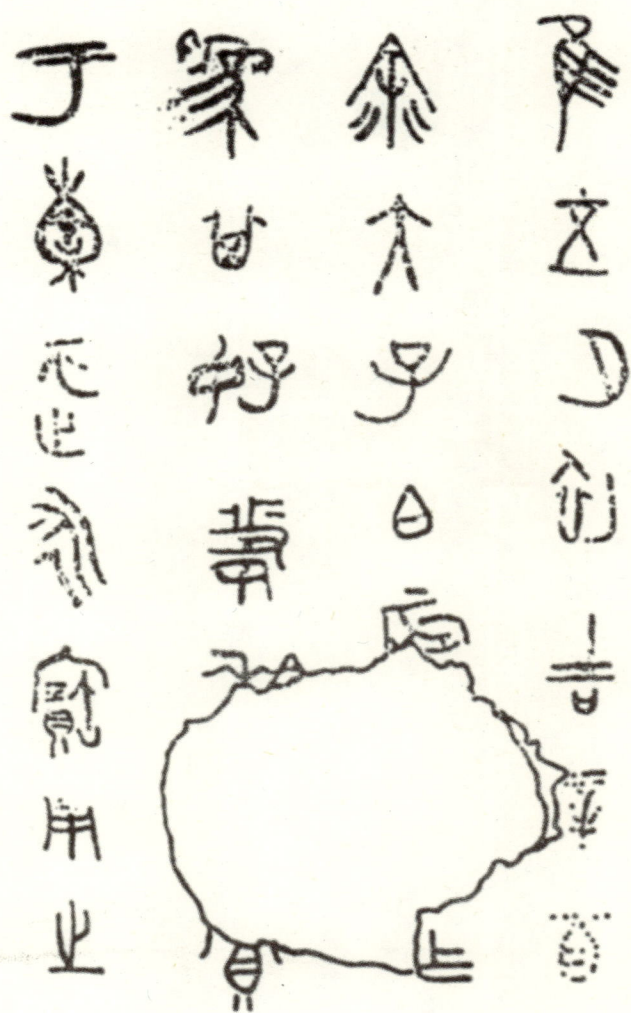

唯五月初吉辛酉，
徐大子伯辰□作
爲其好妻餘鼎，貯
于橐市止，永寶用之。

字數：28
度量：通高 25.8 釐米，口徑 28 釐米
時代：春秋前期
著録：《江漢考古》1991 年 1 期 53 頁
出土：1978 年湖北枝江縣問安鎮關廟山
現藏：湖北枝江縣博物館

350 晉侯對鼎

字數:28(又重文 2)
度量:通高 27 釐米,口徑 31.2 釐米,重 8.75 千克
時代:西周晚期
著録:《上海博物館集刊》1996 年 7 期 34—43 頁
出土:1991—1992 年山西曲沃縣曲村鎮北趙村晉侯墓地
流傳:1992 年後購于香港古玩街
現藏:上海博物館

唯二月既生霸
庚寅，晉侯對
作鑄尊匃鼎，用
賜眉壽萬年，
其子孫永寶用。

209

351 應侯之孫丁兒鼎蓋

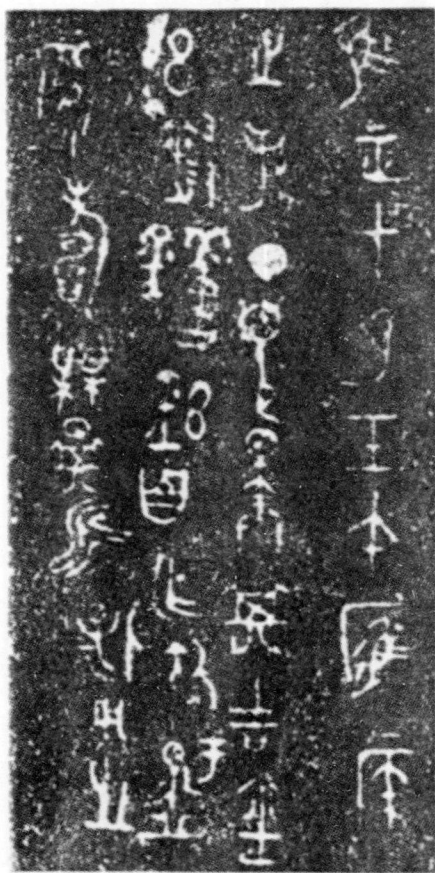

唯正十月壬午，應侯
之孫丁兒擇其吉金，
玄鏐鐪鋁，自作飤盥。
眉壽無期，永保用之。

字數:32
度量:通高 6.5 釐米,口徑 32 釐米
時代:春秋後期
著録:《中原文物》1992 年 2 期 87—90 頁;《華夏考古》
　　1994 年 2 期 111 頁;《文物》1993 年 3 期 93 頁
流傳:河南南陽地區發品公司揀選
現藏:河南南陽市博物館

352 睘鼎

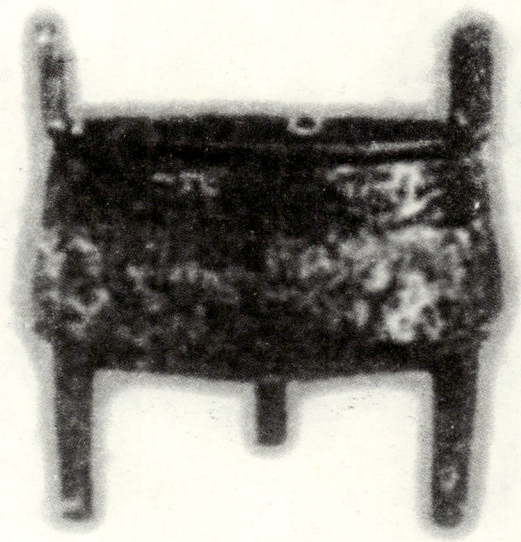

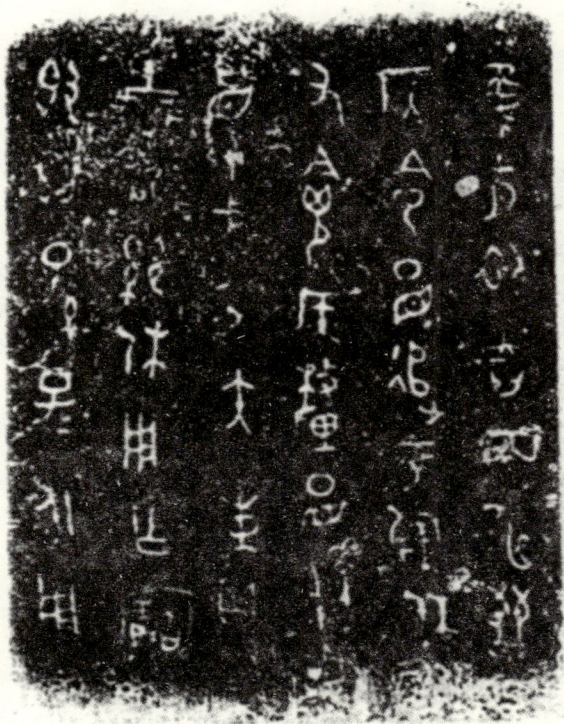

唯七月初吉丙申，晉
侯命睘追于倗，休
有擒。侯釐睘縷、
胄、干、戈、弓、矢束、貝
十朋。受茲休，用作寶
𣪘。其孫子=永用。

字數：40（又重文 1，合文 2）
時代：西周中期
著録：《上海博物館集刊》1993 年 6 期 153 頁
流傳：1990 年 7 月購于香港古玩街
現藏：上海博物館
備注：此鼎自銘"寶𣪘"，罕見

353 莨陽鼎

字數:44
度量:通高 15.7 釐米,口徑 14.8 釐米,重 1.69 千克
時代:戰國後期
著録:《文物》1995 年 11 期 75 頁
現藏:陝西西安市私人收藏

李卿

李卿，

槐里菑供。容一斗一升。六斤十三兩過之。

槐里容一升□价□□
□□□

第百卅七。
鄂蒼陽供鼎。容一斗一升。重六斤七兩。第百卅七。百卅七。

214

354 甚六鼎

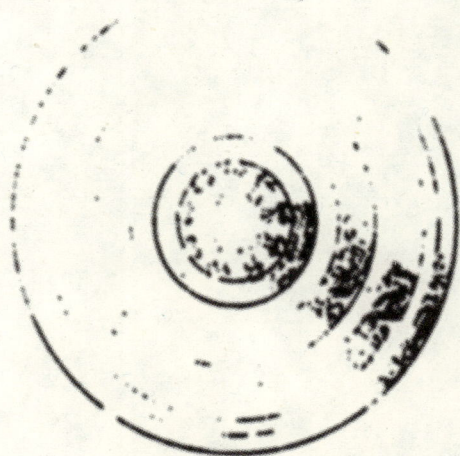

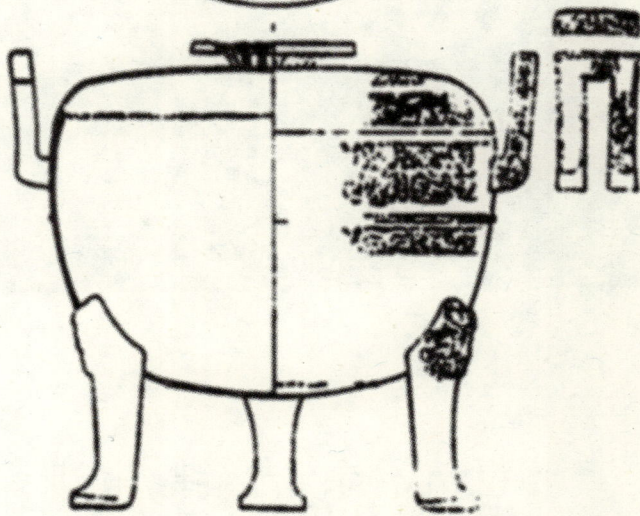

字數:47

度量:通高 21.8 釐米,口徑 21.1 釐米

時代:春秋前期

著録:《東南文化》1988 年 3、4 期 21—35 頁

出土:1984 年 5 月江蘇丹徒縣北山頂墓葬 M:20

現藏:考古研究所丹徒考古隊

唯正月初吉丁亥，
甫遣昧甚六之
肄夫趺疇，擇厥
吉金，作鑄飤鼎。
余以鑄以饗，以
伐四方，以從攻盧王。
世萬子孫，永保用饗。

216

355 鄭臧公之孫鼎

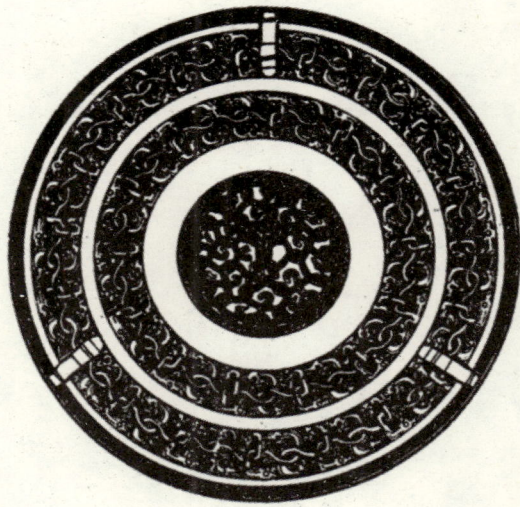

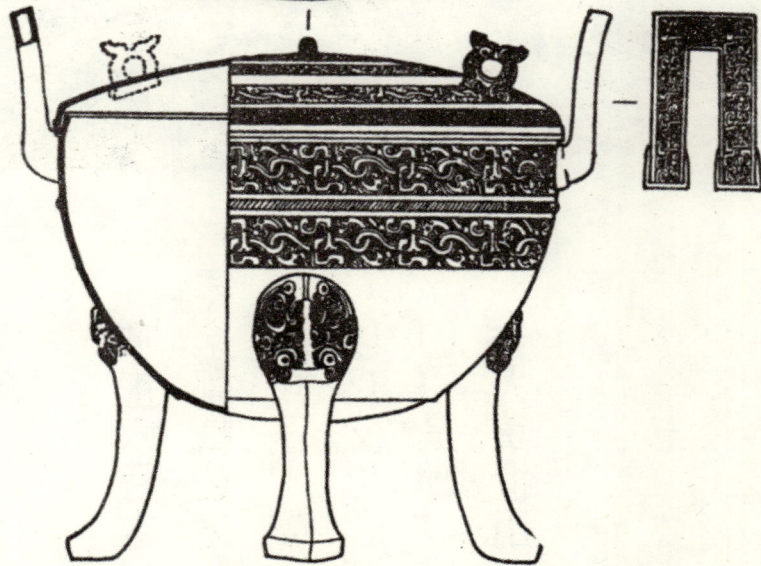

字數：47（蓋器同銘）
度量：通高 34.4 釐米，口徑 31 釐米
時代：春秋後期
著録：《考古》1991 年 9 期 783—792 頁
出土：1988 年 10—11 月湖北襄樊市郊余崗村團山墓葬 M1：1
現藏：湖北襄樊博物館

（蓋）

唯正六月吉日唯己，
余鄭臧公之孫，余剌
之痊子，虞作鑄鼒彝，
以爲父母，其獻于下都。
曰：烏呼，哀哉！剌叔、剌
夫人萬世用之。

（器）

唯正六月吉日唯己，
余鄭臧公之孫，余刺
之疚子，虞作鑄尊彝，
以爲父母，其獻于下都。
曰：烏呼，哀哉！刺叔、刺
夫人萬世用之。

356 伯唐父鼎

乙卯，王饗荅京。王
祼，辟舟臨舟龍。咸
祼，伯唐父告備。王格，
乘辟舟，臨祼白旗。
用射緣、鼇虎、貉、白
鹿、白狼于辟池。咸
祼，王蔑曆，賜秬鬯一卣，
貝廿朋，對揚王休，用
作口公寶尊彝。

字數：66
度量：通高 22.5 釐米，口徑 17.9 釐米
時代：西周中期
著録：《考古》1989 年 6 期 524—525 頁
出土：1983—1986 年陝西長安縣張家坡村墓葬 M183：5
現藏：中國社會科學院考古研究所灃西發掘隊

357 靜方鼎

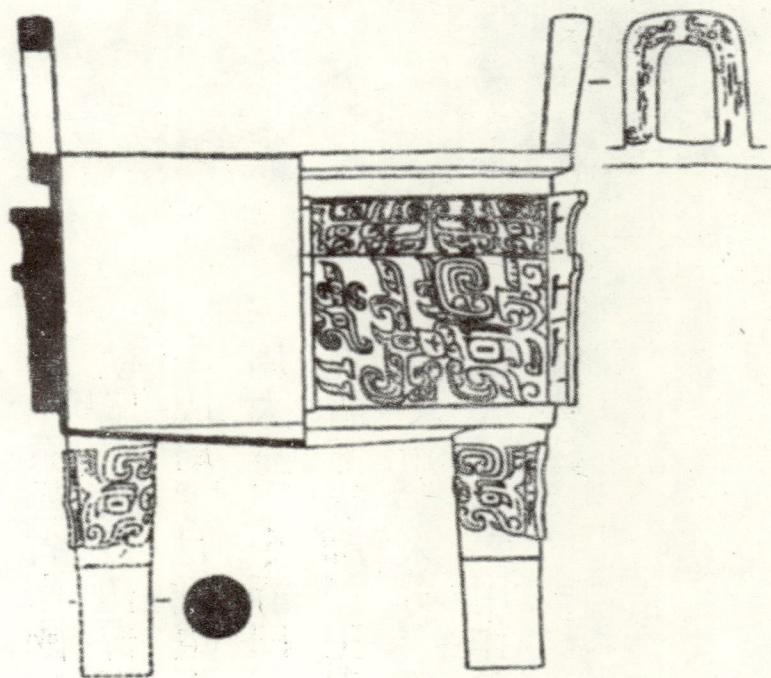

字數:78
度量:通高 32.7 釐米
時代:西周早期
著錄:《文物》1998 年 5 期 85 頁
現藏:日本出光美術館

唯十月甲子，王在宗周，命
師中眔靜省南國相，
執应。八月初吉庚申至，告
于成周。月既望丁丑，王在成
周大室，令靜曰：卑汝□嗣
在曾、鄂師。王曰：靜，賜汝邑、
旅、市、采霉，曰用事。靜
揚天子休，用作父丁
寶尊彝。

王子午鼎

358 王子午鼎

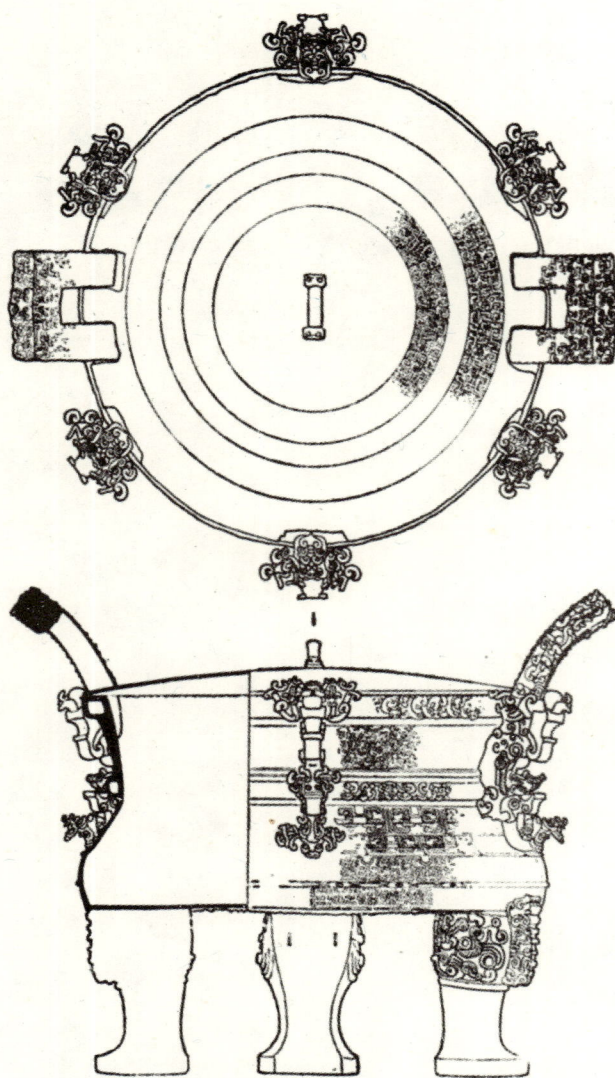

字數:85(又重文 5,蓋 4 器 81)
度量:通高 67.4 釐米,重 110.4 千克
時代:春秋後期
著錄:《淅川下寺春秋楚墓》116—117 頁
出土:1990 年河南淅川縣下寺 M2:38
現藏:河南省文物研究所

（器）

（此圖爲原圖的三分之一）

唯正月初吉丁
亥，王子午擇其
吉金，自作鼎彝
䌶鼎。用享以孝，
于我皇祖文考。
用祈眉壽，畣
恭䚄遟，畏忌翼，
敬厥盟祀，永受
其福。余不畏不
差，惠于政德，淑
于威儀。闌闌，令
尹子庚也，民之
所巫。萬年無期，
子孫是[制]。

225

（蓋）

倗之遷鼎

359 王子午鼎

字數:存 12
度量:通高 62.5 釐米,重 111.7 千克
時代:春秋後期
著録:《淅川下寺春秋楚墓》118 頁
出土:1990 年河南淅川縣下寺 M2:36
現藏:河南省文物考古研究所

其 彝 孝 考 忌 □

令尹
之所
期，子

360 王子午鼎

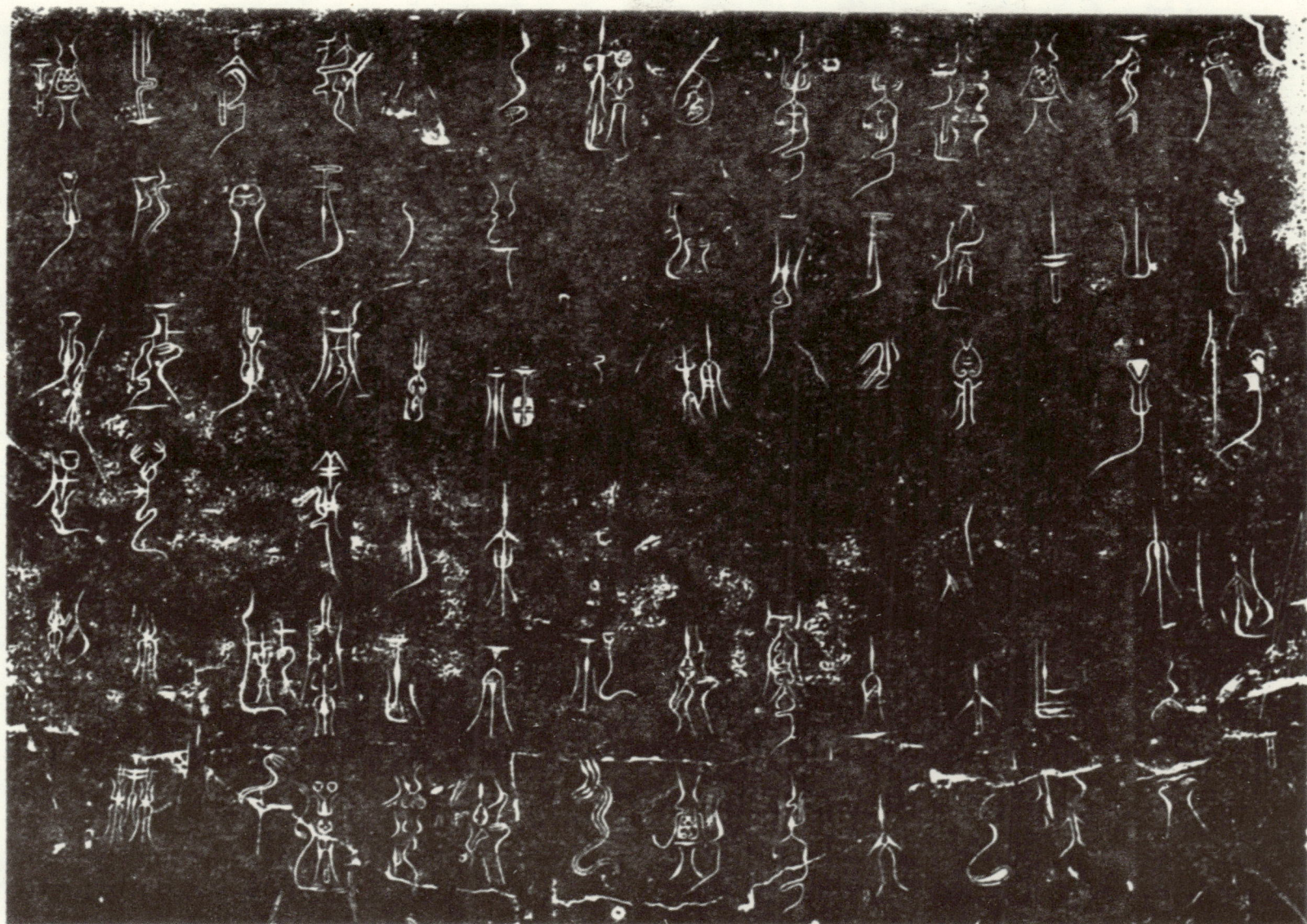

（此圖爲原圖的二分之一）

唯正月初吉丁
亥，王子午擇
其吉金，自作爲
彝邊鼎。用享以
孝，于我皇祖文
考。用祈眉壽，
䤾恭獸遟，畏忌
翼，敬厥盟祀，永
受其福。余不畏
不差，惠于政德，
淑于威儀。闌獸，
令尹子庚也，民
之所亟。萬年無
期，子孫是制。

字數:81(又重文 5)
度量:通高 62.5 釐米,重 95.7 千克
時代:春秋後期
著錄:《淅川下寺春秋楚墓》119 頁
出土:1990 年河南淅川縣下寺 M2:30
現藏:河南省文物研究所
備註:該器形制與 M2:38 同

361 王子午鼎

字數：81(又重文 5)
度量：通高 61.3 釐米，重 82.8 千克
時代：春秋後期
著錄：《淅川下寺春秋楚墓》120 頁
出土：1990 年河南淅川縣下寺 M2:32
現藏：河南省文物研究所

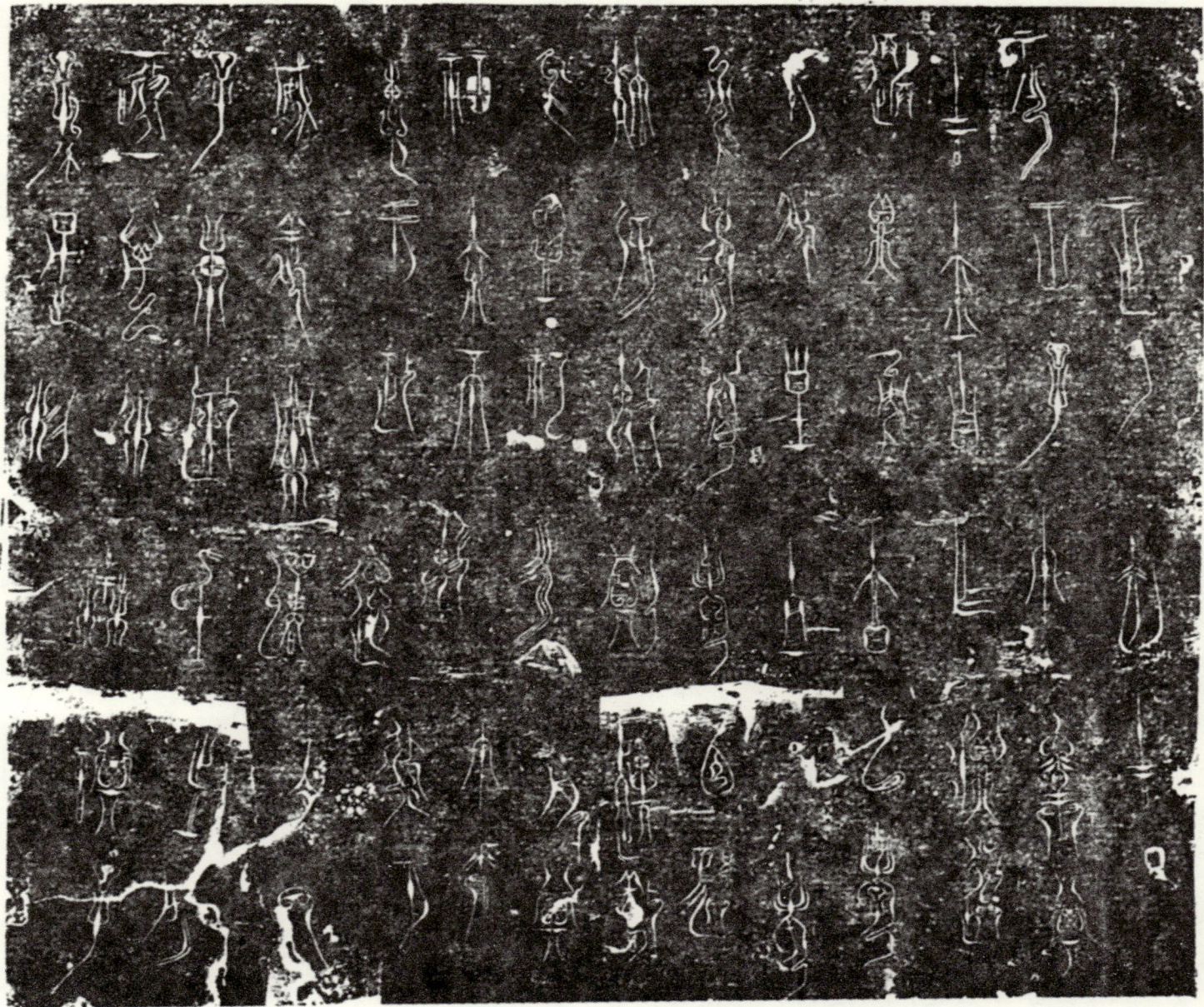

（此圖爲原圖的二分之一）

唯正月初吉丁亥，王子午擇其吉金，自作𩰫彝𦦲鼎。用享以孝，于我皇祖文考。用祈眉壽，𦥑恭𩰫遟，畏忌翼，敬厥盟祀，永受其福。余不畏不差，惠于政德，淑于威儀。闌𤞤，令尹子庚也，民之所歷。萬年無期，子孫是制。

231

362 王子午鼎

字數:85(又重文 5,蓋 4 器 81)
度量:通高 61.3 釐米,重 80.2 千克
時代:春秋後期
著録:《淅川下寺春秋楚墓》116 頁、121 頁
出土:1990 年河南淅川縣下寺 M2:28
現藏:河南省文物研究所
備注:該器形制與 M2:38 同

（器）

（此圖爲原圖的五分之二）

唯正月初吉丁
亥，王子午擇
其吉金，自作
彝邊鼎。用享以
孝，于我皇祖文
考。用祈眉壽，
畣恭龢遲，畏忌
翼，敬厥盟祀，
永受其福。余不
畏不差，惠于政
德，淑于威儀。闌
獸，令尹子庚也，民
之所巫。萬年
無期，子孫是制。

233

（蓋）

倗之邊鼎

363 王子午鼎

（器）

（此圖爲原圖的三分之一）

唯正月初吉丁
亥，王子午擇其
吉金，自作彝
邊鼎。用享以孝，
于我皇祖文考。
用祈眉壽，畣
恭獸遲，畏忌翼，
敬厥盟祀，永受
其福。余不畏不
差，惠于政德，淑
于威儀。闌獸，令
尹子庚也，民之
所匹。萬年無期，
子孫是制。

235

（蓋）

倗之迻鼒

字數:81(又重文 5,蓋 4)
度量:通高 61.3 釐米,重 80.2 千克
時代:春秋後期
著録:《淅川下寺春秋楚墓》116 頁、123 頁
出土:1990 年河南淅川縣下寺 M2:34
現藏:河南省文物研究所
備注:器已殘

364 吴虎鼎

字數：163(又重文 2)
度量：通高 41 釐米，口徑 40 釐米，重 15.4 千克
時代：西周晚期
著録：《考古與文物》1998 年 3 期 69—71 頁
出土：1992 年陝西長安縣申店鄉徐家寨村
現藏：陝西長安縣文物管理委員會

唯十又八年十又三月既
生霸丙戌，王在周康宫夷
宫，道入佑吳虎。王命膳夫
豐生、嗣工雍毅申屬王命：
取吳蓋舊疆，付吳虎。厥
齒人眔疆，厥東疆官人眔
疆，厥南疆畢人眔疆，厥西
疆荼姜眔疆。厥俱履封：豐
生、雍毅、伯道、内嗣土寺
吳虎拜，稽首。天子休。賓膳
夫豐生璋、馬匹。賓嗣工雍
毅璋、馬匹。賓内嗣土寺
復瑗。書尹、友、守、史。迺賓史
荸韋兩。虎拜手、稽首，敢對
揚天子丕顯魯休，用作朕皇
祖考庚孟尊鼎，其子孫永寶。

238

四、簋類

365 天簋

天。

字數:1
度量:通高 20.8 釐米,口徑 20.3 釐米
時代:商代後期
著録:《考古》1993 年 4 期 322 頁
出土:1987 年 5 月河北薊縣張家園遺址 M4:2
現藏:天津市歷史博物館考古部

366  簋

字數:1
度量:通高 17.5 釐米
時代:商代後期
著錄:富士比(1967,5,16:42)
流傳:英國倫敦富士比拍賣行

367 見簋

見。

字數：1
度量：通高 12.8 釐米，口徑 20.8 釐米，重 2.1 千克
時代：商代後期
著錄：《考古》1988 年 10 期 867－868 頁
出土：1983 年 6—10 月河南安陽市大司空村墓葬
　　　M663：38
現藏：中國社會科學院考古研究所安陽工作隊

368 爰簋

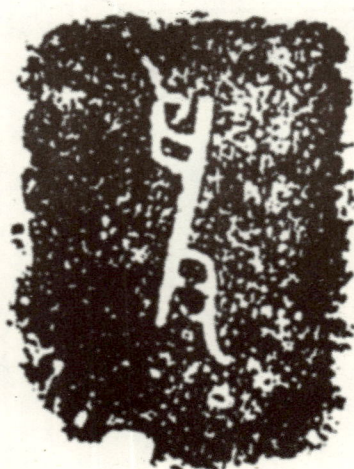

爰。

字數:1
度量:通高 15.4 釐米,口徑 19.8 釐米,重 2.4 千克
時代:商代後期
著録:《考古學報》1991 年 3 期 333—342 頁
出土:1984 年 10—11 月河南安陽市戚家莊東 269 號墓
現藏:河南安陽市文物工作隊

369 伊簋

伊。

字數：1
度量：通高 17.5 釐米
時代：商代後期
著録：富士比（1970，7，14：56）
流傳：J.Homberg 舊藏；英國倫敦富士比拍賣行

370 殼簋

殼。

字數:1
度量:通高 13.4 釐米,口徑 19 釐米
時代:商代後期
著録:《中原文物》1998 年 2 期 111—113 頁
現藏:河南鄭州大學文博學院

371 正簋

正。

字數:1
度量:通高 17.7 釐米,口徑 24.6 釐米,重 4.15 千克
時代:商代後期
著録:《文物》1985 年 8 期 82—84 頁
流傳:張效彬先生捐贈
現藏:北京首都博物館

372 正簋

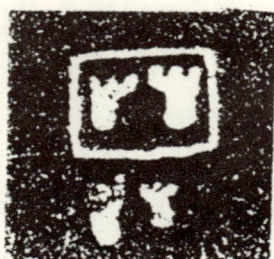

正。

字數:1
度量:通高 16.4 釐米,口徑 24 釐米
時代:商代後期
著録:《文物》1986 年 8 期 73 頁
現藏:河南安陽市博物館

373 子簋

子。

字數：1
度量：通高 15 釐米，口徑 22 釐米
時代：西周早期
著錄：《歐洲所藏中國青銅器遺珠》圖版 84
現藏：德國科隆東亞藝術博物館

374 騾簋

騾。

字數:1
度量:通高 17.7 釐米,口徑 25 釐米
時代:商代後期
著録:《文物》1986 年 11 期 14 頁
出土:1985 年 1 月山西靈石縣旌介村墓葬 M1:35
現藏:山西靈石縣文化局

375 融簋

融。

字數:1
度量:通高 21.7 釐米,口徑 25.3 釐米
時代:商代後期
著録:《海岱考古》第一輯 256—266 頁
出土:1986 年春山東青州市蘇埠屯墓葬 M8:12
現藏:山東青州市博物館

376 ❀簋

字數:1
度量:通高 22.5 釐米
時代:商代後期
著錄:富士比(1977,12,13:216)
流傳:英國倫敦富士比拍賣行

377 冊簋

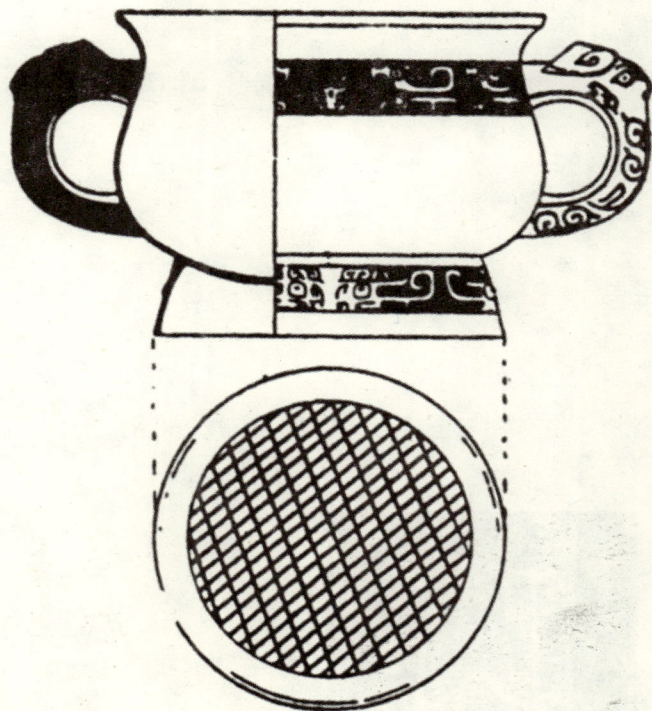

冊。

字數:1
度量:通高 14.8 釐米,口徑 19.2 釐米
時代:商代後期
著録:《文物》1986 年 11 期 14 頁
出土:1985 年 1 月山西靈石縣旌介村墓葬 M2:39
現藏:山西靈石縣文化局

378 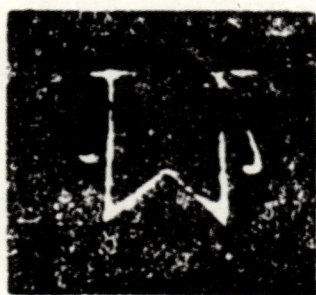簋

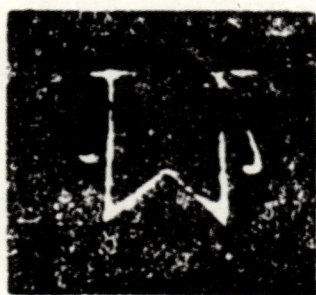。

字數:1
度量:通高 11.9 釐米,口徑 16.8 釐米
時代:商代後期
著録:《考古與文物》1990 年 5 期 25—38 頁
出土:陝西渭南市
現藏:陝西西安市文物中心

379 簋

。

字數：1

度量：通高 16.4 釐米，口徑 22.4 釐米

時代：商代後期

著録：《文物》1995 年 6 期 89 頁；《中國文物報》
1993 年 21 期 4 版

出土：1992 年 10 月河北遷安縣夏官營鎮馬哨村

380 簋

（蓋）

（器）

字數：1（蓋器同銘）
度量：通高 18.3 釐米，口徑 11.2 釐米
時代：西周早期
著録：《寶雞強國墓地》(上)192 頁
出土：陝西寶雞市竹園溝 20 號墓 M20：3
現藏：陝西寶雞市博物館

381 🅰️簋

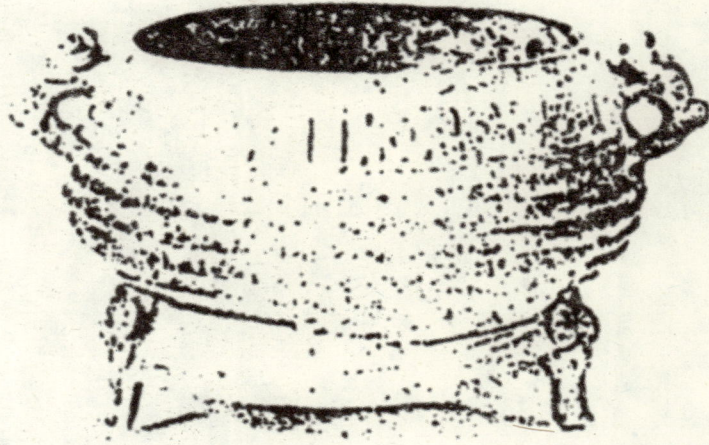

字數:1
度量:通高 27.3 釐米
時代:西周晚期
著録:富士比(1984,12,11:2)
流傳:英國倫敦富士比拍賣行

382 亞簋

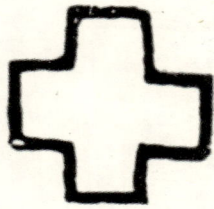　　　　亞。

字數:1
度量:通高 12.5 釐米
時代:商代後期
著録:富士比(1972,11,14:229)
流傳:英國倫敦富士比拍賣行

383 戈簋

戈。

字數:1
度量:通高 19 釐米,口徑 23.4 釐米
時代:商代後期
著録:《文物》1986 年 8 期 73 頁
現藏:河南安陽市博物館

384 戈簋

戈。

字數:1
度量:通高 19.5 釐米,口徑 27 釐米
時代:西周早期
著錄:《考古與文物》1990 年 5 期 26—43 頁
出土:甘肅慶陽地區
現藏:陝西西安市文物中心

385 勺簋

字數:1
度量:通高 17.7 釐米,口徑 12 釐米
時代:春秋前期
著錄:《文物》1990 年 11 期 66 頁
出土:1975 年 12 月安徽壽縣蕭嚴湖
現藏:安徽壽縣博物館

386 𠂤簋

字數：1
度量：通高 34.5 釐米
時代：西周晚期
著録：富士比(1947,3,25:83)
流傳：英國倫敦富士比拍賣行

387 ◇簋

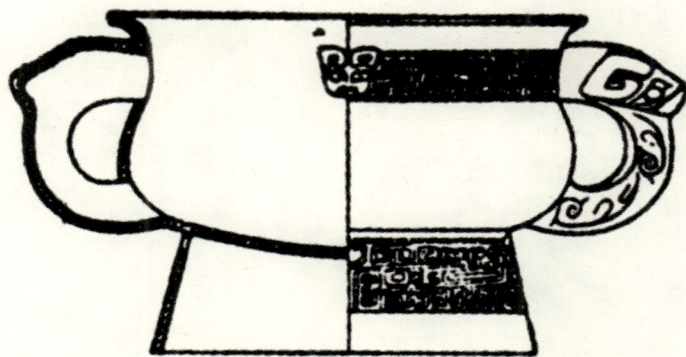

◇
。

字數:1
度量:通高 10.1 釐米,口徑 13.9 釐米
時代:商代後期
著録:《考古》1992 年 2 期 187 頁
出土:1990 年 5 月河南安陽市梅園莊墓葬 M1:6
現藏:中國社會科學院考古研究所安陽工作隊

388 父戊簋

 　　　　　　　　父
　　　　　　　　戊
　　　　　　　　。

字數:2
度量:通高 11.5 釐米
時代:西周早期
著録:富士比(1973,6,26:5)
流傳:英國倫敦富士比拍賣行

389 夲旅簋

夲旅。

字數:2
度量:通高 16.9 釐米,口徑 22.5 釐米
時代:商代後期
著錄:《歐洲所藏中國青銅器遺珠》圖版 13
流傳:英國倫敦戴迪野拍賣行

390 秉毋簋

秉
毋
。

字數:2
度量:通高 24.5 釐米
時代:西周早期
著録:富士比(1979,12,11:40)
流傳:S.N.Ferris Luboshez 舊藏;英國倫敦富士比拍賣行

391 作彝簋

作
彝。

字數:2
度量:通高 25.4 釐米
時代:西周早期
著録:富士比(1990,12,11:3)
流傳:英國倫敦富士比拍賣行

392 𐂷祖丁簋

𐂷。
祖
丁。

字數：3
度量：通高 12.5 釐米，口徑 19.2 釐米，重 1.4 千克
時代：西周早期
著錄：《文物》1998 年 10 期 39—40 頁
出土：1972 年秋河南洛陽市東郊機車工廠
現藏：河南洛陽市博物館

393 父乙簋

。父乙。

字數:3
度量:通高 15.9 釐米,口徑 22.5 釐米
時代:西周早期
著録:《考古與文物》1990 年 5 期 26—43 頁
出土:1975 年—1976 年陝西長安縣灃西
現藏:陝西西安市文物中心

394 子父丁簋

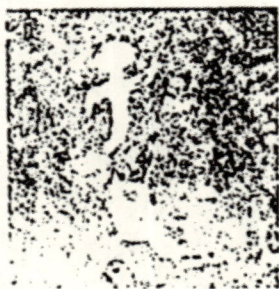

子。父丁。

字數:3
度量:通高 14.1 釐米
時代:商代後期
著録:佳士得(1987,6,4:8)
流傳:英國倫敦佳士得拍賣行

395 戈父己簋

戈。父己。

字數:3
度量:通高 16.3 釐米,口徑 23 釐米,重 3.8 千克
時代:西周早期
著録:《高家堡戈國墓》74 頁
出土:1991 年陝西涇陽縣興隆鄉高家堡 M4:20
現藏:陝西涇陽縣博物館

396 光父辛簋

光。父辛。

字數：3
度量：通高 13 釐米，口徑 16.2 釐米
時代：西周早期
著錄：《考古》1985 年 12 期 1141 頁
出土：1984 年底河南臨汝縣騎嶺鄉大張村
現藏：河南臨汝縣文化館

397 入父辛簋

入。
父辛。

字數:3
度量:通高 15.2 釐米
時代:西周早期
著録:富士比(1984,6,19:12)
流傳:柏林 R.Weismann 舊藏;英國倫敦富士比拍賣行
備注:巴納・張光裕《中日歐美澳紐所見所拓所摹金文
　　彙編》:1508 收一觶銘文與此同

398 𪔂父癸簋

𪔂。父癸。

字數:3
度量:通高 15.5 釐米,口徑 21.9 釐米
時代:西周早期
著録:《考古與文物》1990 年 5 期 26—43 頁
流傳:陝西西安市大白楊庫
現藏:陝西西安市文物中心

399 囟父癸簋

囟。父癸。

字數:3
度量:通高 18 釐米,口徑 18.3 釐米
時代:西周中期
著録:《考古與文物》1990 年 5 期 26—43 頁
流傳:陝西西安市大白楊庫
現藏:陝西西安市文物中心

400 伯作彝簋

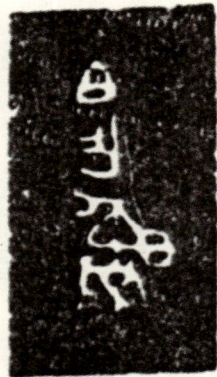

伯作彝。

字數:3
度量:通高 13.3 釐米,口徑 18.8 釐米
時代:西周早期
著錄:《考古與文物》1990 年 5 期 26—43 頁
出土:陝西灃西毛紡廠
現藏:陝西西安市文物中心

401 伯作彝簋

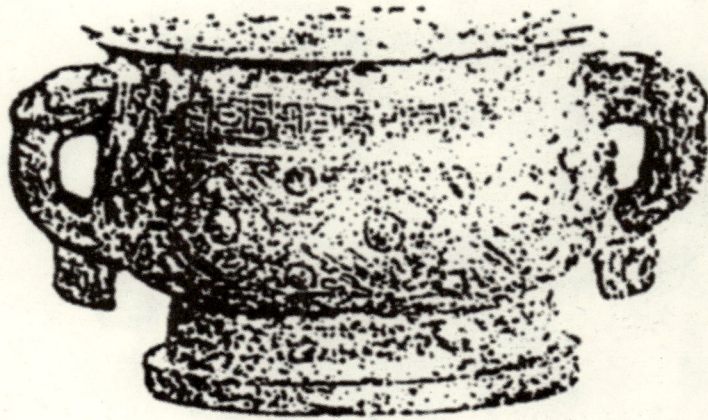

伯作彝。

字數:3
度量:通高 25.4 釐米
時代:西周早期
著録:富士比(1990,12,11:4)
流傳:英國倫敦富士比拍賣行

402 作寶彝簋

作
寶
彝
。

字數:3
度量:通高 20.5 釐米
時代:西周早期
著録:富士比(1974,12,2:13)
流傳:E. Morse 舊藏;英國倫敦富士比拍賣行

403 作寶彝簋

作寶彝。

字數:3
度量:通高 16.3 釐米,口徑 21.2 釐米,重 2.88 千克
時代:西周早期
著録:《寶鷄強國墓地》(上)108 頁
出土:陝西寶鷄市竹園溝 7 號墓 M7:4
現藏:陝西寶鷄市博物館

404 作寶彝簋

作寶彝。

字數:3
度量:通高 16.3 釐米,口徑 21.2 釐米,重 3.02 千克
時代:西周早期
著録:《寶鷄 強 國墓地》(上)108 頁
出土:陝西寶鷄市竹園溝 7 號墓 M7:5
現藏:陝西寶鷄市博物館

405 作寶簋

作寶簋。

字數：3
度量：通高 16.5 釐米
時代：西周中期
著錄：富士比(1986,12,9:14)
流傳：英國倫敦富士比拍賣行

406 耳伯陪簋

耳伯陪。

字數:3
度量:通高 26.7 釐米
時代:西周早期
著録:富士比(1979,12,11:41)
流傳:英國倫敦富士比拍賣行
備注:吉林省博物館藏一簋(《殷周金文
　　　集成》6.3242)與此器同銘,非同器

407 亞窦址簋

 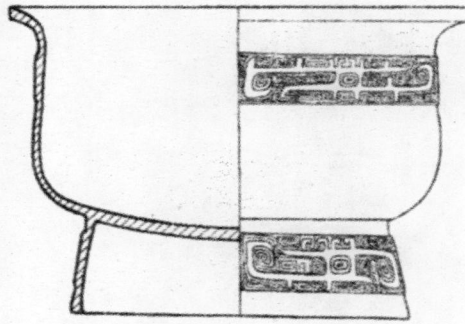

址。 亞
窦

字數：3
度量：通高 12 釐米，口徑 16.8 釐米，重 1.2 千克
時代：商代後期
著錄：《安陽殷墟郭家莊商代墓葬》83 頁
出土：河南安陽市殷墟郭家莊 M160：33
現藏：中國社會科學院考古研究所

408 辰寢出簋

 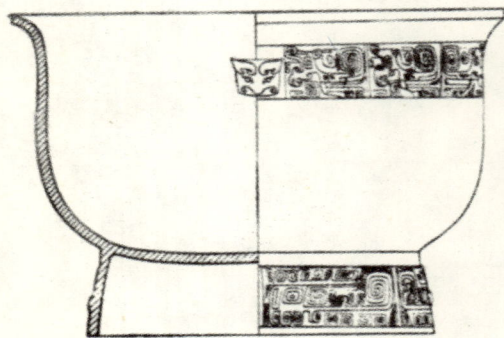

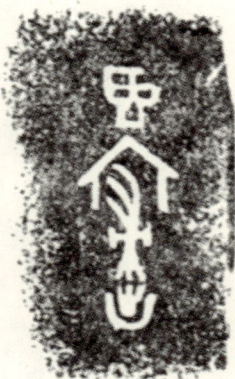

辰寢出。

字數：3
度量：通高 14 釐米，口徑 21.2 釐米
時代：商代後期
著録：《考古》1992 年 6 期 510—514 頁
出土：1980 年冬河南安陽市大司空村墓葬
現藏：中國社會科學院考古研究所安陽工作隊

409 夲旅祖丁簋

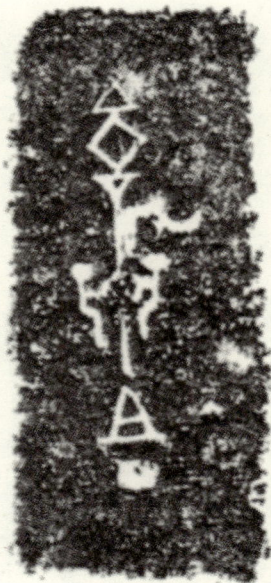

夲旅。祖丁。

字數:4
度量:通高 13.3 釐米,口徑 19 釐米,重 2.03 千克
時代:西周早期
著録:《考古與文物》1989 年 1 期 21 頁
出土:1984 年 3 月陝西扶風縣黄甫鄉唐家河西源村墓葬

410 月𪔂父乙簋

月𪔂。
父
乙。

字數:4
度量:通高 10.7 釐米,口徑 15.7 釐米,重 1 千克
時代:商代後期
著錄:《中原文物》1986 年 3 期 118—119 頁
現藏:河南安陽市博物館

411 冊玄父癸簋

冊玄。父癸。

字數:4
度量:通高 17 釐米
時代:商代後期
著錄:富士比(1947,3,25:84)
流傳:英國倫敦富士比拍賣行

412 亞獏母辛簋

亞獏。母辛。

字數：4
度量：通高 11.5 釐米
時代：商代後期
著録：佳士得(1986,6,5:47)
流傳：英國倫敦佳士得拍賣行

413 鳥嬪簋

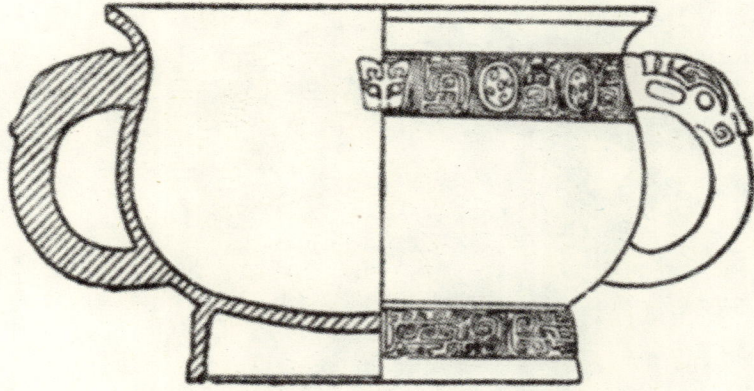

鳥嬪
弄彝。

字數：4
度量：通高 10.6 釐米，口徑 14.2 釐米
時代：商代後期
著録：《考古》1988 年 10 期 876—878 頁
出土：1987 年夏河南安陽市郭家莊墓葬 M1：16
現藏：中國社會科學院考古研究所安陽工作隊

414 作寶尊彝簋

作宝尊彝。

字數:4
度量:通高 22.5 釐米,口徑 22.5 釐米
時代:西周早期
著録:《考古》1993 年 10 期 952 頁
出土:1984 年 4 月湖南株洲縣廢舊金屬庫
現藏:湖南株洲縣文物單位

415 作寶尊彝簋

作寶尊彝。

字數：4
度量：通高 26 釐米，口徑 22 釐米
時代：西周早期
著録：《湖南考古輯刊》1988 年 4 期 172 頁
出土：1976 年冬湖南株州縣南陽橋鄉鐵西村
現藏：湖南省博物館

416 作寶用簋

作寶用簋。

字數：4
度量：通高 21.5 釐米，口徑 18.8 釐米
時代：西周中期
著錄：《文物資料叢刊》1983 年 8 期 80 頁
出土：1976 年春陝西岐山賀家村 M112：1
現藏：陝西周原考古隊

417 亞畍父丁鳧簋

亞畍。父丁。鳧。

字數:5
度量:通高 17.5 釐米,口徑 25.5 釐米
時代:商代後期
著録:《海岱考古》第一輯 320—324 頁
現藏:山東濟南市博物館

418 恒父簋

恒父作
寶彝。

字數:5
度量:通高 13.2 釐米,口徑 17.2 釐米
時代:西周早期
著録:《文物》1987 年 2 期 5—6 頁
出土:1980 年山西洪洞縣永凝堡村墓葬 M14:10
現藏:山西洪洞縣文化館

419 師隻簋

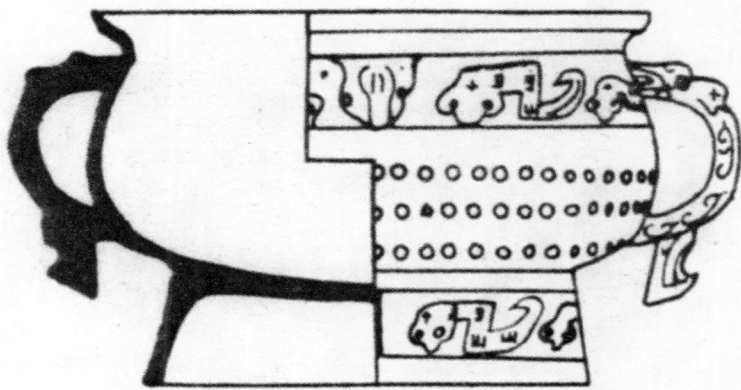

師隻作
尊彝。

字數:5
度量:通高 11.4 釐米,口徑 17 釐米,重 1.3 千克
時代:西周早期
著録:《文物》1992 年 6 期 76—77 頁
出土:1991 年 4 月陝西岐山縣京當鄉雙庵村
現藏:陝西岐山縣博物館

420 文簋

文作寶
尊彝。

字數:5
度量:通高 24.5 釐米
時代:西周早期
著錄:富士比(1977, 12, 13:215)
流傳:英國倫敦富士比拍賣行

421 齊仲簋

齊仲作
寶簋。

字數:5
度量:通高 19.5 釐米,口徑 18 釐米
時代:西周中期
著録:《考古》1994 年 4 期 377 頁
出土:1958 年春山東招遠縣東曲城村
現藏:山東招遠縣文物管理所
備註:同出兩件,同銘

422 矢叔簋

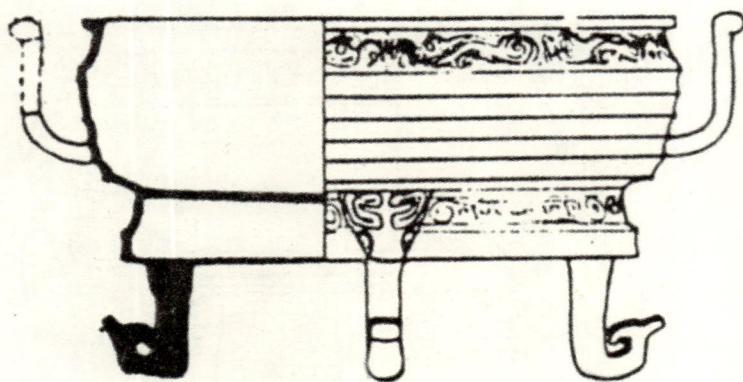

矢叔作
旅簋。

字數:5
度量:通高 15.5 釐米,口徑 22.3 釐米
時代:西周中期
著錄:《考古與文物》1990 年 1 期 50—51 頁
出土:1984 年秋陝西岐山縣青化鄉丁童村
現藏:陝西岐山縣博物館

423 秦公簋

秦公作
寶簋。

字數：5
度量：通高 23.5 釐米，口徑 18.8 釐米
時代：春秋前期
著録：《上海博物館集刊》1996 年 7 期 23—29 頁
出土：1987 年後甘肅省禮縣大堡子山秦國墓地
流傳：1993 年 10 月購于香港古玩街
現藏：上海博物館

299

424 秦公簋

秦公作
寶簋。

字數:5
度量:通高 23.9 釐米,口徑 18.6 釐米
時代:春秋前期
著録:《上海博物館集刊》1996 年 7 期 23—29 頁
出土:1987 年後甘肅省禮縣大堡子山秦國墓地
流傳:1993 年 10 月購于香港古玩街
現藏:上海博物館

425 矩爵簋

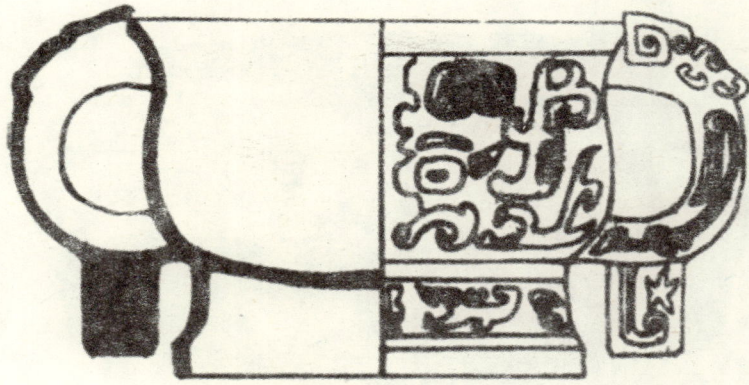

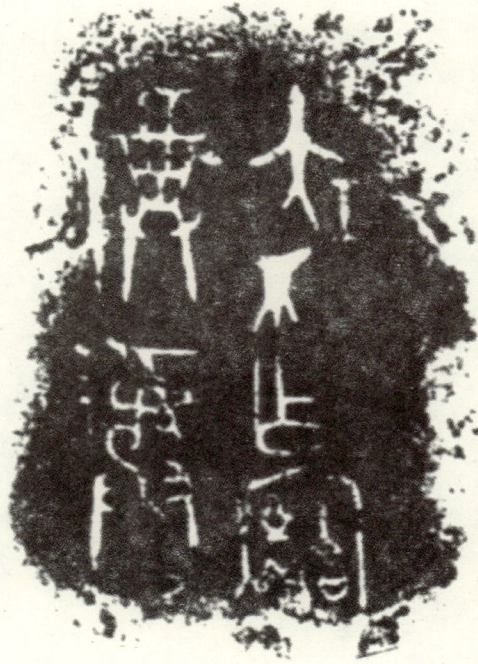

矩爵作寶
尊彝。

字數:6
度量:通高 16.6 釐米,口徑 23.2 釐米
時代:西周早期
著録:《考古》1997 年 4 期 58 頁;《中國文物報》
　　　1988 年 9 月 23 日 2 版
出土:1984 年 8 月河北遷安縣小山東莊 M1:1
現藏:河北遷安縣文物管理所

426 叔**父簋**

叔**父
作寶彝。

字數:6
度量:通高 25 釐米
時代:西周早期
著錄:富士比(1982,6,15:113)
流傳:英國倫敦富士比拍賣行

427 作魚母子簋

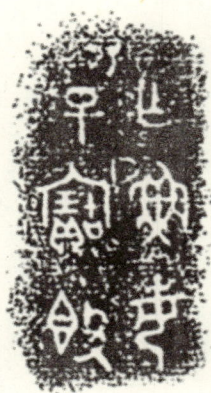

作魚母
子寶簋。

字數:6
度量:通高 21.6 釐米
時代:西周早期
著録:富士比(1982,12,14:13)
流傳:F. Luboshez 舊藏;英國倫敦富士比拍賣行

428 伯魚簋

伯魚作
寶尊彝。

字數：6
度量：通高 29 釐米
時代：西周早期
著録：富士比（1972，7，11：276）
流傳：1968 年在瑞典斯德哥爾摩遠東藝術館
　　　展出；英國倫敦富士比拍賣行

429 王作姜氏簋

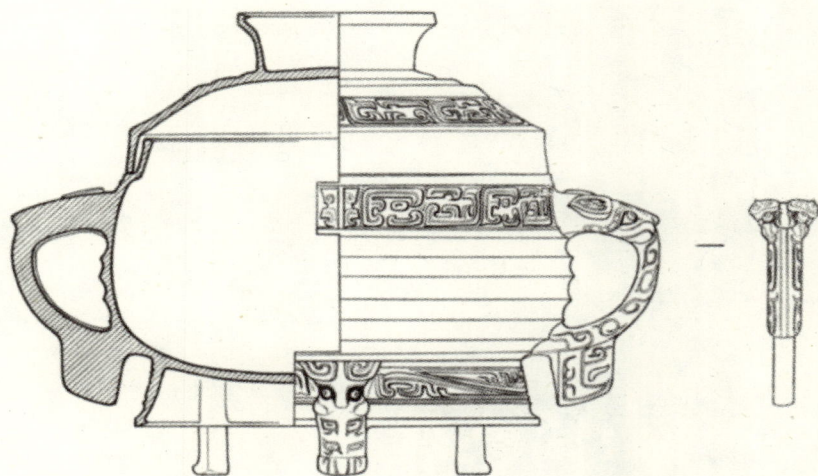

王作姜
氏尊簋。

字數:6
度量:通高 24.3 釐米,口徑 20 釐米,重 5.2 千克
時代:西周晚期
著録:《文物》1999 年 9 期 85—86 頁
現藏:北京保利藝術博物館

430 孟狅父簋

孟狅父
作旅簋。

字數：6
度量：通高 12.4 釐米，口徑 19.3 釐米
時代：西周中期
著録：《考古》1989 年 6 期 524—525 頁
出土：1983—1986 年陝西長安縣張家坡村
　　　墓葬 M183：2
現藏：中國社會科學院考古研究所灃西
　　　發掘隊

431 高奴盨

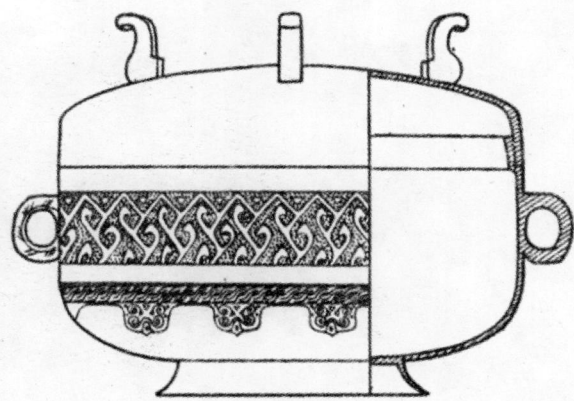

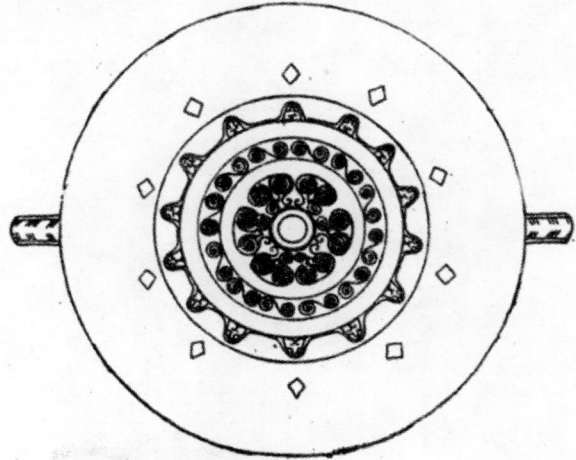

高奴。一斗各一。

字數:6
度量:通高 15.5 釐米,口徑 17.2 釐米
時代:戰國後期
著録:《文物》1985 年 5 期 44 頁
出土:陝西旬邑縣

432 卸簋

卸作祖庚
寶尊簋。

字數:7
度量:通高 23.8 釐米,口徑 19.8 釐米,重 2.75 千克
時代:西周中期
著錄:《文物》1996 年 7 期 54—68 頁
出土:1964—1972 年河南洛陽市北窰村西龐家溝
　　　墓葬 M452:2

433 父乙簋

妾作父乙
寶尊彝。

字數:7
度量:通高 15.8 釐米,口徑 22 釐米
時代:西周早期
著錄:《歐洲所藏中國青銅器遺珠》圖版 85
現藏:德國科隆東亞藝術博物館

434 叔簋

叔父乙作
寶尊彝。

字數:7
度量:通高 29 釐米
時代:西周早期
著録:富士比(1988,6,7:1)
流傳:英國倫敦富士比拍賣行
備注:應讀爲"叔作父乙寶尊彝"

435 作父丁簋

字數:7

度量:通高 17.5 釐米,口徑 22.3 釐米

時代:西周早期

著錄:《考古》1989 年 1 期 10—18 頁

出土:1986 年 8 月河南信陽縣溮河港鄉溮河灘

現藏:河南信陽市文物管理委員會

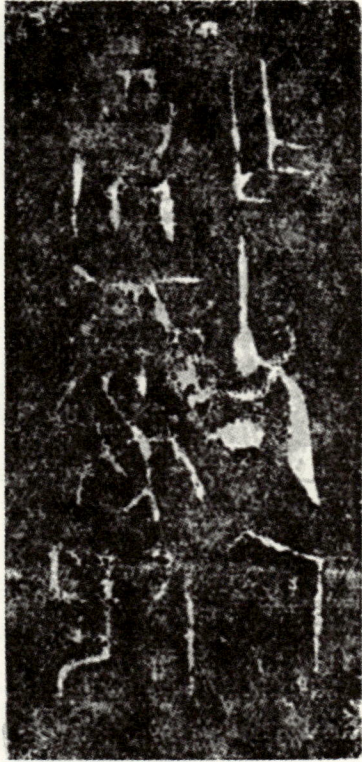

作父丁寶
尊彝。襄。

436 作父丁簋

作父丁寶
尊彝。襄。

字數:7
度量:通高 17.5 釐米,口徑 22.3 釐米
時代:西周早期
著録:《考古》1989 年 1 期 10—18 頁
出土:1986 年 8 月河南信陽縣溮河港鄉溮河灘
現藏:河南信陽市文物管理委員會

437 匽侯簋

匽侯作姬
丞尊彝。

字數:7
度量:通高 12.8 釐米,口徑 17.8 釐米
時代:西周早期
著録:《海岱考古》第一輯 321—322 頁
現藏:山東濟南市博物館

438 伯簋

伯作車皿
寶尊彝。

字數：7
度量：通高 13.5 釐米，口徑 20 釐米
時代：西周中期
著録：《考古與文物》1990 年 5 期 26—43 頁
流傳：陝西西安市大白楊庫
現藏：陝西西安市文物中心

號季簋

439 虢季簋

字數:7(蓋銘不清)
度量:通高 23 釐米,口徑 19.2 釐米,重 5.25 千克
時代:西周晚期
著錄:《三門峽虢國墓》上册 50 頁
出土:河南三門峽市虢國墓地 M2001:94
現藏:河南三門峽市文物工作隊

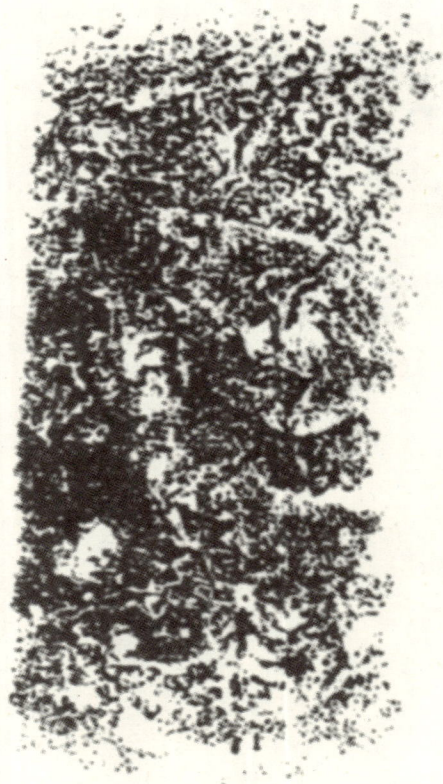 

（蓋）　　　　　　　　　　（器）

虢季作寶
簋，永用。

318

440 虢季簋

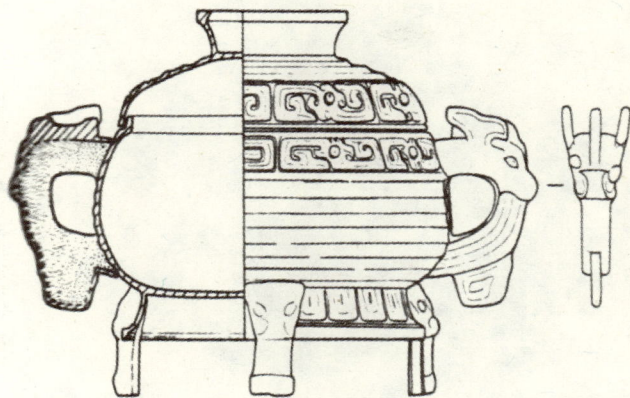

（蓋）　　　　　　　　　　　　（器）

號季作寶
簋，永用。

號季作
寶簋，永用。

字數:7(蓋器同銘)
度量:通高 22.8 釐米,口徑 19.2 釐米,重 5.2 千克
時代:西周晚期
著録:《三門峽虢國墓》上冊 50 頁
出土:河南三門峽市虢國墓地 M2001:75
現藏:河南三門峽市文物工作隊

441 虢季簋

 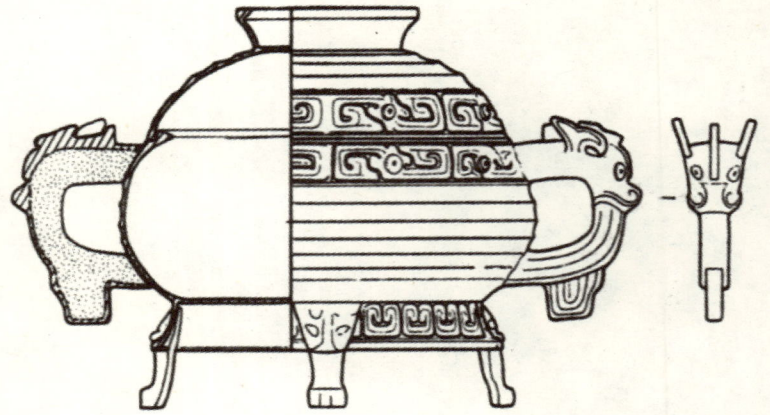

（蓋）

（器）

虢季作寶
簋，永用。

字數：7（蓋器同銘）
度量：通高 22.8 釐米，口徑 18.8 釐米，重 5.15 千克
時代：西周晚期
著錄：《三門峽虢國墓》上冊 50 頁
出土：河南三門峽市虢國墓地 M2001:86
現藏：河南三門峽市文物工作隊

442 虢季簋

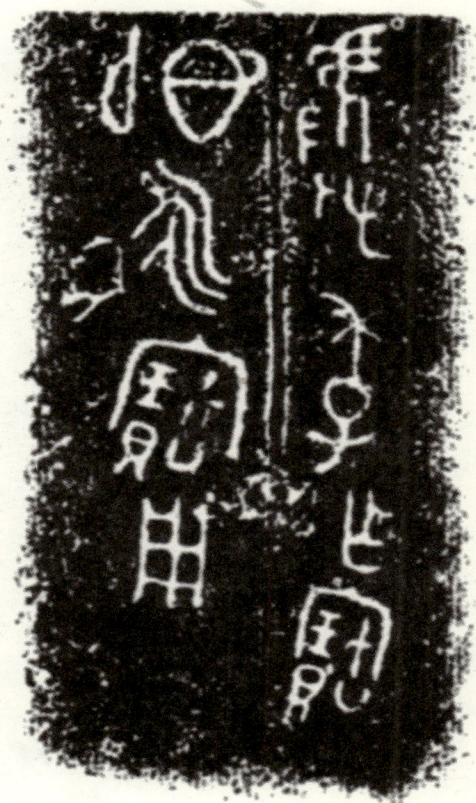

（蓋）

（器）

虢季作寶
簋，永寶用。

字數：8（蓋器同銘）
度量：通高 23.2 釐米，口徑 19.4 釐米，重 5.2 千克
時代：西周晚期
著録：《三門峽虢國墓》上册 50 頁
出土：河南三門峽市虢國墓地 M2001：146
現藏：河南三門峽市文物工作隊

443 虢季簋

 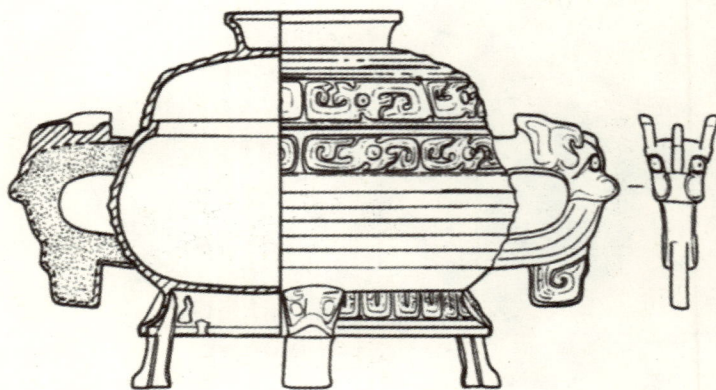

 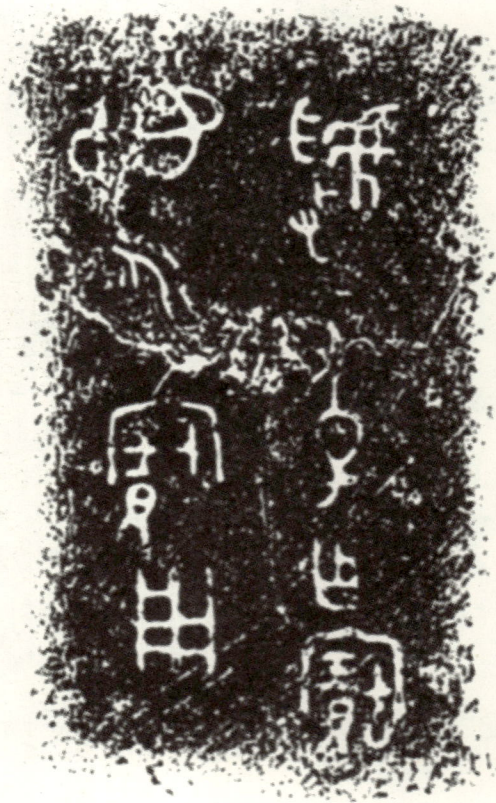

（蓋） （器）

虢季作寶
簋，永寶
用。

字數：8（蓋器同銘）
度量：通高 23.8 釐米，口徑 18.8 釐米，重 5.25 千克
時代：西周晚期
著錄：《三門峽虢國墓》上冊 50 頁
出土：河南三門峽市虢國墓地 M2001：67
現藏：河南三門峽市文物工作隊

444 虢季簠

 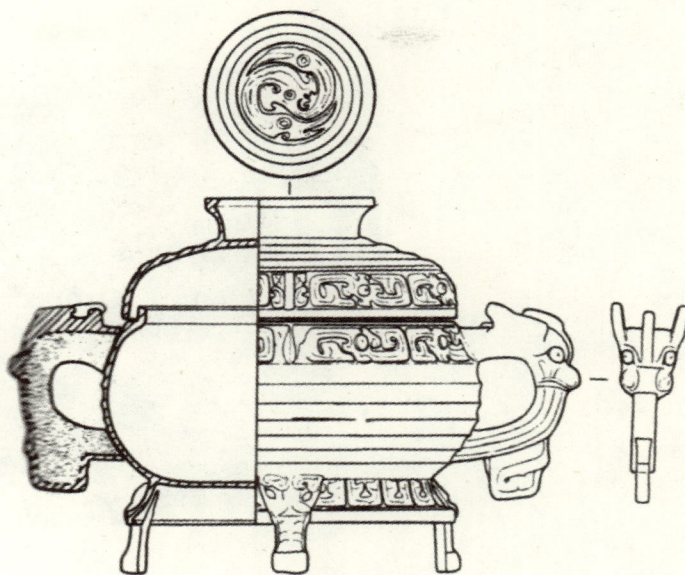

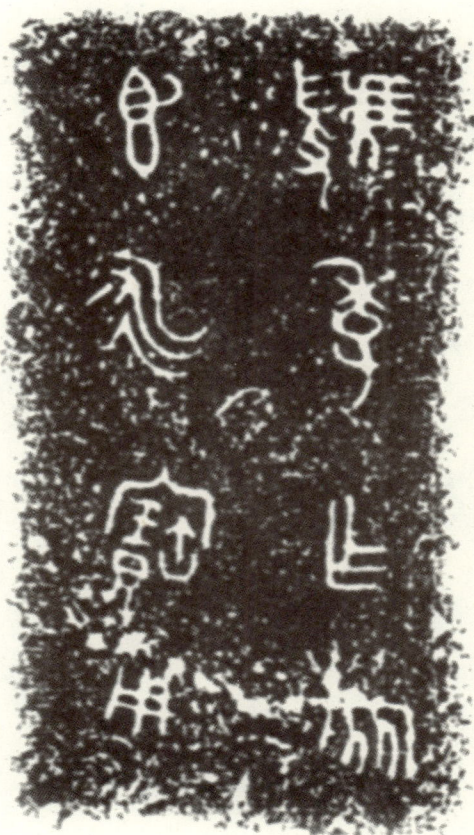 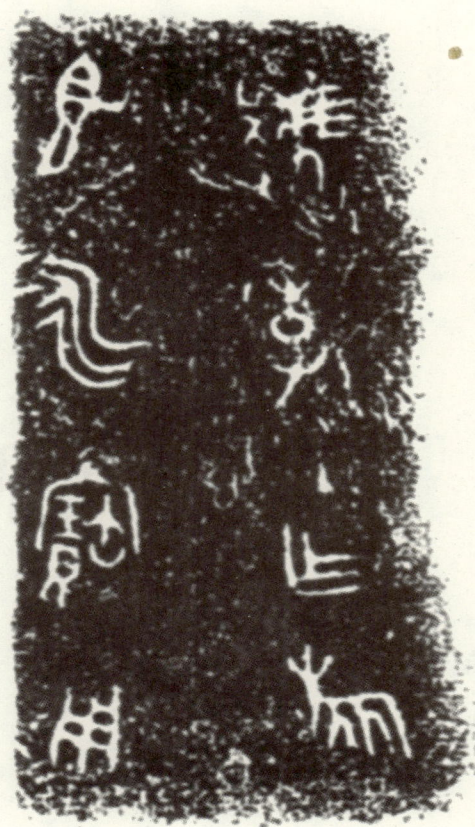

（蓋）　　　　　　　　　　　　　　（器）

虢季作旅
簠，永寶
用。

字數：8（蓋器同銘）
度量：通高 23.4 釐米，口徑 18.2 釐米，重 5.2 千克
時代：西周晚期
著録：《三門峽虢國墓》上冊 50 頁
出土：河南三門峽市虢國墓地 M2001：95
現藏：河南三門峽市文物工作隊

445 羕辟簋

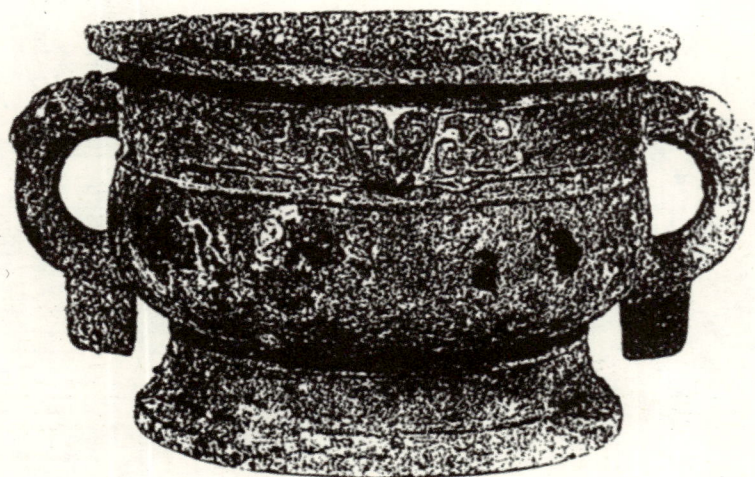

羕辟作父
癸寶簋。光。

字數:8
度量:通高 29 釐米
時代:西周早期
著録:富士比(1977,12,13:214)
流傳:英國倫敦富士比拍賣行
備注:該簋傳世兩件一對,形制、紋飾、銘文相同

446 芮公叔簋

 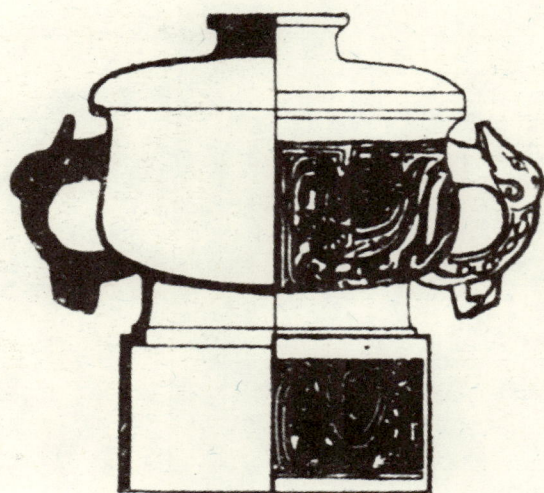

 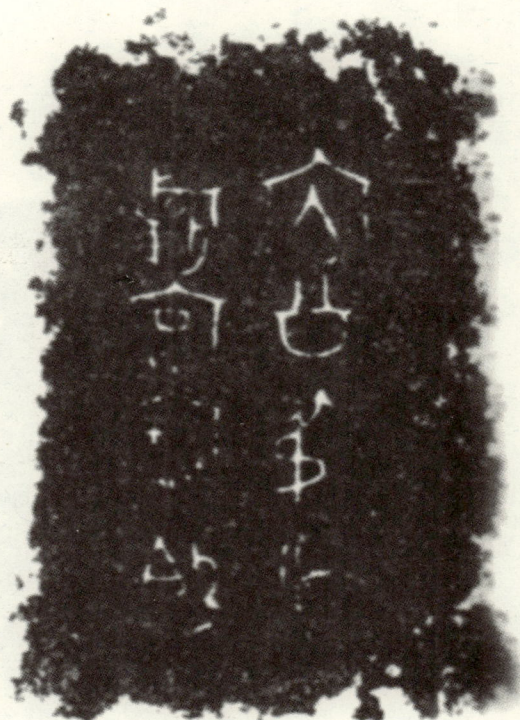

（蓋）　　　　　　　（器）

芮公叔作
祈宮寶簋。

字數：8（蓋器同銘）
度量：通高 28 釐米，口徑 18.8 釐米
時代：西周早期
著録：《文物》1986 年 8 期 69—71 頁
出土：1980—1981 年山東黃縣莊頭村墓葬
備注：兩件，大小、形制、花紋、銘文相同

447 諫簋

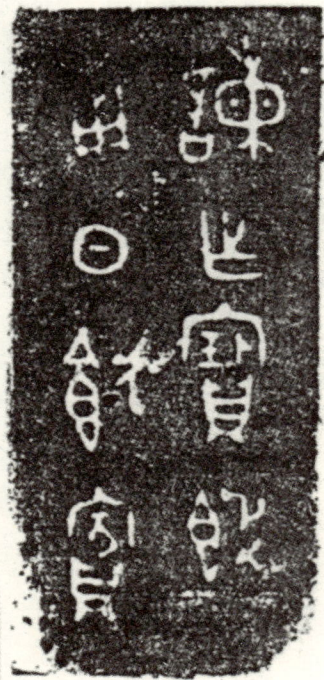

諫作寶簋，
用日飲賓。

字數:8
度量:通高 16.7 釐米,口徑 23.8 釐米
時代:西周晚期
著録:《中原文物》1988 年 3 期 6 頁
出土:1979 年河南禹縣吳灣墓葬
現藏:河南禹縣文物管理委員會

448 恒父簋

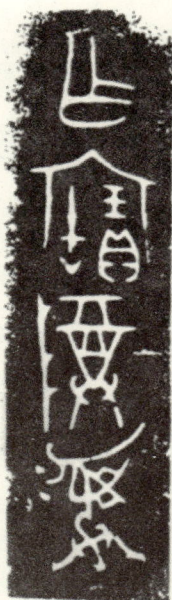

（蓋）

作
寶
尊
彝
。

（器）

恒
父
作
旅
簋
。

字數：9(蓋 4 器 5)
度量：通高 19.8 釐米，口徑 14 釐米
時代：西周早期
著録：《文物》1987 年 2 期 5—6 頁
出土：1980 年山西洪洞縣永凝堡村墓葬 M9：20
現藏：山西洪洞縣文化館

449 比簋

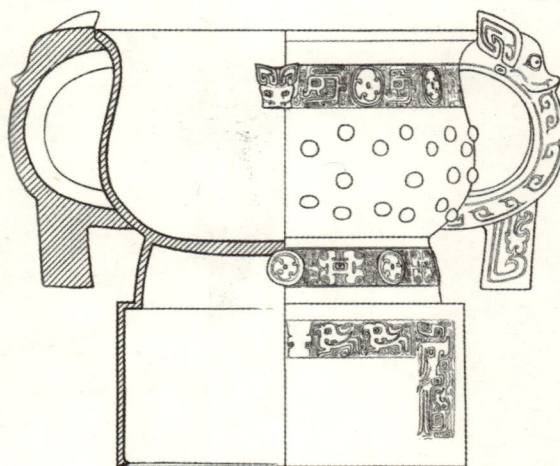

比賜金于公,
用作寶彝。

字數:9
度量:通高 19.2 釐米,口徑 15.7 釐米,重 2.8 千克
時代:西周早期
著録:《保利藏金》64 頁
現藏:北京保利藝術博物館

450 王母簋

肇作王母……
享考友……
朋友……

字數:存 9
度量:殘片,長 6.1 釐米,寬 4.4 釐米
時代:西周中期
著録:《文物》1996 年 7 期 54—68 頁
出土:1964—1972 年河南洛陽市北窑村
　　　西龐家溝墓葬 M352:1

451 鄔子佣簠

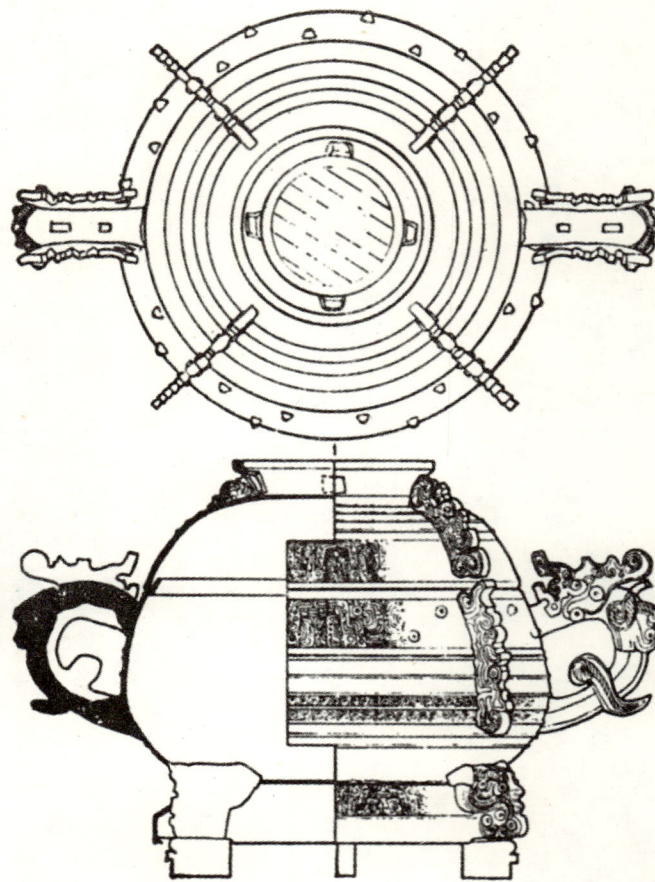

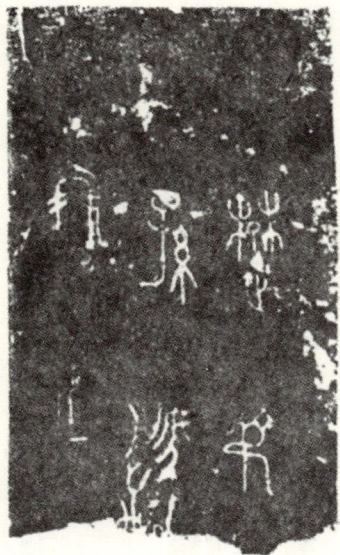

楚叔[之]
孫鄔[子]
佣之□

字數:存 9
度量:通高 30.5 釐米,重 16 千克
時代:春秋後期
著録:《淅川下寺春秋楚墓》134 簋
出土:1990 年河南淅川縣下寺 M2:63
現藏:河南省文物研究所

452 單簋

作朕寶簋。
其萬年永
寶用。單。

字數：11
度量：通高 16.2 釐米，口徑 18.6 釐米
時代：西周晚期
著録：《海岱考古》第一輯 314—315 頁
出土：1986 年 6 月山東黃縣石良鎮東營
　　　周家村墓葬 M1:8
現藏：山東黃縣博物館
備註：同出兩件，大小、形制、紋飾相同

453 侯氏簋

侯氏作孟
姬□尊簋，
萬年寶用。

字數：12
度量：通高 15 釐米，口徑 19 釐米
時代：春秋前期
著録：《文物》1986 年 4 期 15 頁
出土：1981 年湖北襄陽縣伙牌公社陸寨大隊蔡坡
現藏：湖北襄樊市博物館
備注：同出兩件，大小、形制相同

454 寢魚簋

辛卯，王賜寢魚
貝，用作父丁彝。

字數：12
度量：通高 13.3 釐米，口徑 19.5 釐米
時代：商代後期
著錄：《考古》1986 年 8 期 705—706 頁
出土：1984 年河南安陽市商代後期墟 1713 號墓葬
現藏：中國社會科學院考古研究所安陽工作隊

455 晨簋

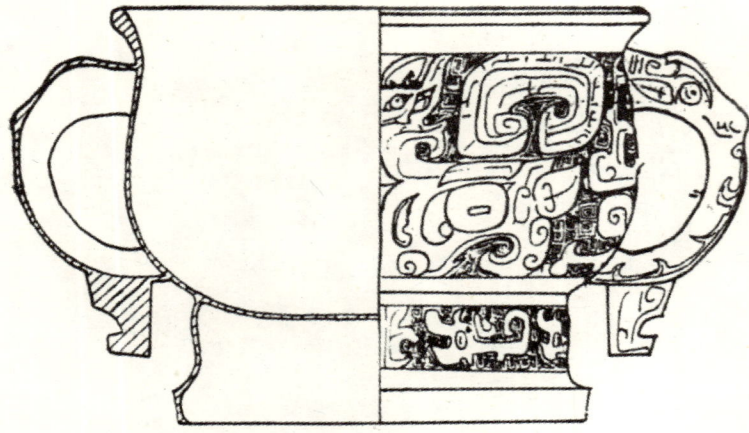

即冊。晨肇貯用
作父乙寶尊彝。

字數：12
度量：通高 17.2 釐米, 口徑 23.2 釐米
時代：西周早期
著錄：《考古》1989 年 1 期 10—18 頁
出土：1986 年 8 月河南信陽縣溮河港鄉溮河灘
現藏：河南信陽市文物管理委員會

456 叔各父簋

叔各父作
尊簋，其萬
年永寶用。

字數：12
度量：通高 18 釐米，口徑 19.1 釐米
時代：西周晚期
著錄：《考古與文物》1993 年 5 期 8 頁
出土：1988 年 9 月陝西延長縣安溝鄉岔口村
現藏：陝西延長縣文物管理委員會

457 鄧公簋

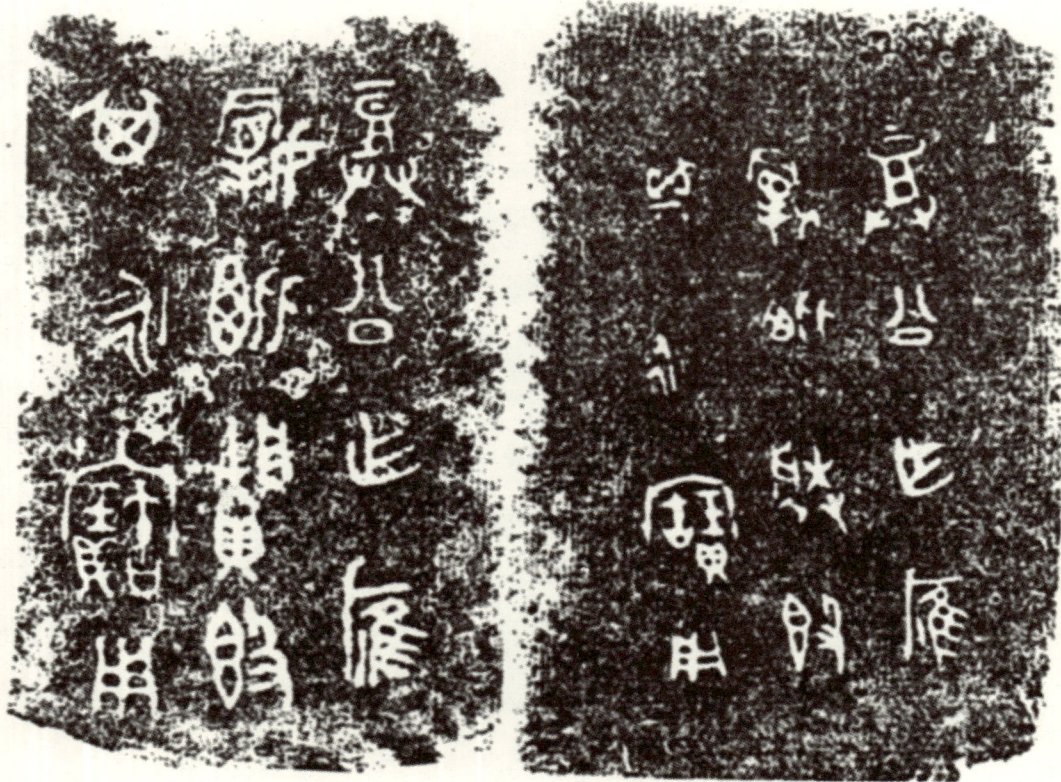

（蓋）　　　　　　　　（器）

鄧公作應
嫚酏媵簋，
其永寶用。

字數：12(蓋器同銘)
度量：通高 20 釐米，口徑 20 釐米，重 4.1 千克
時代：西周晚期
著録：《考古》1985 年 3 期 284 頁
出土：1984 年 4 月河南平頂山市滍陽鎮義學港
現藏：河南平頂山市文物管理委員會

458 鄧公簋

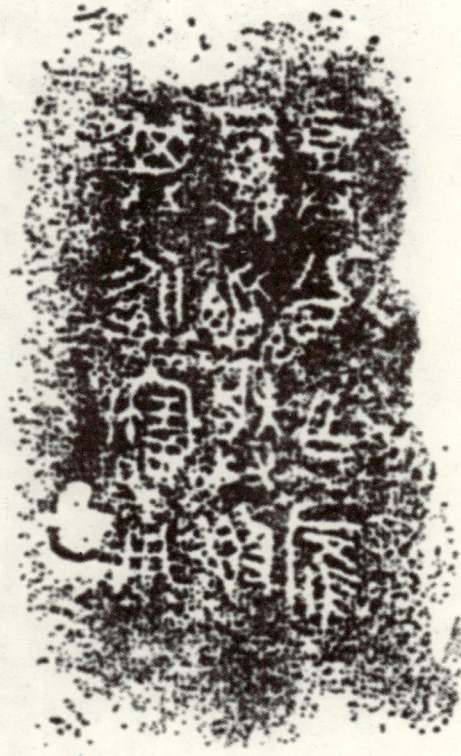

（蓋）　　　　　　　　　　（器）

鄧公作應
嫚妣塍簋，
其永寶用。

字數：12（蓋器同銘）
度量：通高 20 釐米，口徑 19.5 釐米，重 4.8 千克
時代：西周晚期
著録：《考古》1985 年 3 期 284 頁
出土：1984 年 4 月河南平頂山市滍陽鎮義學港
現藏：河南平頂山市文物管理委員會

459 伯考父簋蓋

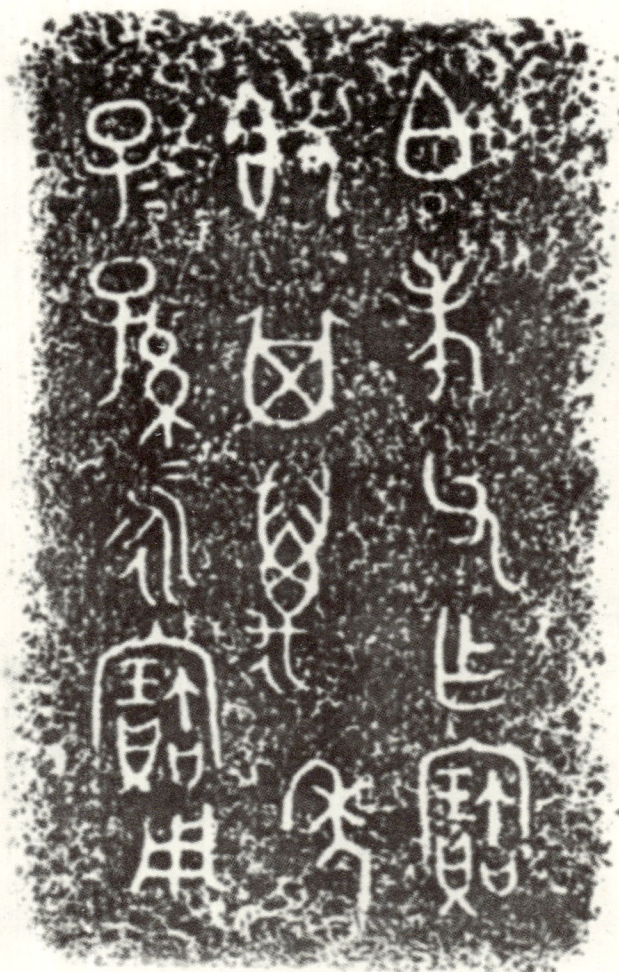

伯考父作寶
簋，其萬年
子＝孫＝永寶用。

字數：14(又重文 2)
度量：通高 6.6 釐米，口徑 21.6 釐米，重 1.14 千克
時代：西周中期
著録：《考古與文物》1985 年 4 期 1 頁
出土：1962 年陝西永壽縣好畤河
現藏：陝西武功縣文化館

460 伯考父簋

伯考父作寶
簋，其萬年子二
孫二永寶用。

字數：14（又重文 2）
度量：通高 16 釐米，口徑 18.5 釐米
時代：西周晚期
著録：《考古與文物》1990 年 5 期 26—43 頁
流傳：陝西西安市大白楊庫
現藏：陝西西安市文物中心

461 叔向父簋

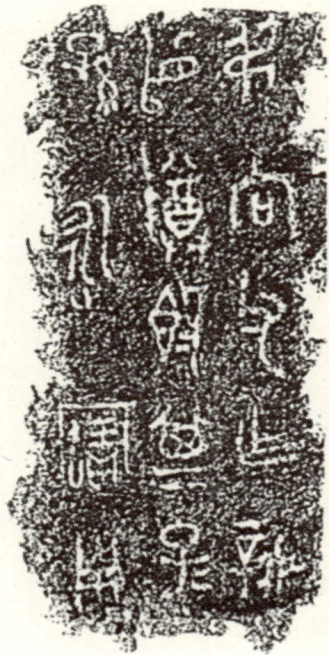

叔向父作新
妅尊簋，其子=
孫=永寶用。

字數:14(又重文 2)
度量:通高 36.5 釐米
時代:西周晚期
著録:富士比(1994,12,6:7)
流傳:英國倫敦富士比拍賣行

462 許季姜方簋

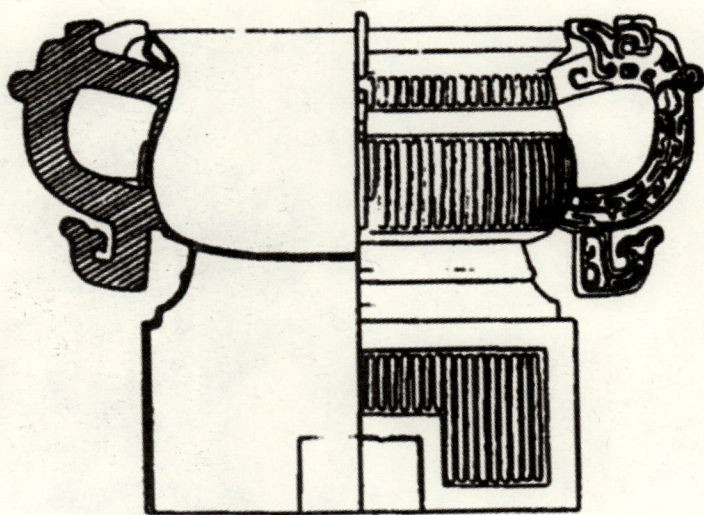

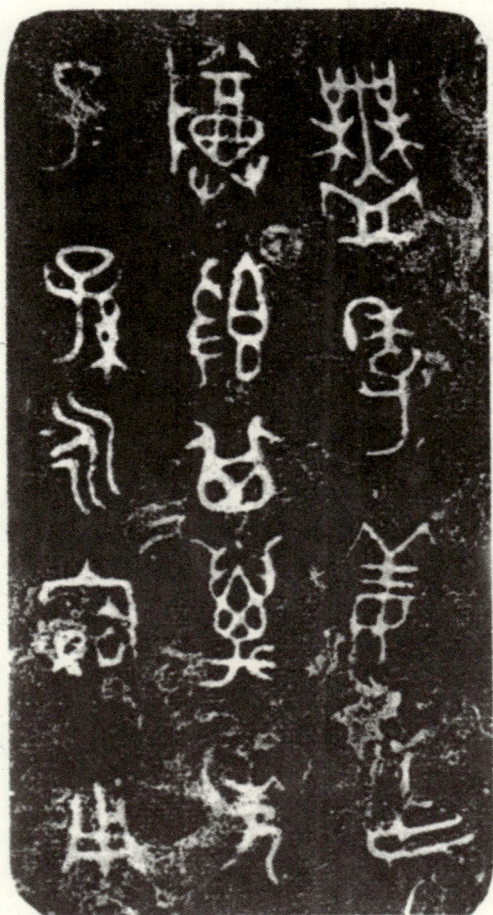

許季姜作
尊簋，其萬年
子=孫永寶用。

字數：14（又重文 1）
度量：通高 25.5 釐米，口徑 21.2 釐米
時代：西周晚期
著錄：《文物》1995 年 5 期 7、10 頁；《中國文物報》
　　　1994 年 24 期 3 版
出土：1985 年內蒙古寧城縣甸子鄉小黑石溝村墓葬
現藏：內蒙古寧城縣文物管理所

463 史惠簋

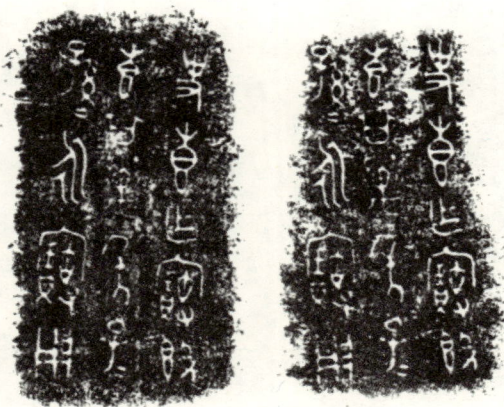

（蓋）　　　（器）

史惠作寶簋，
惠其萬年子=
孫=永寶用。

字數:14(又重文 2,蓋器同銘)
度量:通高 23.5 釐米,口徑 19.5 釐米
時代:西周晚期
著錄:《文博》1985 年 3 期 89 頁
出土:1980 年 3 月陝西長安縣灃西新旺村
現藏:陝西省博物館

464 筆簋

筆作父丁寶
尊簋，其子孫
萬年永用。冊。

字數:15
度量:通高 31.5 釐米
時代:西周中期
著錄:彙編 4・344;富士比(1986,12,9:9)
流傳:英國倫敦富士比拍賣行

465 喪史耴簋

字數：16(又重文 2)
度量：通高 26.7 釐米，口徑 21 釐米，重 4.25 千克
時代：春秋前期
著録：《考古》1988 年 8 期 766 頁；《考古》1989 年
　　　4 期 310—311 頁
出土：1984 年河南商水縣朱集村墓葬
現藏：河南商水縣文物管理委員會

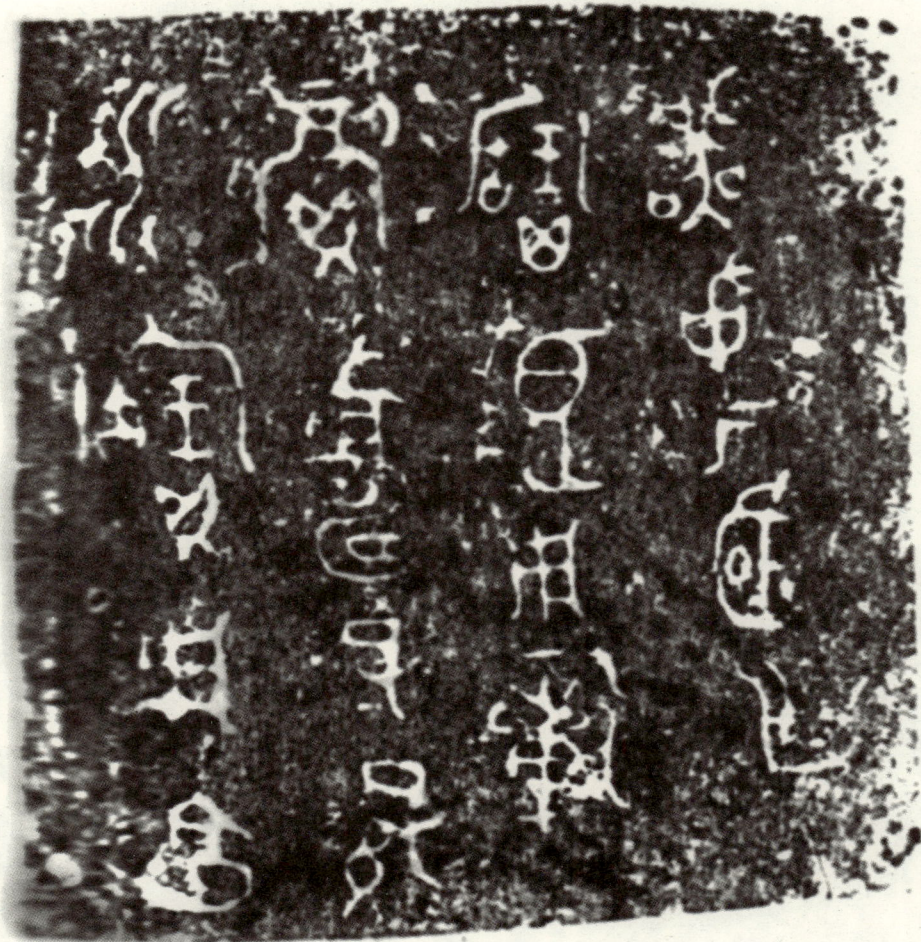

喪史耴作
寶簋，用祈
眉壽，子孫
永寶用享。

466 叔豐簋

（蓋）

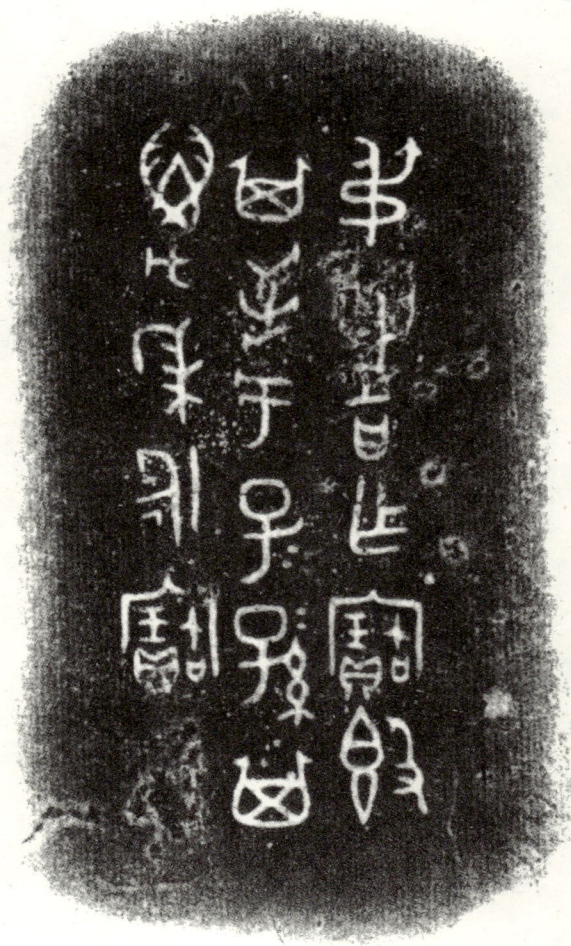

（器）

叔豐自作寶簋，
其至于子孫，其
萬年永寶用。

字數：17（又重文 2，蓋器同銘）
時代：西周中期
著錄：《保利藏金》68—72 頁
現藏：北京保利藝術博物館

467 叔豊簋

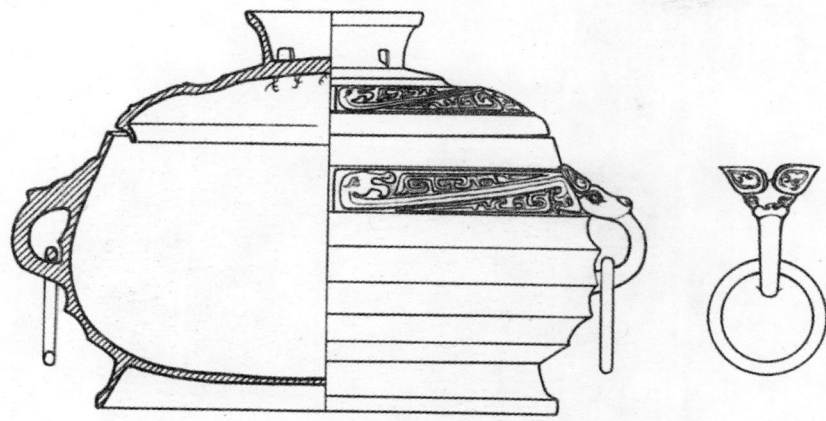

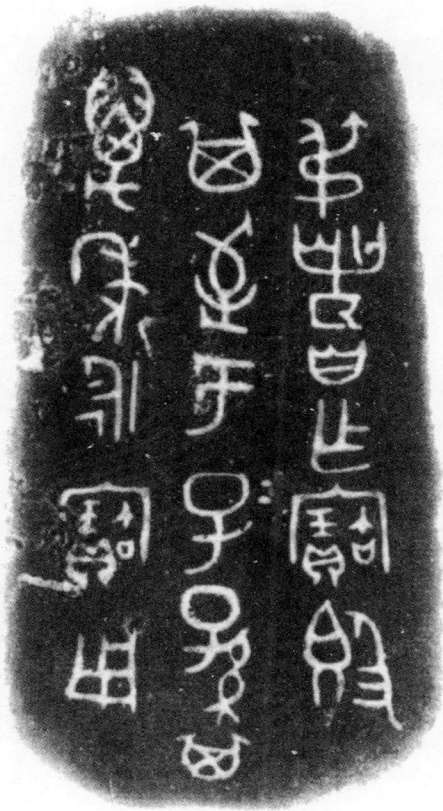

（蓋）　　　　　　　　（器）

叔豊自作寶簋，
其至于子孫，其
萬年永寶用。

字數：17（又重文 2，蓋器同銘）
時代：西周中期
著録：《保利藏金》68—72 頁
現藏：北京保利藝術博物館

468 叔豐簋

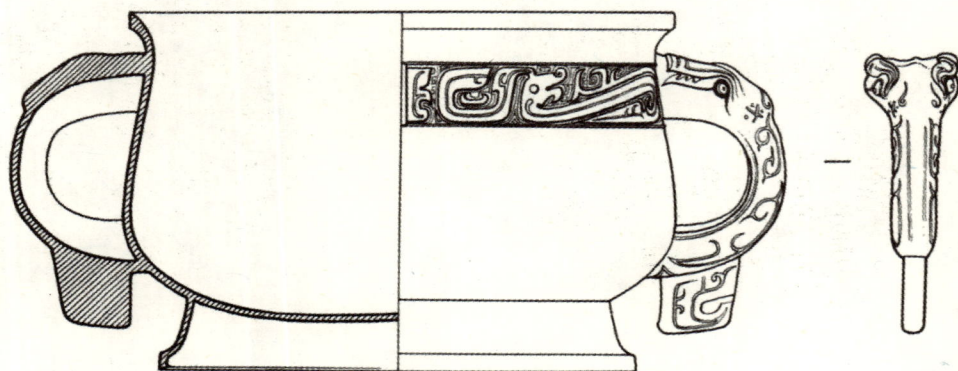

字數：19
度量：通高 15.5 釐米，口徑 23.7 釐米，
　　　重 2.88 千克
時代：西周中期
著錄：《保利藏金》65—67 頁
現藏：北京保利藝術博物館

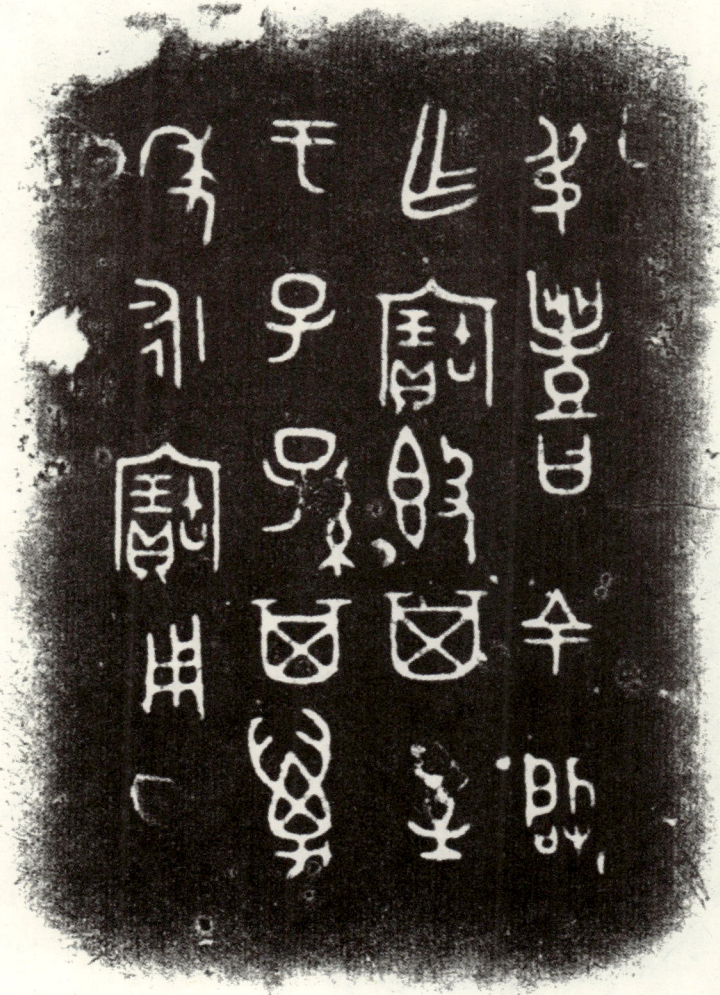

叔豐曰：余肇
作寶簋，其至
于子孫，其萬
年永寶用。

349

469 叔豐簋

叔豐曰：余肇
作寶簋，其至
于子孫，其萬
年永寶用。

字數：19
度量：通高 15.5 釐米，口徑 23.7 釐米，
　　　重 3.19 千克
時代：西周中期
著録：《保利藏金》65—67 頁
現藏：北京保利藝術博物館

470 眔侯簋

眔侯作眔邢
姜妢母媵尊
簋，其萬年子=
孫=永寶用。

字數：19（又重文 2）
度量：通高 19.5 釐米，口徑 27 釐米
時代：西周晚期
著録：《第三屆國際中國古文字學研討會論文集》328 頁
流傳：郭鶴年先生捐贈
現藏：上海博物館
備註：此器經過加工，是簋蓋倒置，後配高圈足

473 琱我父簋蓋

琱我父作交尊
簋，用享于皇祖
文考，用賜眉壽，
子孫永寶用。

字數：23(又重文 2)
度量：通高 8 釐米，口徑 20.5 釐米，重 1.25 千克
時代：西周晚期
著録：《考古與文物》1985 年 1 期 17 頁
出土：1984 年 3 月陝西扶風縣齊家村窖藏(J8：6)
現藏：陝西周原扶風文物管理所

474 琱我父簋蓋

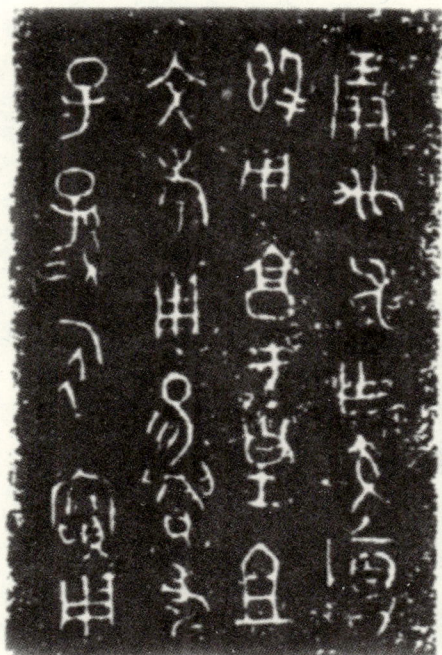

琱我父作交尊
簋，用享于皇祖
文考，用賜眉壽，
子孫永寶用。

字數：23（又重文 2）
度量：通高 8 釐米，口徑 20 釐米，重 1.55 千克
時代：西周晚期
著錄：《考古與文物》1985 年 1 期 17 頁
出土：1984 年 3 月陝西扶風縣齊家村窖藏（J8:7）
現藏：陝西周原扶風文物管理所
備注：上爲扣合后的圖片

475 鼍休簋

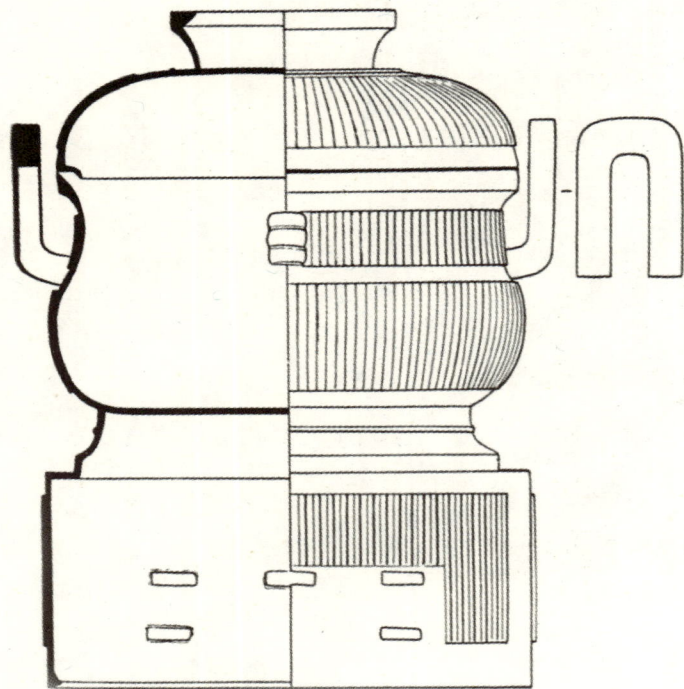

字數:24(又重文 1)

度量:通高 37.2 釐米,口徑 24.5 釐米

時代:西周晚期

著録:《文物》1994 年 8 期 5—20 頁

出土:1993 年 9 月 11 日山西曲沃縣曲村鎮
　　　北趙村天馬—曲村遺址 M64:109

現藏:山西省考古研究所

唯正月初吉，𣪕鼎
休作朕文考叔
氏尊𣪕。休其萬
年子子孫永寶用。

357

476 晉侯斷簋

唯九月初吉庚
午，晉侯斷作餗
簋，用享于文祖皇
考，其萬億永寶用。

字數：26
度量：通高 38.4 釐米，口徑 24.8 釐米
時代：西周晚期
著録：《文物》1994 年 1 期 16、19 頁
出土：1992 年 10 月 16 日山西曲沃縣
　　　曲村鎮北趙村天馬—曲村遺址 M8：23
現藏：山西省考古研究所

477 晉侯斳簋

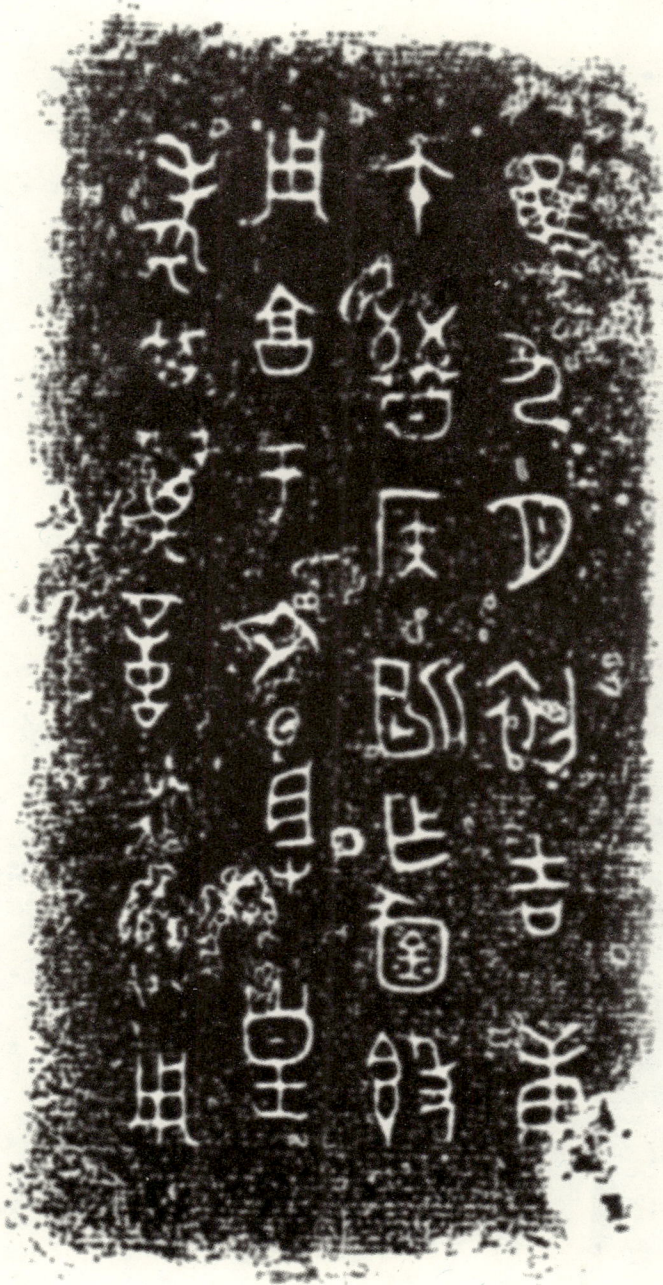

唯九月初吉庚
午，晉侯斳作鐈簋。
用享于文祖皇
考，其萬億永寶用。

字數：26
度量：通高 27.8 釐米，口徑 24.5 釐米，重 13.2 千克
時代：西周晚期
著錄：《上海博物館集刊》1996 年 7 期 41—42 頁
出土：山西曲沃縣曲村鎮北趙村晉侯墓地
流傳：1992 年後購于香港古玩街
現藏：上海博物館

478 大師小子夨簋

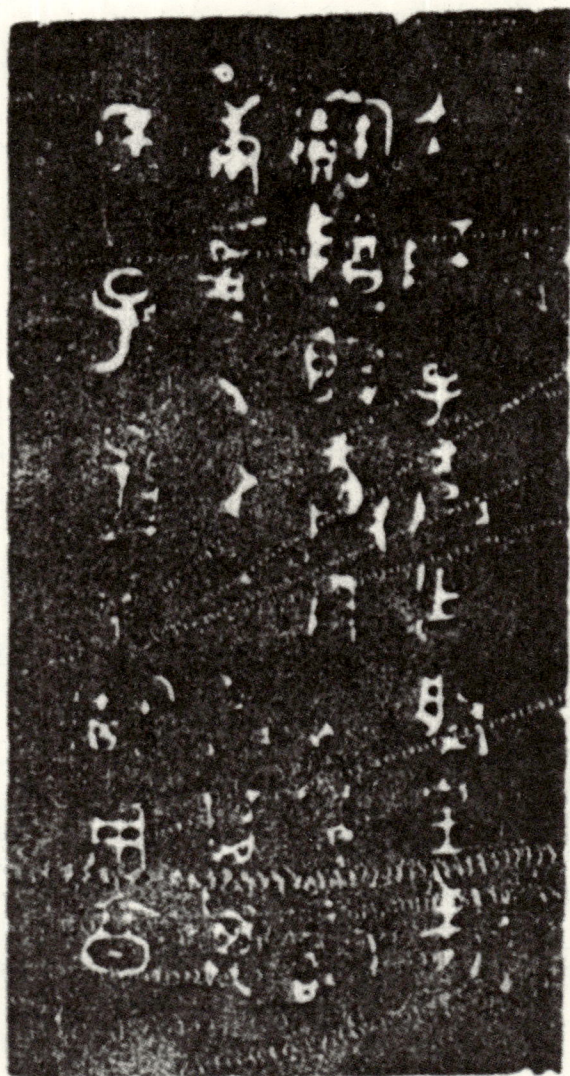

大師小子夨作朕皇考
寶尊簋。夨用介眉壽,
康龏純祐。夨其萬
年子孫永寶用享。

字數:31(又重文 2)
度量:通高 25 釐米
時代:西周晚期
著錄:《考古與文物》1990 年 5 期 26—43 頁
出土:陝西長安縣灃鎬遺址
現藏:陝西西安市文物中心

479 大師小子乍簋

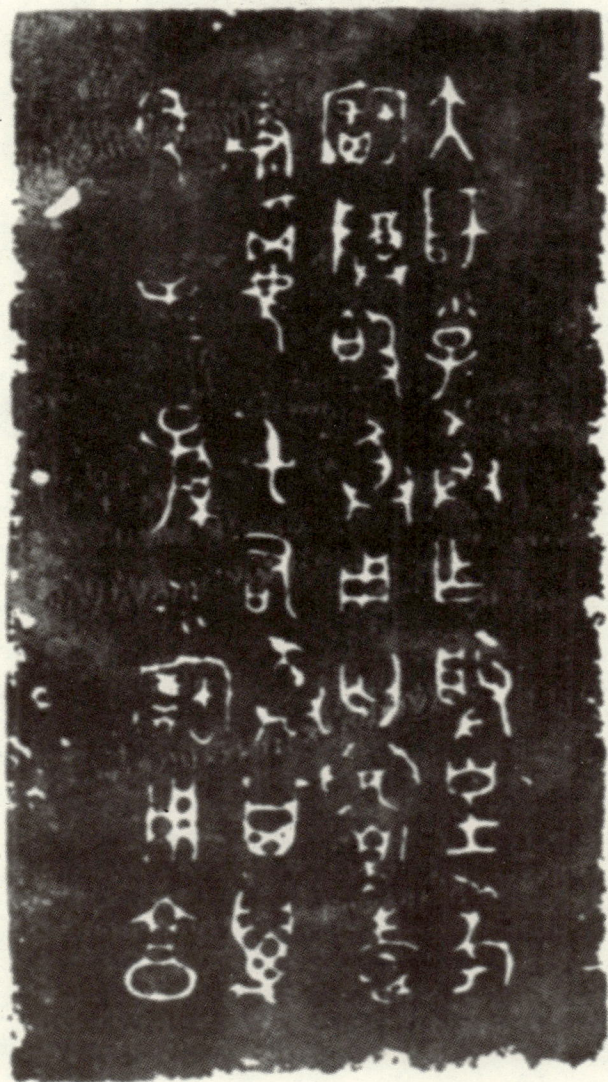

大師小子乍作朕皇考
寶尊簋。乍用介眉壽，
康龏純祐。乍其萬
年子﹦孫﹦永寶用享。

字數：31（又重文 2）
度量：通高 25 釐米
時代：西周晚期
著錄：《考古與文物》1990 年 5 期 26—43 頁
出土：陝西長安縣灃鎬遺址
現藏：陝西西安市文物中心

480 大師小子夨簋

大師小子夨作朕皇考
寶尊簋。夨用介眉壽，
康龏純祐。夨其萬
年子孫永寶用享。

字數:31(又重文2)
度量:通高25釐米
時代:西周晚期
著録:《考古與文物》1990年5期26—43頁
出土:陝西長安縣灃鎬遺址
現藏:陝西西安市文物中心

481 夷伯簋

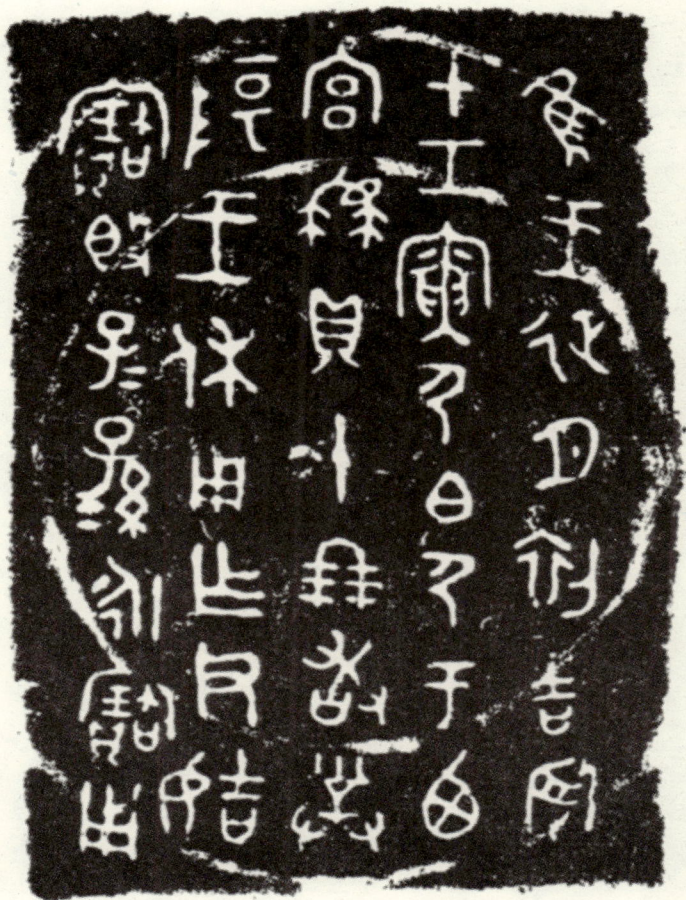

唯王正月初吉，辰
在壬寅，夷伯夷于西
宮，賜貝十朋。敢對
揚王休，用作尹姞
寶簋。子孫永寶用。

字數：36（又重文 2，蓋器同銘）
度量：通高 21 釐米，口徑 17.2 釐米，重 4 千克
時代：西周中期
著錄：《文博》1987 年 4 期 9—10 頁
出土：1981 年 8 月陝西扶風縣黃堆鄉强家村墓葬 M1:5
現藏：陝西周原扶風文物管理所

482 鮮簋

字數：43（又合文 1）
度量：通高 14 釐米
時代：西周中期
著録：《殷周金文集成》第 16 册 10166 器（誤作盤），
　　　《歐洲所藏中國青銅器遺珠》圖版 108
流傳：英國倫敦埃斯肯納各拍賣行

唯王廿又四祀，唯五月
既望戊午，王在葊京，禘
于昭王。鮮蔑歷，裸王璋，
裸玉三品，貝廿朋。對王
休，用作子孫其永寶。

（銘文照片）

唯王世又四祀，唯五月
既望戊午，王在荼京，禘
于昭王。鮮蔑歷，鄘王璋，
鄘玉三品，貝廿朋。對王
休，用作子孫其永寶。

483 敢簋蓋

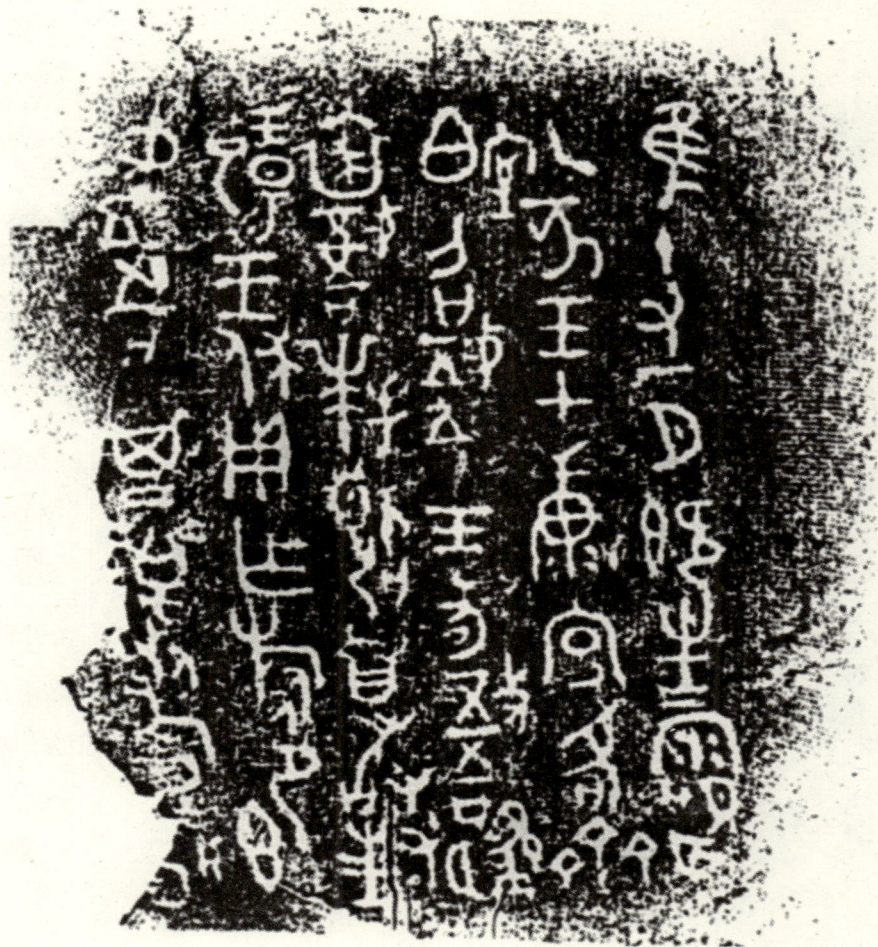

唯十又一月既生霸
乙亥，王在康宮。格齊
伯室，召敢。王賜敢貂
裘。敢拜、稽首。敢對
揚王休，用作旅簋，
敢其萬年壽用。

字數：44
度量：通高 6.1 釐米，口徑 17.1 釐米，重 0.85 千克
時代：西周中期
著錄：《考古與文物》1991 年 6 期 63—69 頁
出土：1982 年秋陝西周至縣竹峪鄉鳳凰嶺村
現藏：陝西周至縣文物管理所

484 保員簋

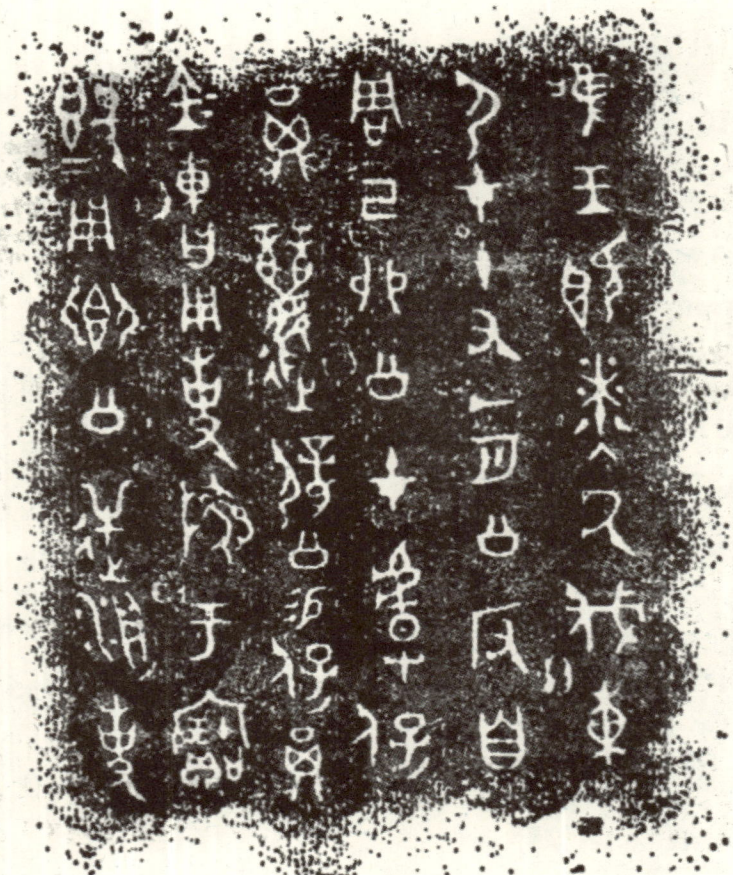

唯王既燎，厥伐東
夷。在十又一月，公返自
周。己卯，公在虜，保
員遷。辟公賜保員
金車。曰：用事。隊于寶
簋=。用饗公逆復事。

字數:45(又重文1)
度量:通高 14 釐米,口徑 20 釐米
時代:西周早期
著錄:《考古》1991 年 7 期 649—652 頁
現藏:上海博物館
備注:1991 年 8 月發現

485 爯簋

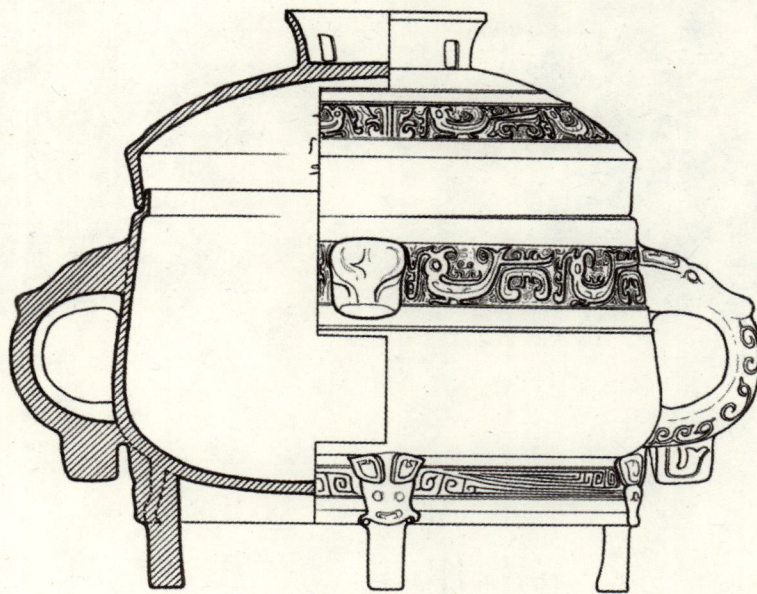

字數:55(又合文 2,蓋器同銘)
度量:通高 22.5 釐米,口徑 18 釐米,重 3.98 千克
時代:西周中期
著録:《文物》1999 年 9 期 83—84 頁;《保利藏金》73—76 頁
現藏:北京保利藝術博物館

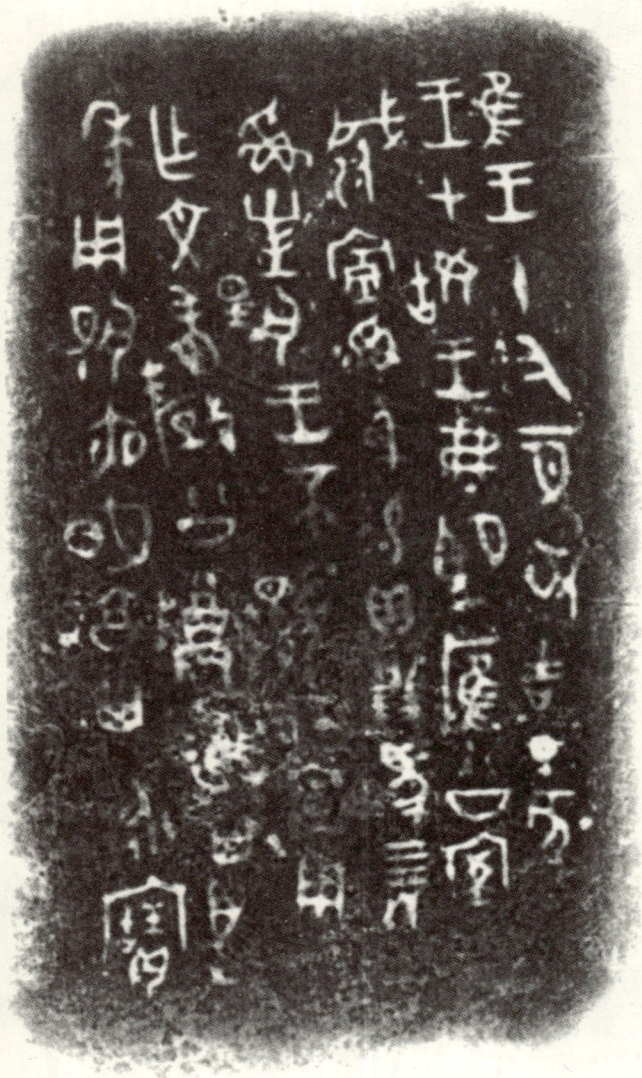

（蓋）

（器）

唯王十又二月初吉丁亥，王在姑。王弗忘應公室，㳄宝再身，賜貝卅朋、馬四匹。再對揚王丕顯休宝，用作文考釐公尊彝。其萬年用，夙夜明享，其永寶。

370

486 柞伯簋

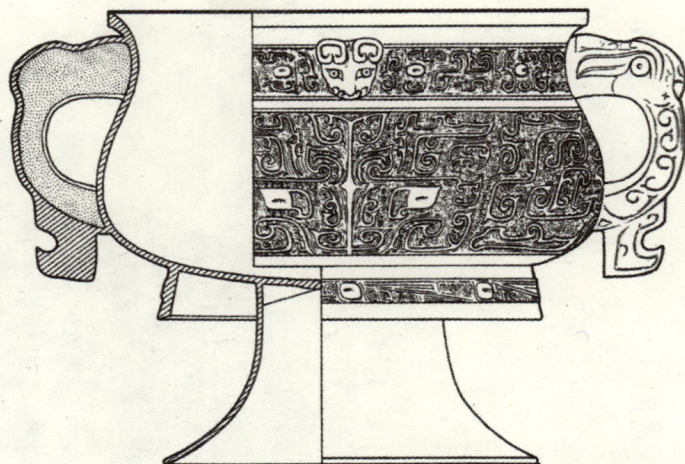

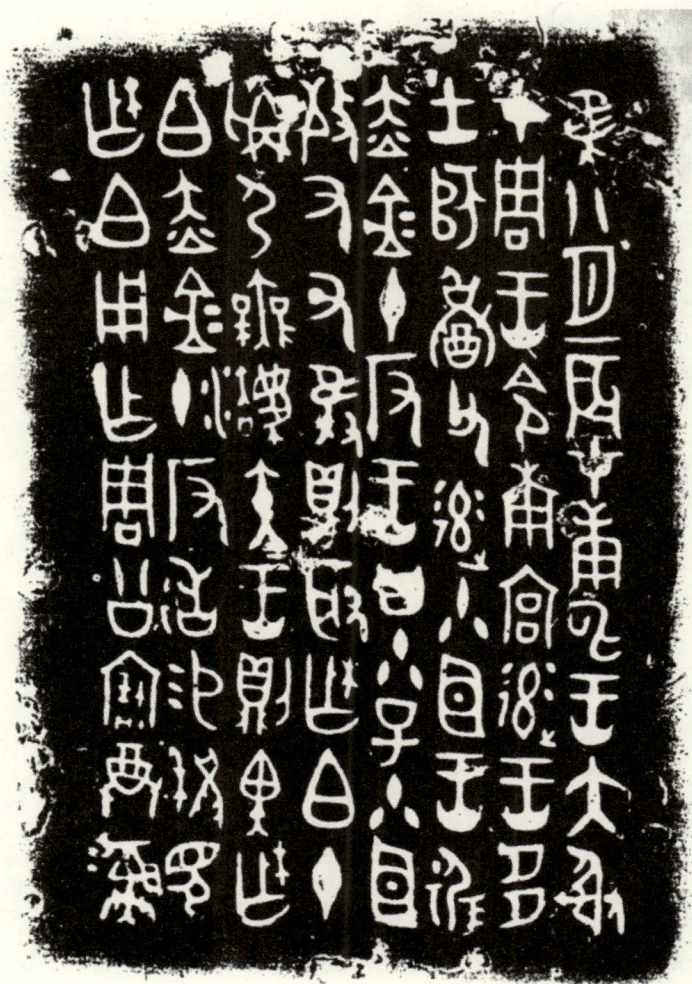

唯八月辰在庚申，王大射在周。王命南宮率王多士，師釐父率小臣。王得赤金十鈑。王曰：小子小臣，敬有佑，獲則取。柞伯十稱弓無廢矢。王則畀柞伯赤金十鈑。裁賜稅見。柞伯用作周公寶尊彝。

字數：74
度量：通高 16.5 釐米，口徑 17 釐米
時代：西周早期
著録：《文物》1998 年 9 期 53 頁
出土：1993 年初河南平頂山應國墓地
現藏：河南省文物考古研究所

487 殷簋

字數：80（又重文 2）
度量：通高 22 釐米，口徑 18 釐米，重 4 千克
時代：西周中期
著録：《考古與文物》1986 年 4 期 4—5 頁
出土：1984 年陝西耀縣丁家溝村窖藏
現藏：陝西銅川市博物館
備注：同出兩件，大小、形制、紋飾相同

唯王二月既生霸丁丑，王在周新宮。王格大室，即位。士戍佑殷淲中廷，北嚮。王呼內史言命殷，賜市、朱黃。王若曰：殷，命汝更乃祖考友，嗣東啚五邑。殷拜，稽首，敢對揚天子休。用作寶簋，其萬年寶用，孫子其永寶。

488 殷簋

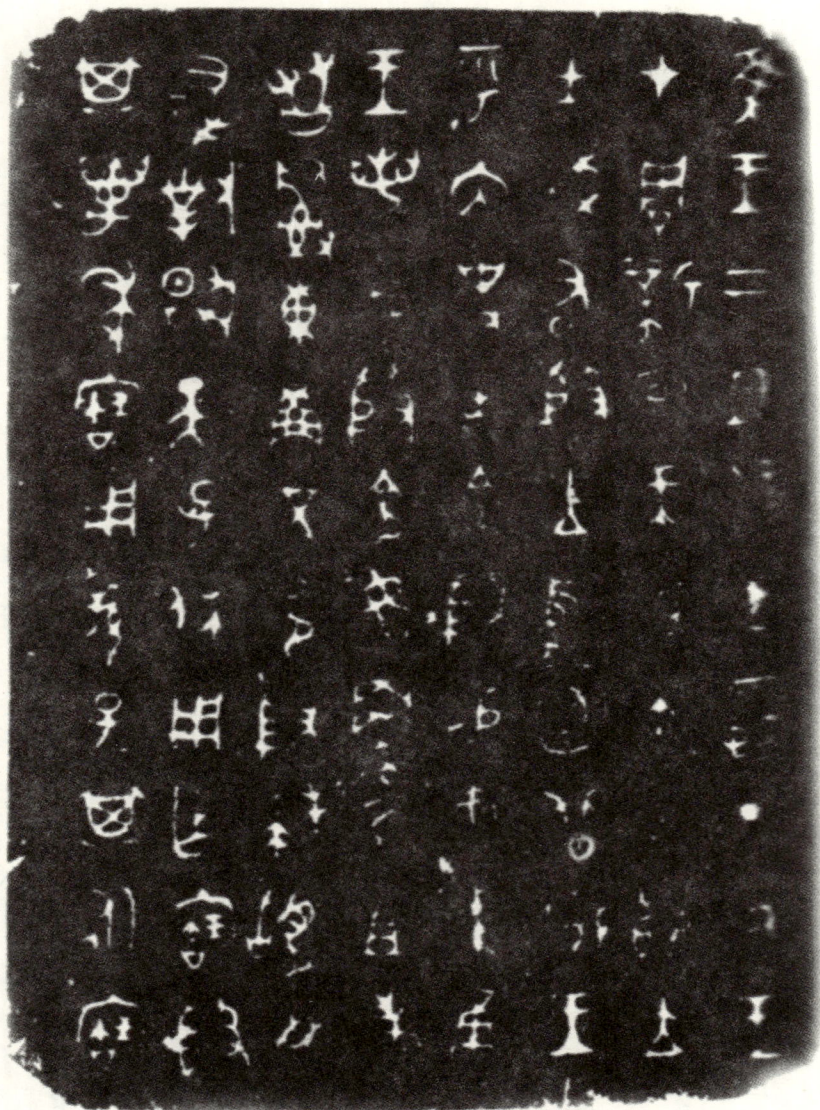

唯王二月既生霸丁丑，王在周新宮。王格大室，即位。士戍佑殷澭中廷，北嚮。王呼內史言命殷，賜、市、朱黃。王若曰：殷，命汝更乃祖考友，嗣東啚五邑。殷拜，稽首，敢對揚天子休。用作寶簋，其萬年寶用，孫子其永寶。

字數：80（又重文 2）
度量：通高 22 釐米，口徑 18 釐米，重 4 千克
時代：西周中期
著錄：《考古與文物》1986 年 4 期 4—5 頁
出土：1984 年陝西耀縣丁家溝村窖藏
現藏：陝西銅川市博物館

489 史密簋

字數:91(又重文 2,合文 1)
度量:通高 13 釐米,口徑 20 5 釐米
時代:西周中期
著録:《考古與文物》1989 年 3 期 7—9 頁;
　　　《文物》1989 年 7 期 64—65 頁
出土:1986 年陝西安康市安康縣王家壩
現藏:陝西安康地區博物館

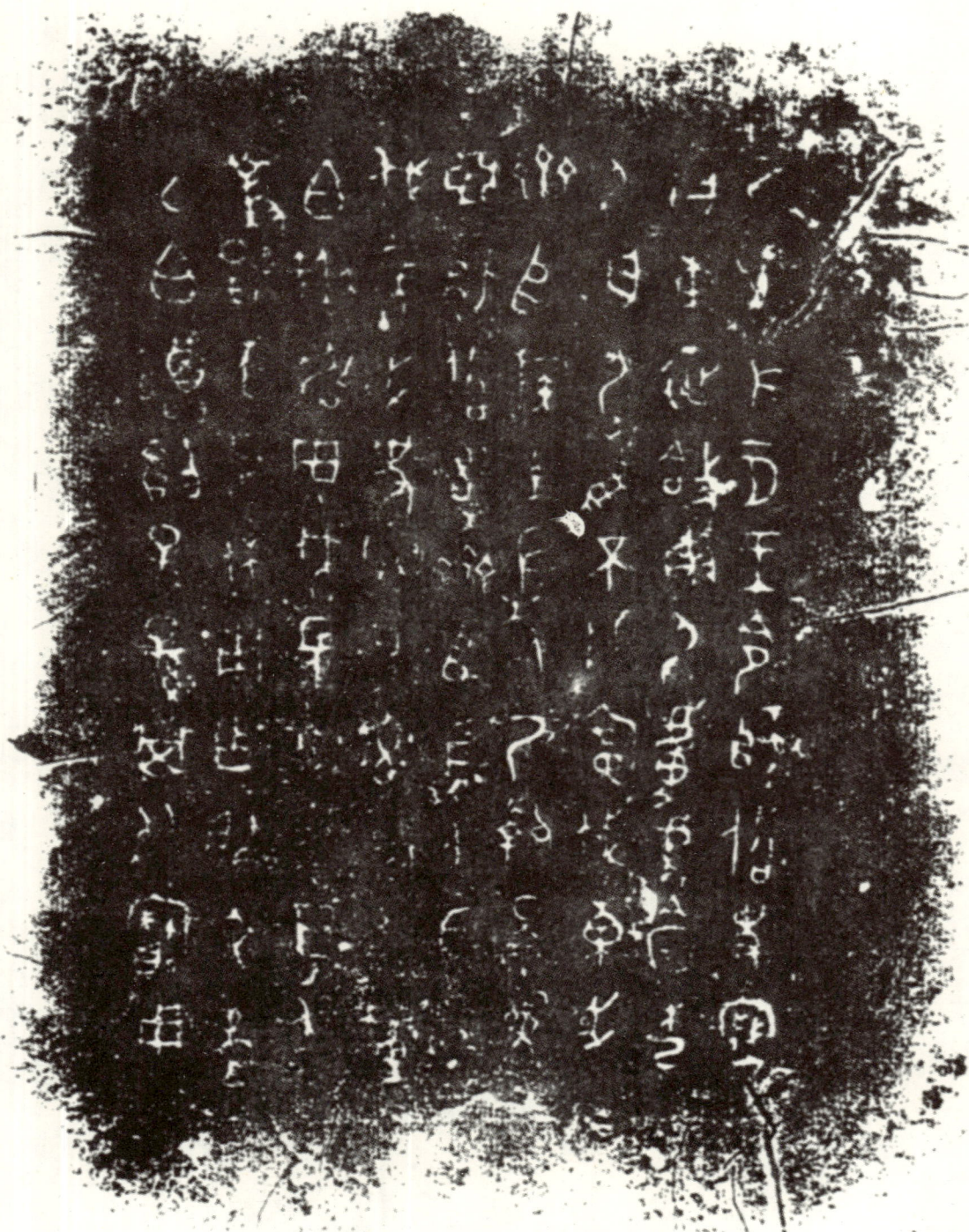

唯十又二月，王命師俗、史密曰：東征。𢒤南夷、盧、虎、會，杞夷、舟夷。觀，不阫，廣伐東國。齊師族、徒、遂人乃執鄙、寬、亞。師俗率齊師遂人左囗伐長必，史密右率族人、釐伯、夆眉周伐長必。獲百人。對揚天子休，用作朕文考乙伯尊簋。子孫其永寶用。

490 宰獸簋

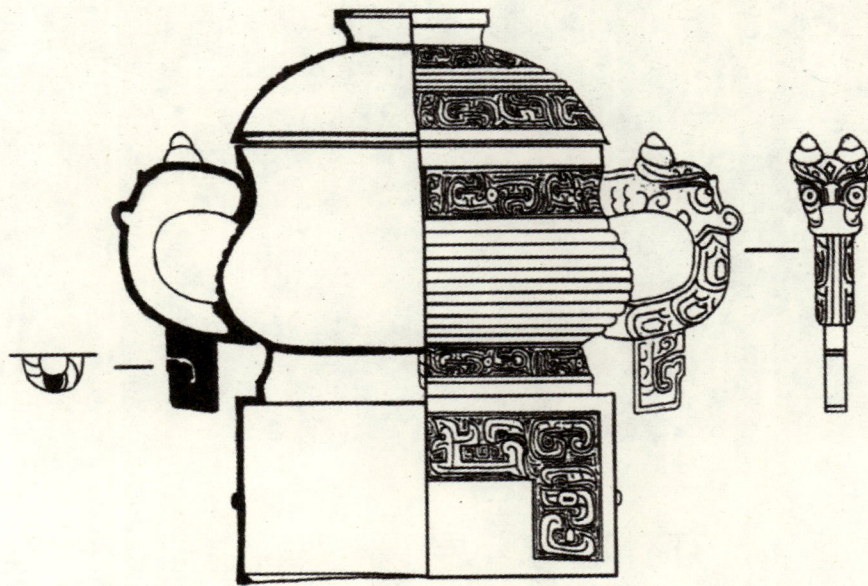

字數:128(又重文 1)
度量:通高 37.5 釐米,口徑 24.5 釐米,重 14.4 千克
時代:西周中期
著録:《文物》1998 年 8 期 83 頁
出土:1997 年 7 月下旬陝西扶風縣段家鄉大同村
現藏:陝西周原博物館

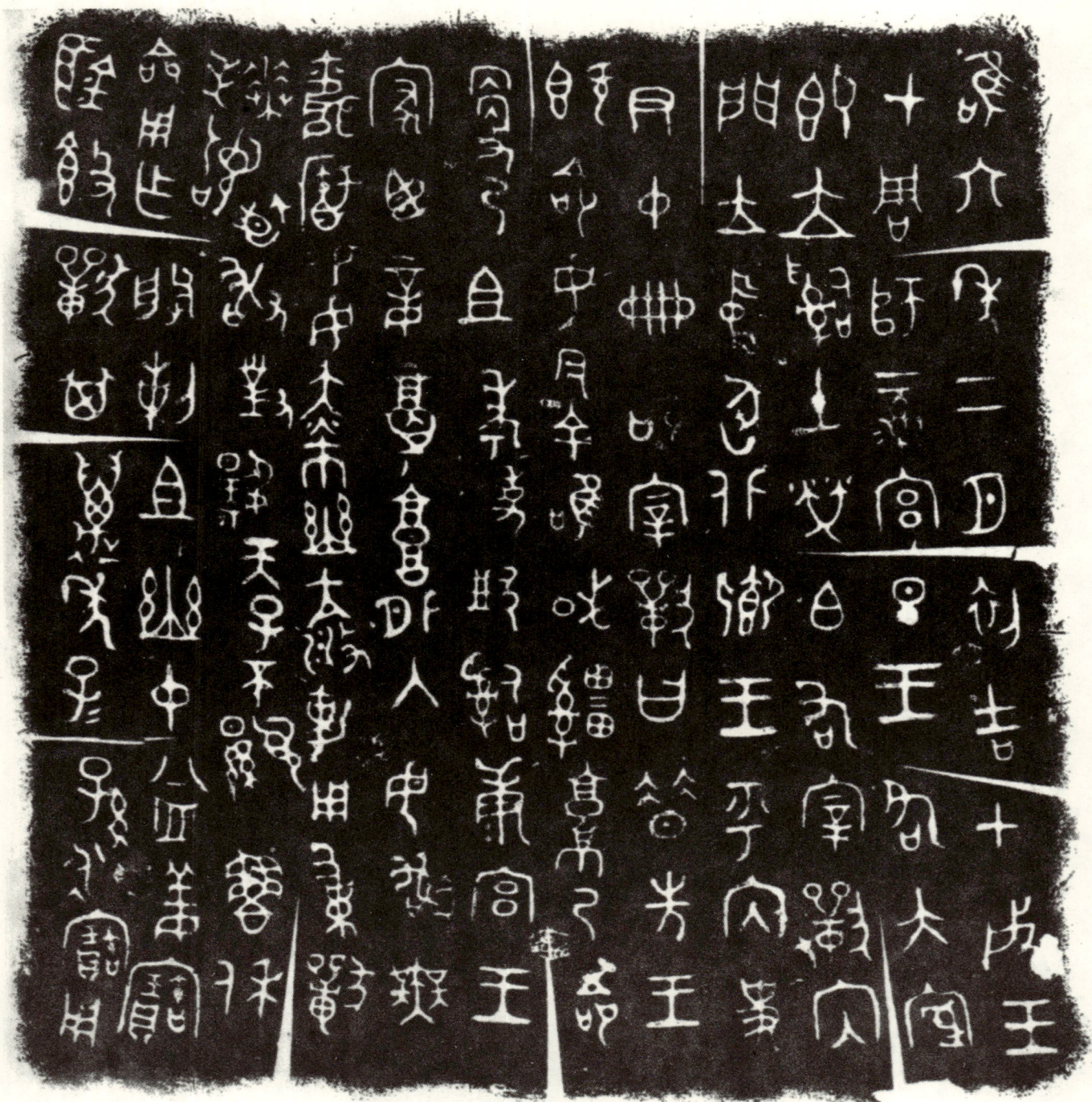

唯六年二月初吉甲戌，王在周師彔宮。旦，王格大室，即位。𧂇土榮伯佑宰獸入門，澺中廷，北嚮。王呼內史尹仲册命宰獸曰：昔先王既命汝，今余唯或申京乃命。更乃祖考事，𤔲嗣康宮王家臣妾僕傭，外內毋敢無聞知。賜汝赤市、幽亢、攸勒、用事。獸拜，稽首。敢對揚天子丕顯魯休命，用作朕烈祖幽仲、益姜寶簋簋。獸其萬年子孫永寶用。

378

491 虎簋蓋

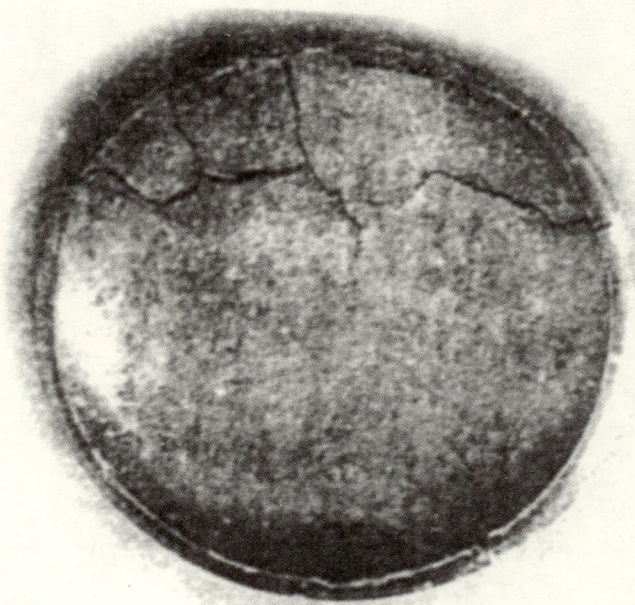

字數：158（又重文 1）
度量：通高 1.9 釐米，口徑 23.5 釐米
時代：西周中期
著録：《考古與文物》1997 年 3 期 78—79 頁
出土：1996 年 8 月陜西丹鳳縣鳳冠區西河鄉山溝村

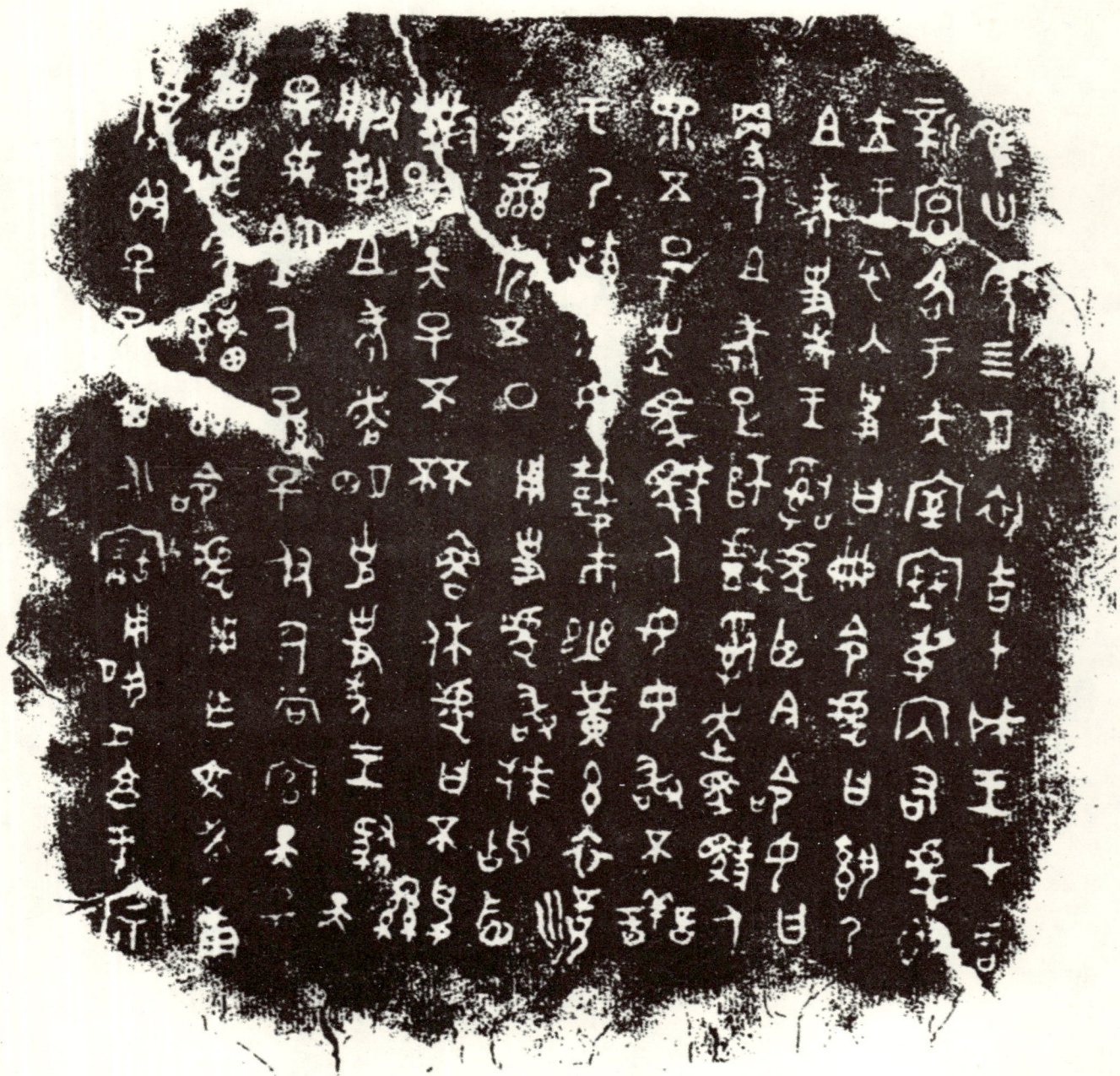

唯卅年四月初吉甲戌，王在周新宫，格于大室。密叔入佑虎既位。王呼内史曰：冊命虎。曰：䚈乃祖考事先王，䚈虎臣。今命汝曰：更厥祖考，足師戲，䚈走馬御人眔五邑走馬御人。汝毋敢不善于乃政。賜汝載市、幽黄、玄衣、滰純、鑾、旂五日。用事。虎曰：丕顯朕烈祖考粦明，克事先王，肆天子弗忘厥孫子，付厥尚官。天子對揚天子不杯魯休。虎敢拜，稽首，其萬年申兹命。虎用作文考日庚尊簋，子孫其永寶，用夙夕享于宗。

五、 盨、簋、敦、豆類

492 諫盨

諫作旅簋，
其永寶用。

字數：8
度量：通高 18 釐米
時代：西周晚期
著録：《中原文物》1988 年 3 期 6 頁
出土：1979 年河南禹縣吳灣墓葬
現藏：河南禹縣文物管理委員會

493 虢季盨

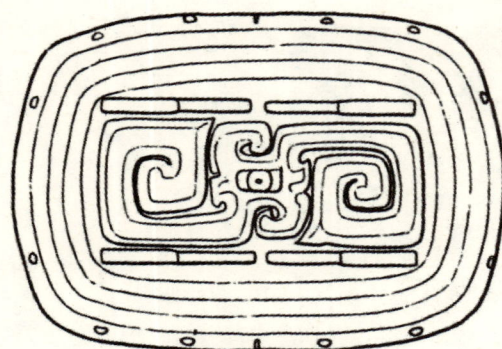

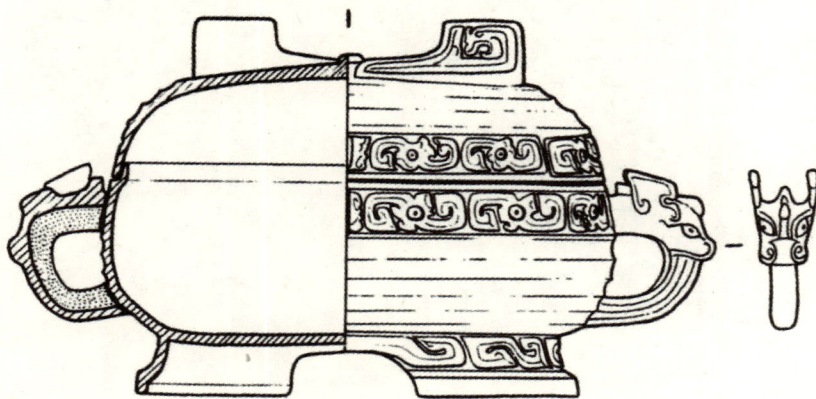

字數：8（蓋器同銘）
度量：通高 19.4 釐米，重 4.9 千克
時代：西周晚期
著錄：《三門峽虢國墓》上冊 56 頁
出土：河南三門峽市虢國墓地 M2001：81
現藏：河南三門峽市文物工作隊

（蓋）

（器）

虢季作旅
盨，永寶用。

虢季作旅
盨，永寶用。

385

494 虢季盨

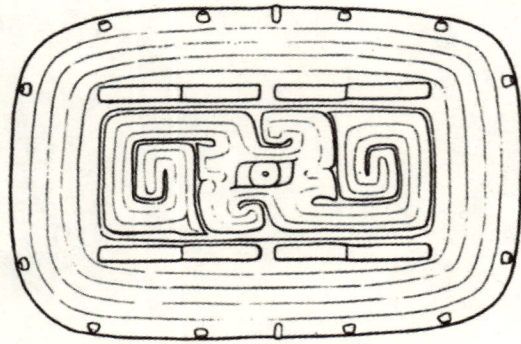

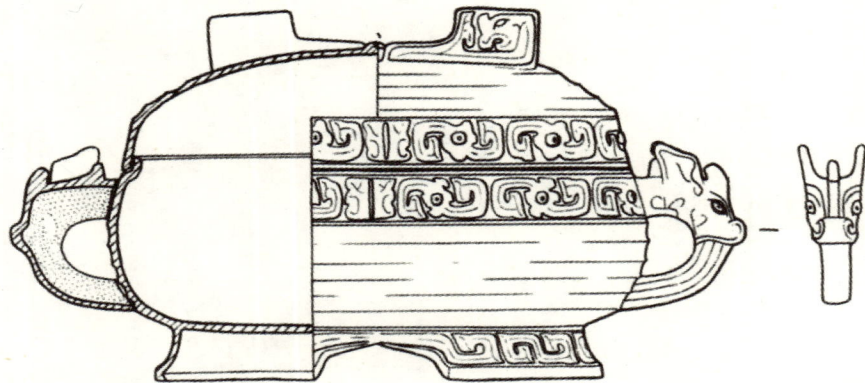

字數:8(蓋器同銘)
度量:通高 18.8 釐米,重 4.9 千克
時代:西周晚期
著録:《三門峽虢國墓》上册 56 頁
出土:河南三門峽市虢國墓地 M2001:91
現藏:河南三門峽市文物工作隊

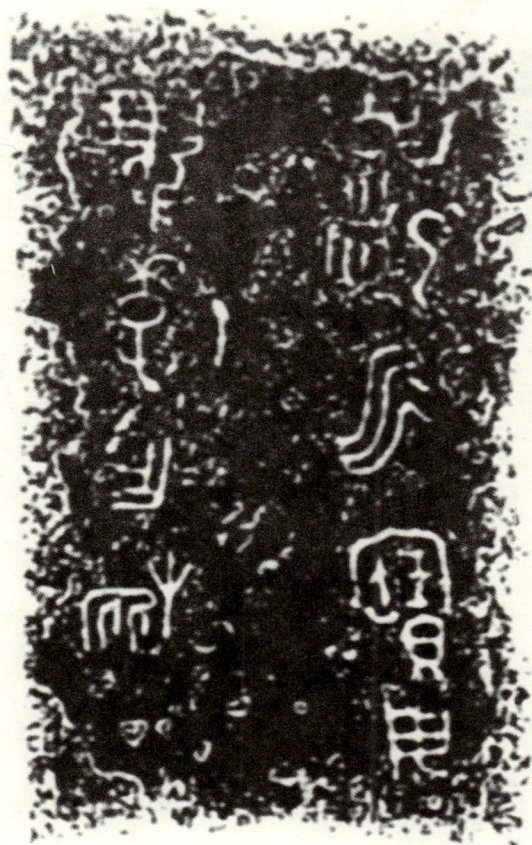

（蓋）

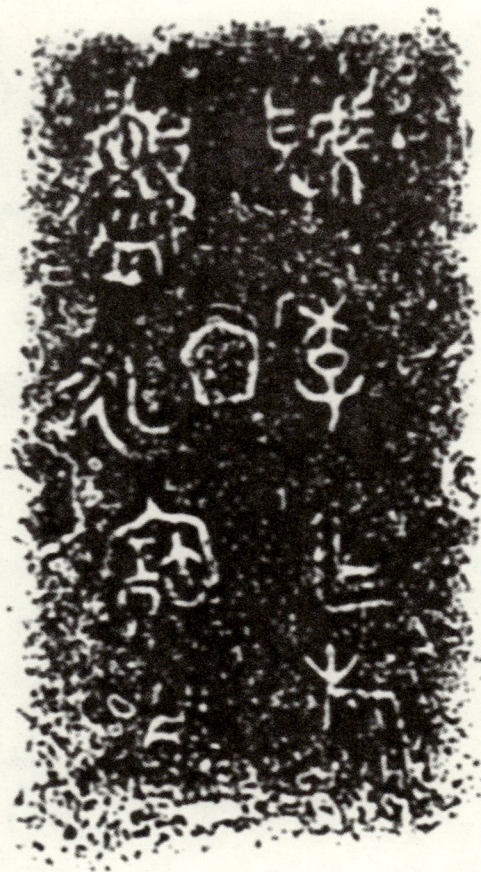

（器）

虢季作旅
盨，永寶用。

虢季作旅
盨，永寶用。

387

495 虢季盨

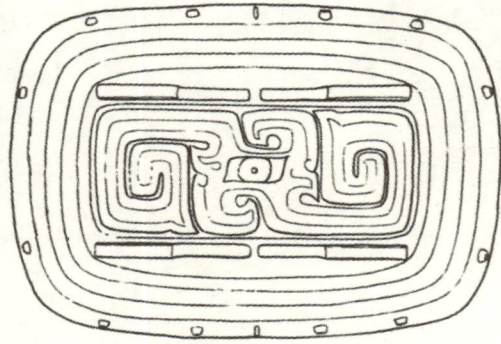

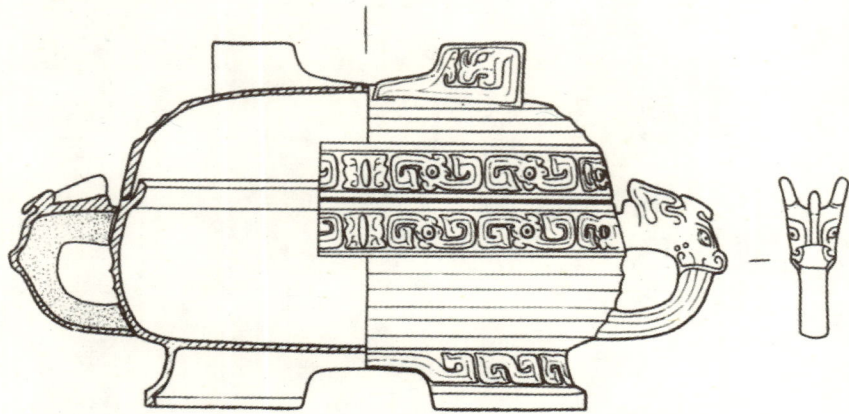

字數:8(蓋器同銘)

度量:通高 18.6 釐米,重 4.85 千克

時代:西周晚期

著録:《三門峽虢國墓》上册 56 頁

出土:河南三門峽市虢國墓地 M2001:79

現藏:河南三門峽市文物工作隊

（蓋）

（器）

虢季作旅
盨，永寶用。

虢季作旅
盨，永寶用。

389

496 虢季盨

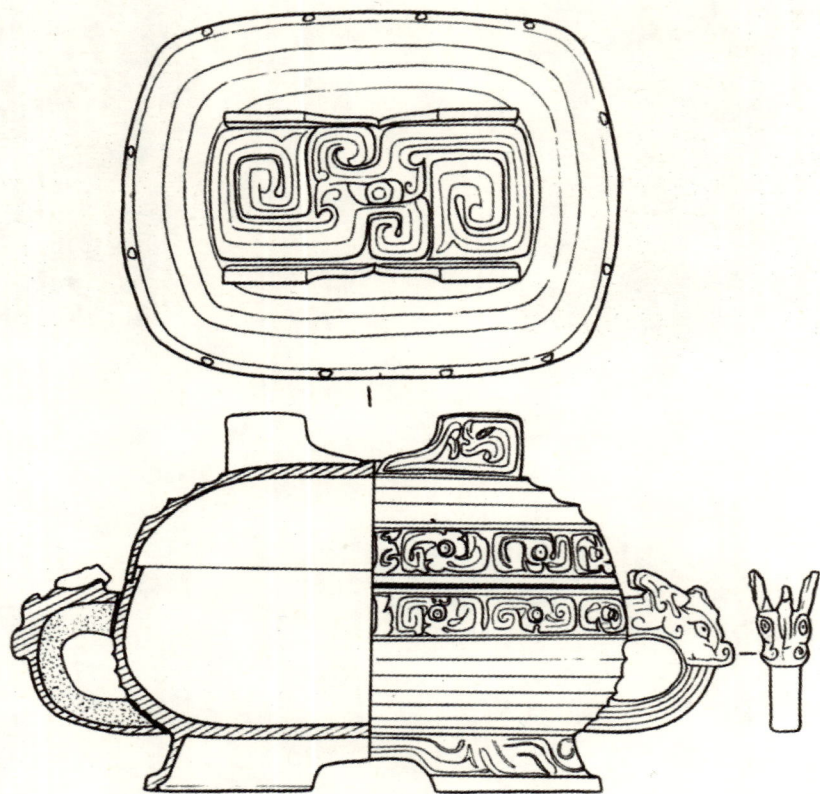

字數:8(蓋器同銘)
度量:通高 19 釐米,重 4.9 千克
時代:西周晚期
著錄:《三門峽虢國墓》上册 56 頁
出土:河南三門峽市虢國墓地 M2001:97
現藏:河南三門峽市文物工作隊

（蓋）

（器）

虢季作旅
盨，永寶用。

497 召伯虎盨

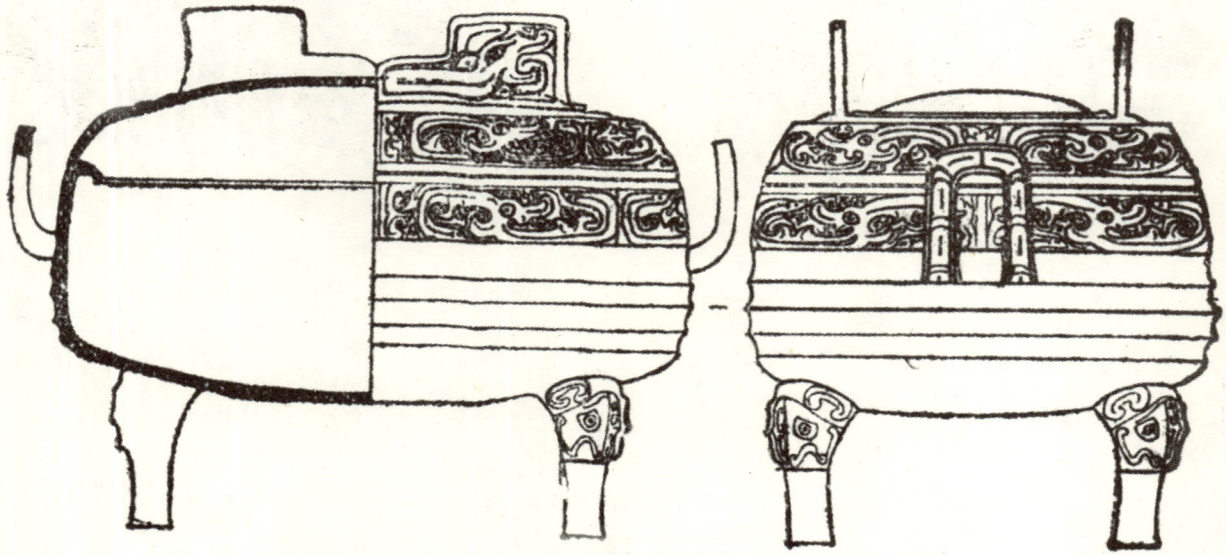

字數:8(蓋器同銘)
度量:通高 21 釐米
時代:西周晚期
著録:《考古》1995 年 9 期 790 頁
出土:1993 年 7 月河南洛陽市東郊墓葬 M906:5
現藏:河南洛陽市文物工作隊

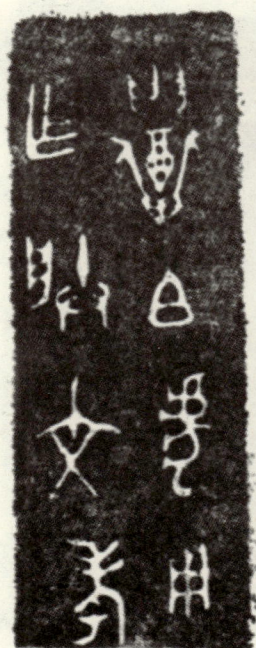（器）
（蓋）

召伯虎用
作朕文考。

498 叔元父盨蓋

叔元父
作尊盨，
永寶用。

字數:9
度量:口寬 17.2 釐米,長 23.1 釐米
時代:西周晚期
著錄:《文博》1991 年 2 期 71—74 頁
現藏:陝西韓城市博物館

499 伯敢舟盨

（蓋）

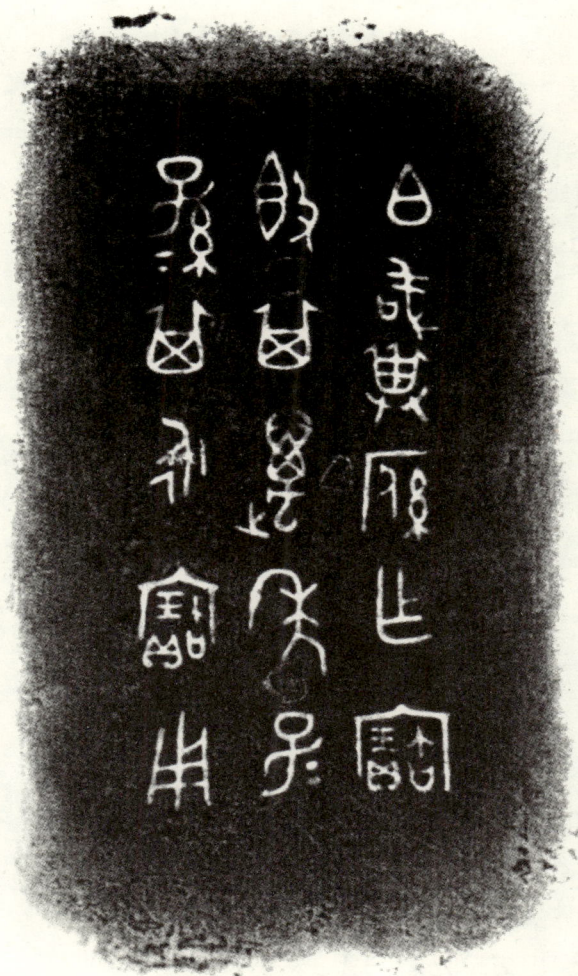

伯敢舟䐑作寶
盨，其萬年子=
孫=，其永寶用。

（器）

伯敢鼻作
寶簋，其萬
年永寶用。

字數：蓋 16（又重文 2），器 12
度量：通高 18.9 釐米，重 3.2 千克
時代：西周中期
著録：《保利藏金》91—95 頁
現藏：北京保利藝術博物館

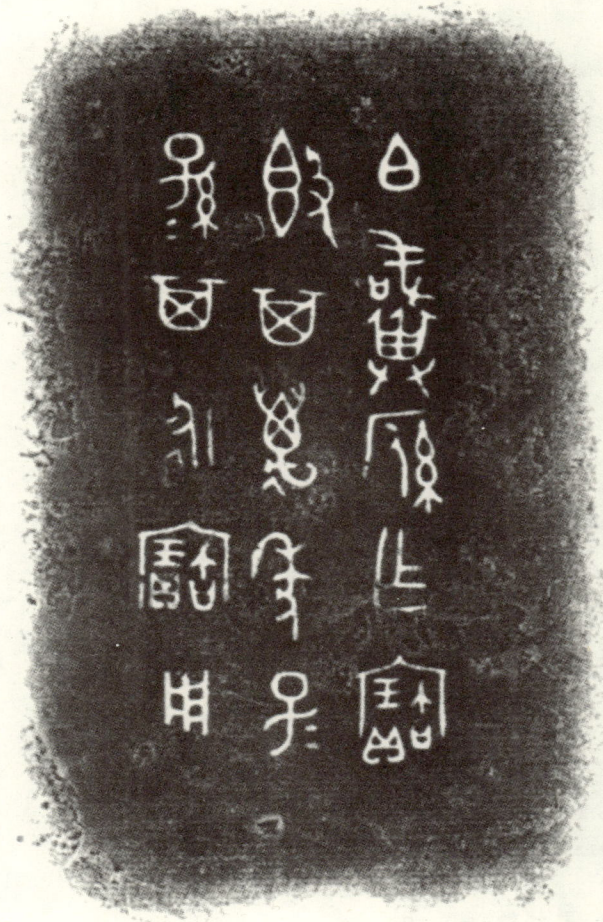

（蓋）

伯敢𦥑𤔔作寶
盨，其萬年子=
孫=，其永寶用。

（器）

伯敢畁作
寶簋，其萬
年永寶用。

字數：蓋 16（又重文 2），器 12
度量：通高 18.9 釐米，重 2.9 千克
時代：西周中期
著録：《保利藏金》91—95 頁
現藏：北京保利藝術博物館

501 晉侯對盨

（蓋）　　　　（器）

唯正月初吉丁亥，晉
侯對作寶尊盨，其
萬年子孫永寶用。

字數：22（又重文 2，蓋器同銘）
度量：通高 22.2 釐米，重 5.2 千克
時代：西周晚期
著録：《上海博物館集刊》1996 年 7 期 38—39 頁
出土：1991—1992 年山西曲沃縣曲村鎮北趙村晉侯墓地
流傳：1992 年後購于香港古玩街
現藏：上海博物館

502 應侯再盨

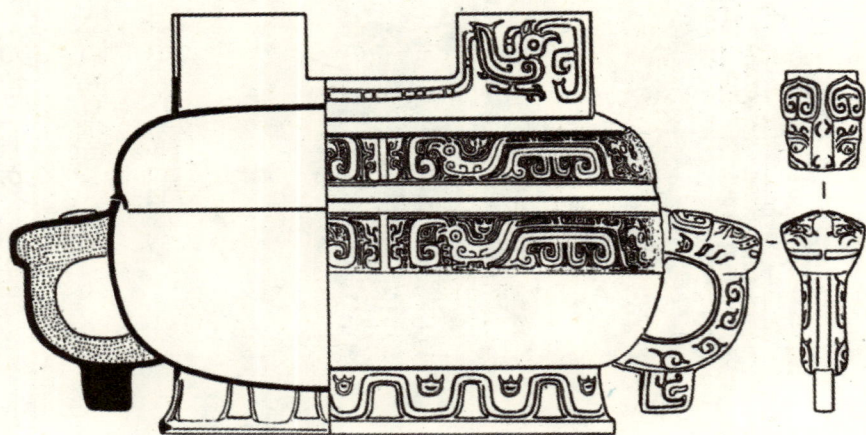

字數:28

度量:通高 22.4 釐米

時代:西周中期

著錄:《文物》1998 年 9 期 7—11 頁

出土:河南平頂山市新華區薛莊鄉北滍村
　　　滍陽嶺應國墓葬 M84:68

現藏:河南省文物考古研究所

應侯再肇作厥不
顯文考釐公尊彝。
用妥朋友，用寧多
福。再其萬年永寶。

503 晉侯對盨

（蓋）　　　　　　　　　（器）

唯正月初吉
庚寅，晉侯對
作寶尊𣪘盨，
其用田狩，湛
樂于原隰。其
萬年永寶用。

字數：30（蓋器同銘）

度量：通高 17.5 釐米，重 3.08 千克

時代：西周晚期

著録：《上海博物館集刊》1996 年 7 期 34—43 頁

出土：1991—1992 年山西曲沃縣曲村鎮北趙村晉
　　　侯墓地 2 號墓

流傳：1992 年後購于香港古玩街

現藏：上海博物館

504 晉侯對盨

（蓋）

（器）

唯正月初吉
庚寅，晉侯對
作寶尊朕盨。
其用田狩，湛
樂于原隰。其
萬年永寶用。

唯正月初吉
庚寅，晉侯對
作寶尊朕盨。
其用田狩，湛樂
于原隰。其萬
年永寶用。

字數：30（蓋器同銘）
度量：通高 17.8 釐米，重 3.22 千克
時代：西周晚期
著錄：《上海博物館集刊》1996 年 7 期 34—43 頁
出土：1991—1992 年山西曲沃縣曲村鎮北趙村晉
　　　侯墓地 2 號墓
流傳：1992 年後購于香港古玩街
現藏：上海博物館

505 晉侯對盨

（蓋）

（器）

唯正月初吉
庚寅，晉侯對
作寶尊彶盨，
其用田狩，湛
樂于原隰。其
萬年永寶用。

字數：30（蓋器同銘）
度量：通高 16.2 釐米，重 2.78 千克
時代：西周晚期
著録：《上海博物館集刊》1996 年 7 期 34—43 頁
出土：1991—1992 年山西曲沃縣曲村鎮北趙村
　　　晉侯墓地 2 號墓
流傳：1992 年後購于香港古玩街
現藏：上海博物館

506 達盨蓋

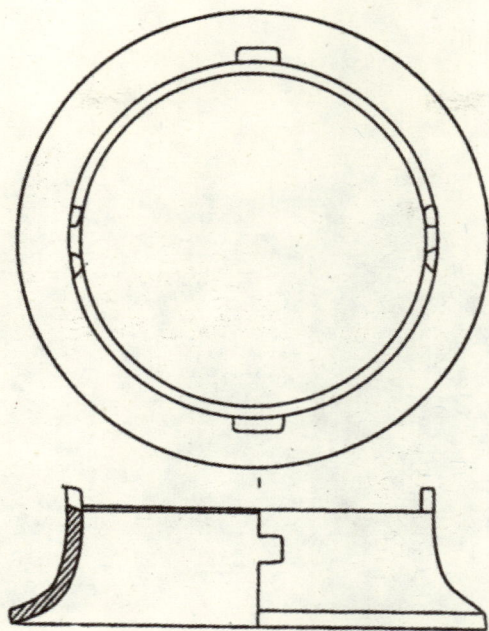

唯三年五月既生霸
壬寅，王在周，執駒于
㳽應。王呼巂趩召達，
王賜達駒。達拜，稽首，
對揚王休，用作旅盨。

字數：40

時代：西周中期

著錄：《文物》1990 年 7 期 32—33 頁

出土：1984—1985 年陝西長安縣張家
　　　坡邢叔家族墓地 M152

現藏：陝西省考古研究所

507 師克盨

字數：146(又重文 2)
度量：蓋通高 9.4 釐米，重 2.21 千克；器通
　　　高 12 釐米，重 3.7 千克
時代：西周晚期
著錄：《考古》1994 年 1 期 70 頁
現藏：美國聖路易斯市(Saint Louis)私家收藏
備注：蓋銘疑偽刻

（蓋）

（器）

王若曰：師克，丕顯文武，膺受
大命，匍有四方。則緐唯乃
先祖考有𤔲于周邦，干害
王身，作爪牙。王曰：克，余唯經
乃先祖考，克𤔲臣先王。昔
余既命汝，今余唯申京乃命。命
汝更乃祖考，𤔲嗣左右虎
臣。賜汝秬鬯一卣、赤市、五黃、赤
舄、牙僰、駒車、輘較、朱虢、𩏑靳、
虎冟熏裏、畫轉、畫韀、金
甬、朱旂、馬四匹、攸勒、素鉞。
敬夙夕勿廢朕命。克敢對
揚天子丕顯魯休，用作旅
盨。克其萬年子𢔶孫永寶用。

407

508 倗簠

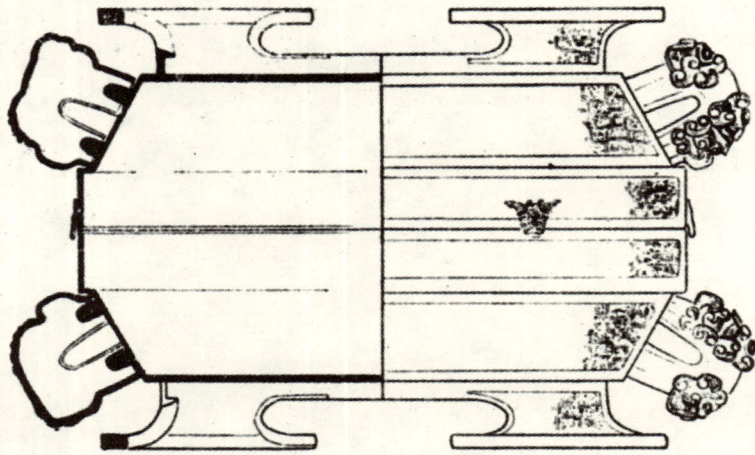

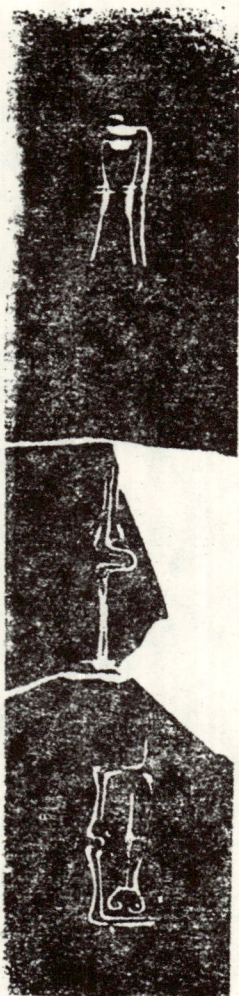　　

（蓋）　　　　　（器）

倗之簠。

字數：3（蓋器同銘）
度量：通高 24 釐米，重量 9 千克
時代：春秋後期
著錄：《淅川下寺春秋楚墓》66 頁
出土：1990 年河南淅川縣下寺 M1：45
現藏：河南省文物研究所

408

509 倗簠

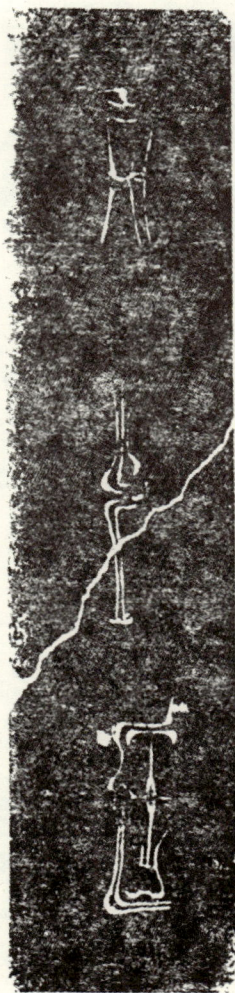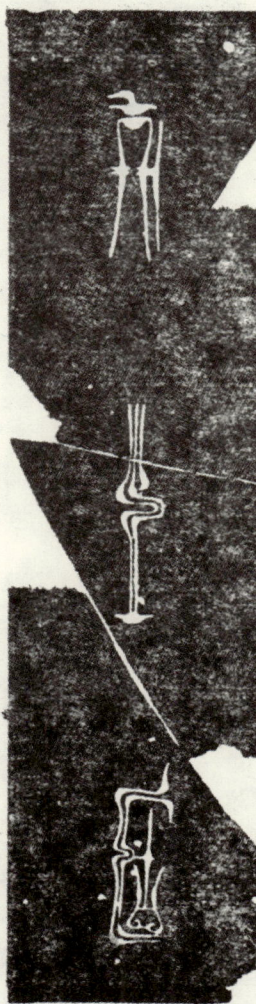

倗之簠。

（蓋）　　　　　　　　（器）

字數：3（蓋器同銘）
度量：通高 24 釐米，重量 9 千克
時代：春秋後期
著錄：《淅川下寺春秋楚墓》66 頁
出土：1990 年河南淅川縣下寺 M1:44
現藏：河南省文物研究所
備注：《殷周金文集成》4.4471 器僅收蓋銘

510 郎子大簠

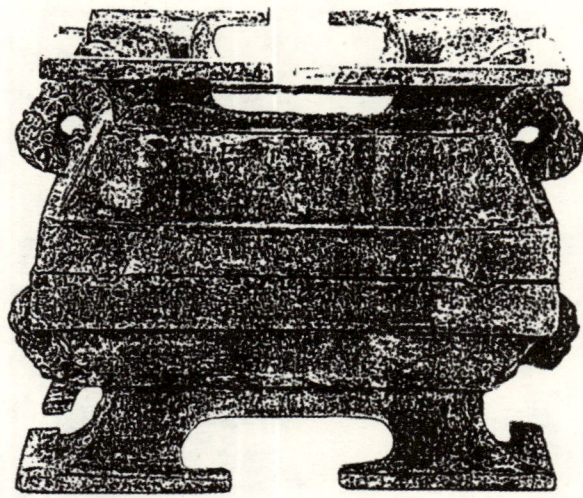

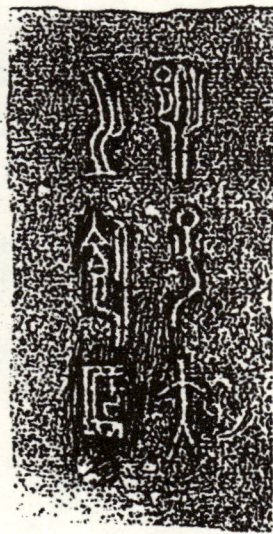

（蓋）　　　　　　　　（器）

郎子大
之飤簠。

字數:6(蓋器同銘)
度量:通高 34.5 釐米
時代:春秋後期
著録:富士比(1990,6,12:15)
流傳:英國倫敦富士比拍賣行

511 曾都尹定簠

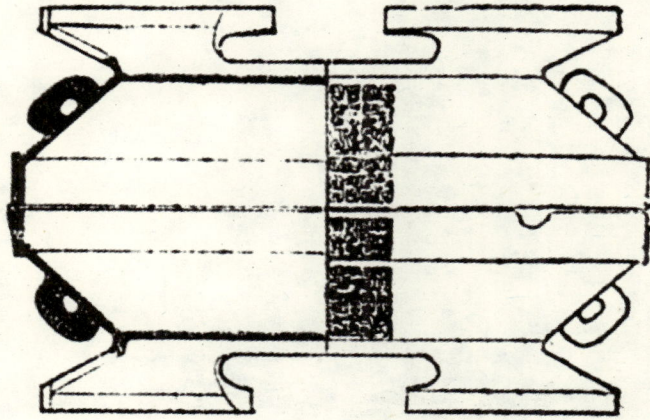

曾都尹定
之行簠。

字數：7
度量：通高 13.5 釐米
時代：春秋後期
著録：《江漢考古》1990 年 1 期 9—10 頁
出土：1988 年 1 月湖北隨州市安居鎮徐家咀村墓葬
現藏：湖北隨州市博物館

512 虢季簠

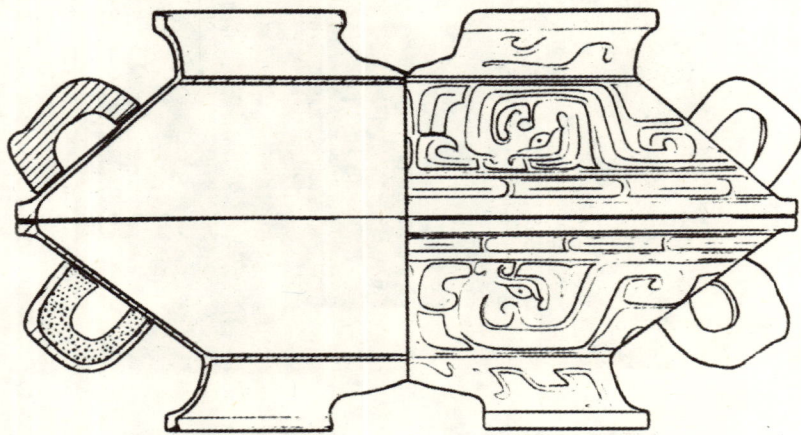

字數：8（蓋器同銘）
度量：通高 17 釐米，重 4.35 千克
時代：西周晚期
著録：《三門峽虢國墓》上册 57 頁
出土：河南三門峽市虢國墓地 M2001:78
現藏：河南三門峽市文物工作隊
備注：同出兩件，大小、形制、紋飾與銘文均相同

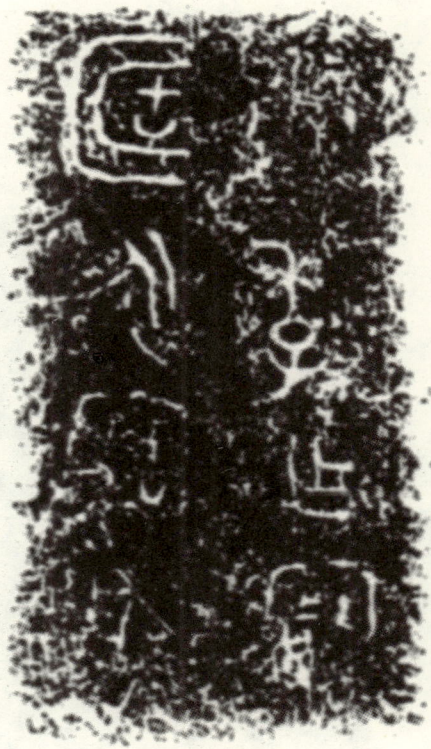

（蓋）

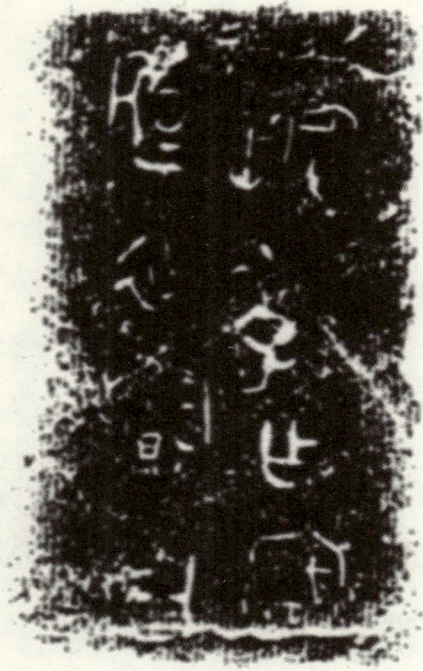

（器）

虢季作寶
簋，永寶用。

513 自作簠

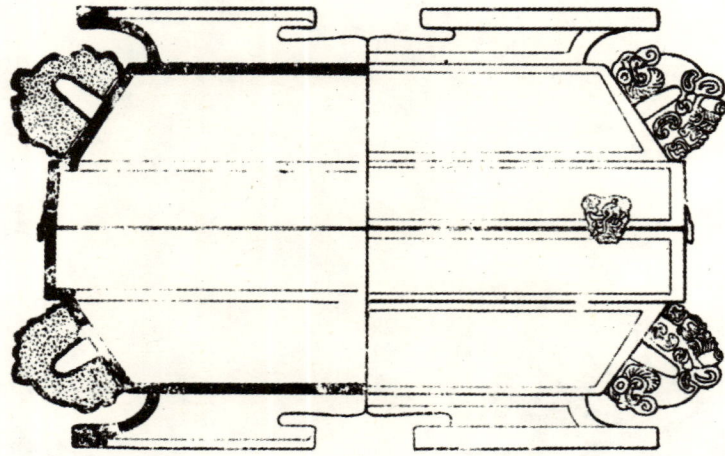

（蓋）　　　　　　　　（器）

孫
作飤簠
□
□
□
自
，
永
保
用
之
。
子

永
保
用
之
。
作
飤
簠
，
子
孫
，
□
□
□
自

字數：存 10（又重文 2，蓋器同銘）
度量：通高 22 釐米，重 9.45 千克
時代：春秋後期
著錄：《淅川下寺春秋楚墓》221 頁
出土：1990 年河南淅川縣下寺 M3：14
現藏：河南省文物考古研究所

514 自作簠

（蓋）　　　　　　　　　　　　（器）

孫＝，永保用之。

作飤簠，子＝

□□□自

永保用之。

作飤簠，子＝孫＝，

□□□自

字數：存 10（又重文 2，蓋器同銘）

度量：通高 22.2 釐米，重 9.3 千克

時代：春秋後期

著錄：《淅川下寺春秋楚墓》221 頁

出土：1990 年河南淅川縣下寺 M3：15

現藏：河南省文物考古研究所

515 自作簠

（蓋）

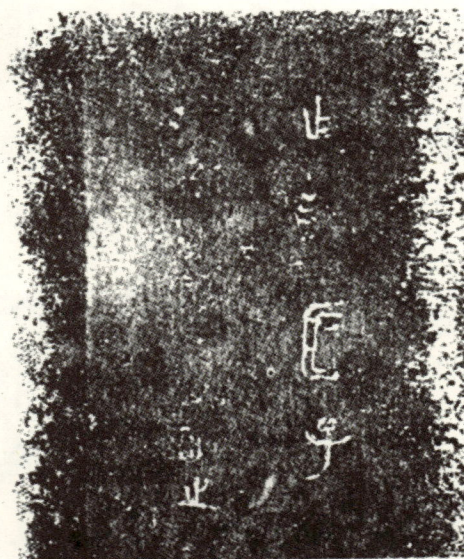

（器）

作飤簠，子=

□□□□自
作飤簠，子=
孫，永保用之。

字數：存 10（又重文 2）
度量：通高 21.4 釐米，重 8.55 千克
時代：春秋後期
著錄：《淅川下寺春秋楚墓》223 頁
出土：1990 年河南淅川縣下寺 M3:16
現藏：河南省文物考古研究所

416

516 自作簠

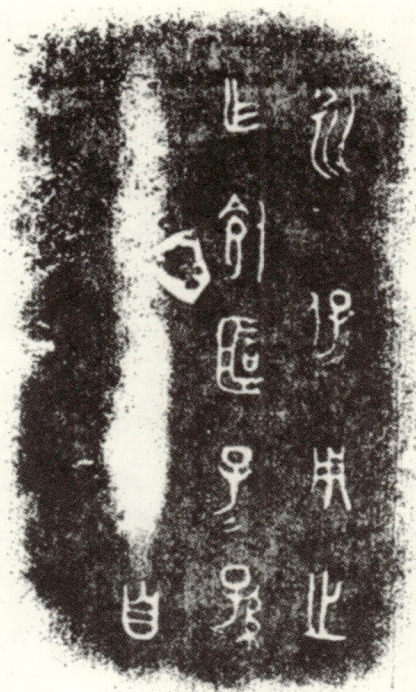　　　　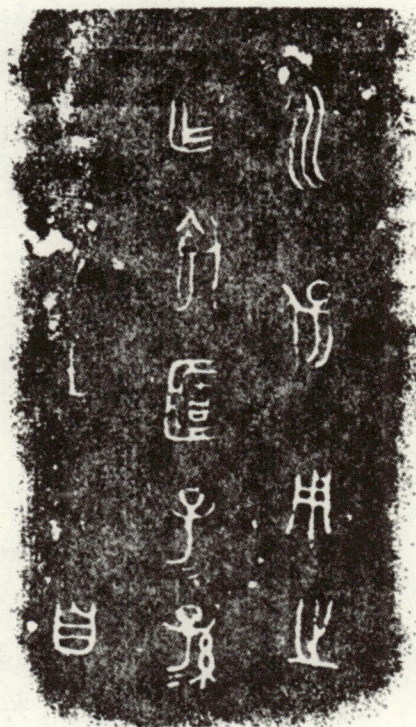

（蓋）　　　　　　　　（器）

永保用之。
作飤簠，子孫┐，
□□□□自

字數:存 10(又重文 2,蓋器同銘)
度量:通高 22.2 釐米,重 9.5 千克
時代:春秋後期
著録:《淅川下寺春秋楚墓》223 頁
出土:1990 年河南淅川縣下寺 M3:18
現藏:河南省文物考古研究所

417

517 楚子棄疾簠

楚子棄疾擇其
吉金，自作飤簠。

字數：12
度量：通高 9 釐米
時代：春秋後期
著録：《中原文物》1992 年 2 期 87—90 頁
出土：河南南陽市西關汽車發動機廠
現藏：河南南陽市博物館

518 魯侯簠

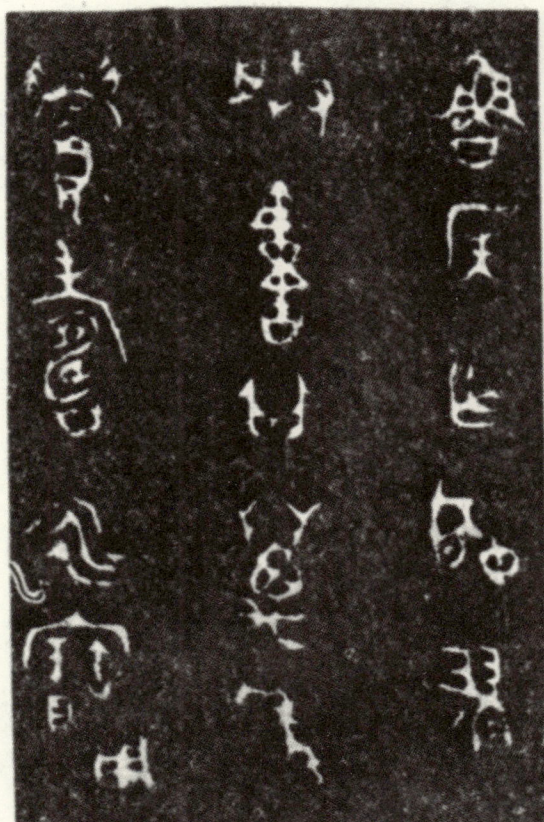

魯侯作姬翏
媵簠，其萬年
眉壽，永寶用。

字數：15（蓋器同銘）
度量：通高 20 釐米
時代：西周晚期
著録：《文物》1986 年 4 期 12—14 頁
出土：1982 年 10 月山東泰安市城前村墓葬
現藏：山東泰安市文物局

519 曾子義行簠

（蓋）

曾子義行作
飤簠，子孫其
永保用之。

字數:15(器 15 蓋 14)
度量:通高 19.2 釐米
時代:春秋後期
著録:《東南文化》1991 年 1 期 204—211 頁
出土:1988 年 1 月 1 日江蘇六合縣程橋中學
現藏:江蘇南京市博物館

420

（器）

曾子義行自
作飤簋，子孫
其永保用之。

421

520 虢碩父簠

 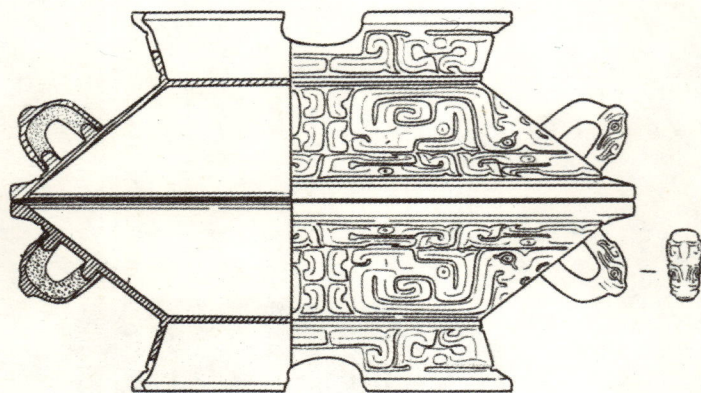

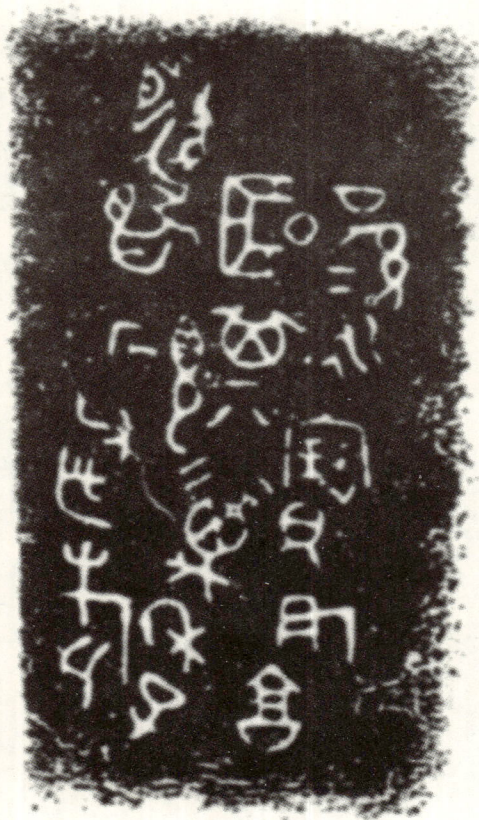

（蓋）

虢碩父作旅
簠，其萬年子=
孫=永寶用享。

（器）

字數：15（又重文 2，蓋器同銘）
度量：通高 19 釐米
時代：西周晚期
著錄：《三門峽虢國墓》上冊 483 頁
出土：河南三門峽市虢國墓地
現藏：河南三門峽市文物工作隊

521 申王之孫簠

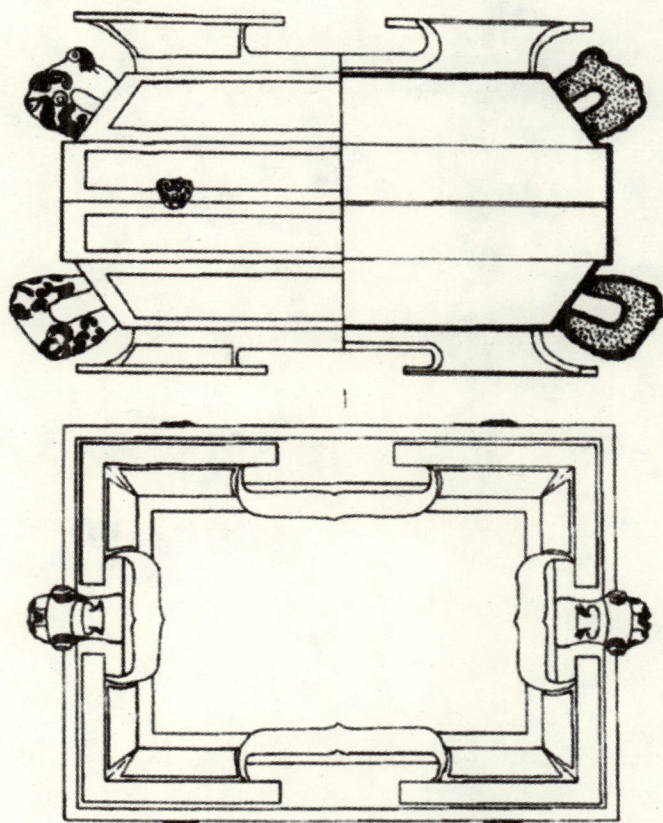

字數：19(蓋器同銘)
度量：通高 22 釐米
時代：春秋後期
著錄：《考古》1998 年 4 期 43—45 頁
出土：1990 年 4 月 6 日湖北鄖縣五峰鄉肖家河村
現藏：湖北鄖陽地區博物館

（蓋）

（器）

申王之孫叔姜
自作飤簠。其眉
壽無諆，永保用之。

424

522 叔簠

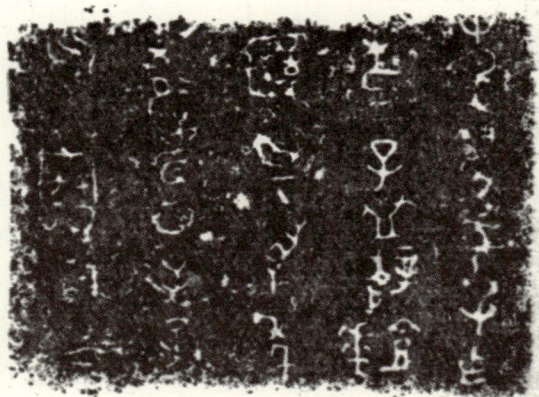

□叔□子作
杞孟薛餗
簠，其萬年
眉壽，子孫
永寶用享。

字數：21（又重文 2）
度量：通高 20 釐米
時代：西周晚期
著録：《考古》1986 年 4 期 366—367 頁
出土：1976 年 12 月山東平邑縣蔡莊村墓葬
現藏：山東平邑縣文物部門

523 發孫虜簠

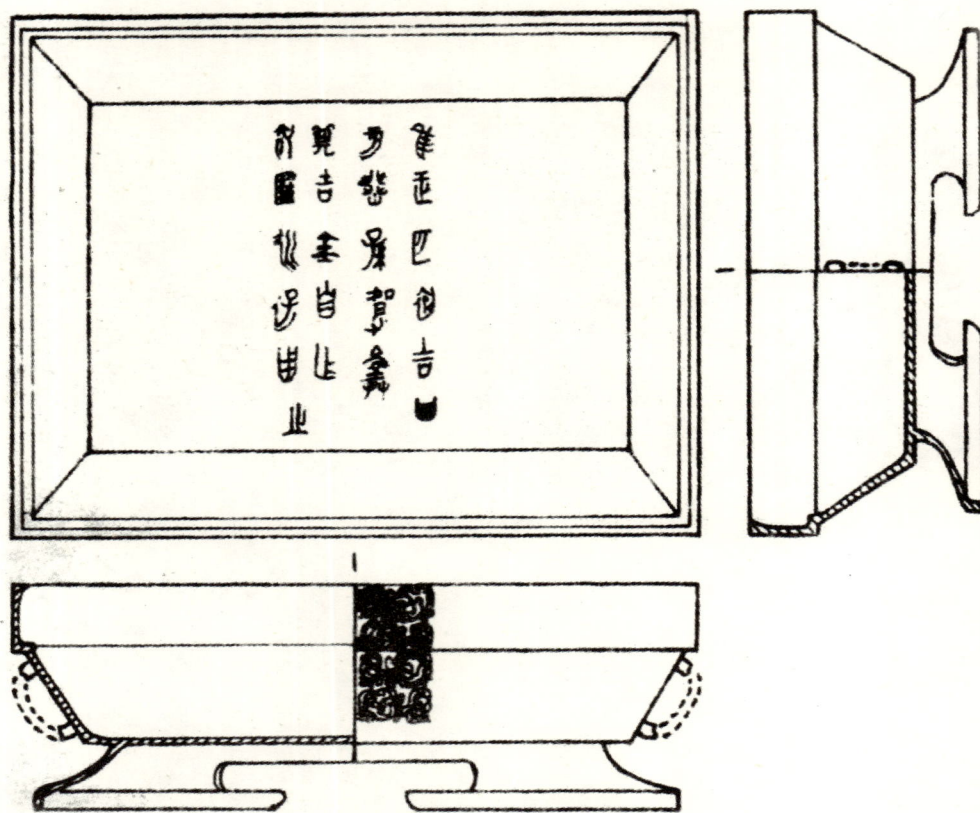

字數:22
度量:通高 9.5 釐米
時代:春秋後期
著録:《文物》1994 年 4 期 79 頁
現藏:湖北棗陽市博物館

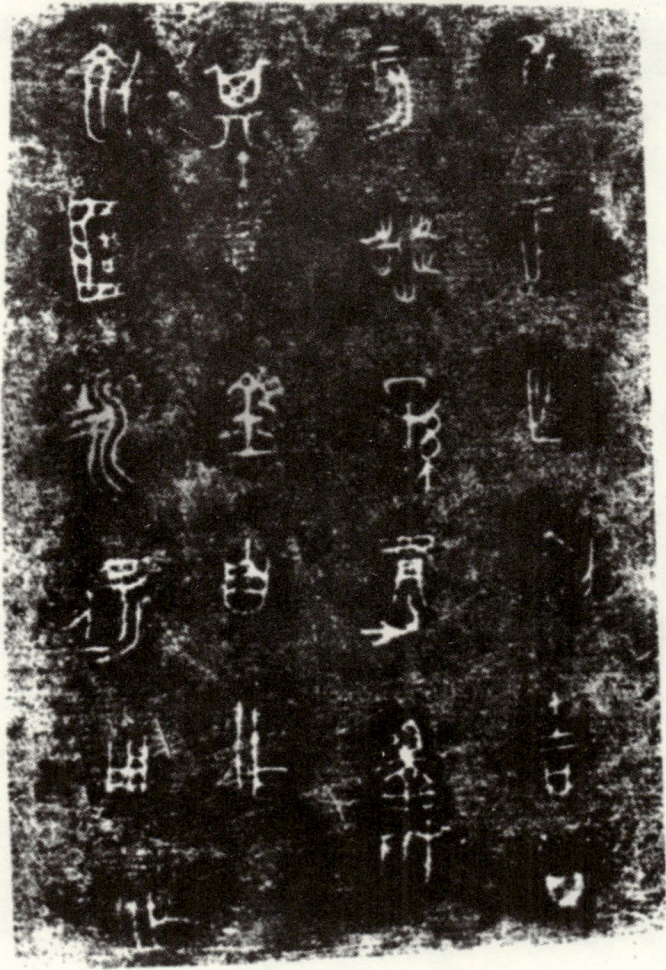

唯正月初吉丁
亥，發孫虜擇
其吉金，自作
飤簋，永保用之。

427

524 仲妃衛簠

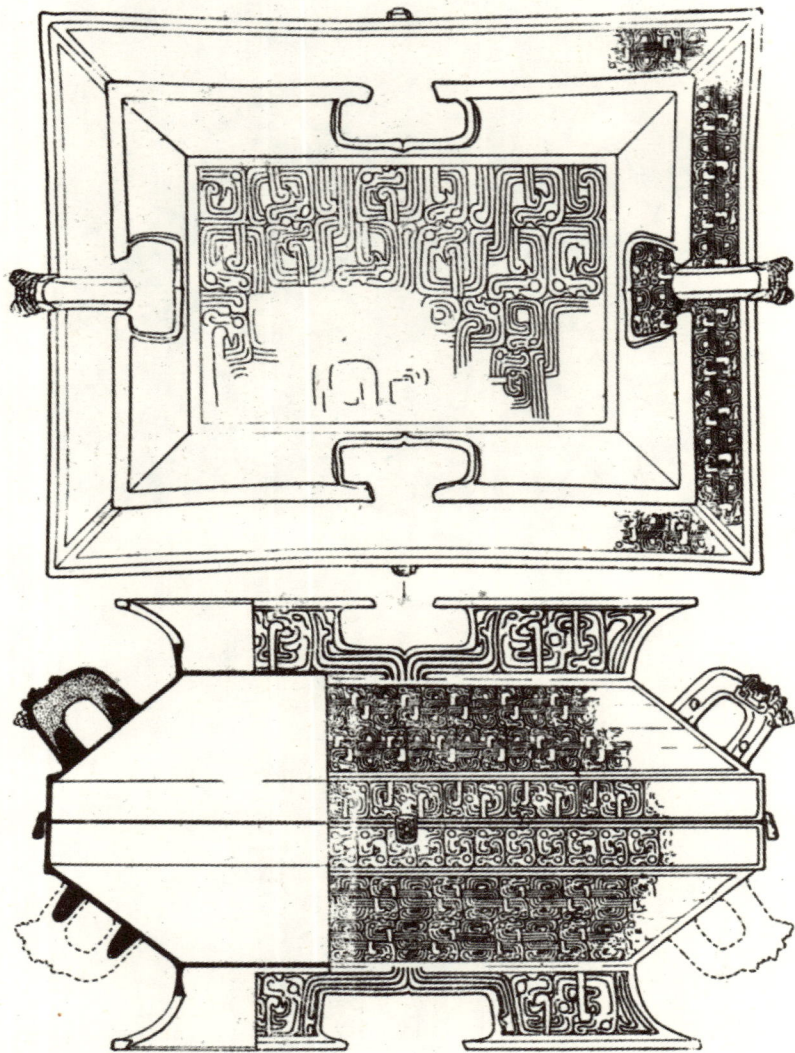

字數:22(又重文 2)
度量:通高 19.8 釐米,重量 4.7 千克
時代:春秋後期
著録:《淅川下寺春秋楚墓》33 頁
出土:1990 年河南淅川縣下寺 M7:9
現藏:河南省文物考古研究所
備註:同出一對

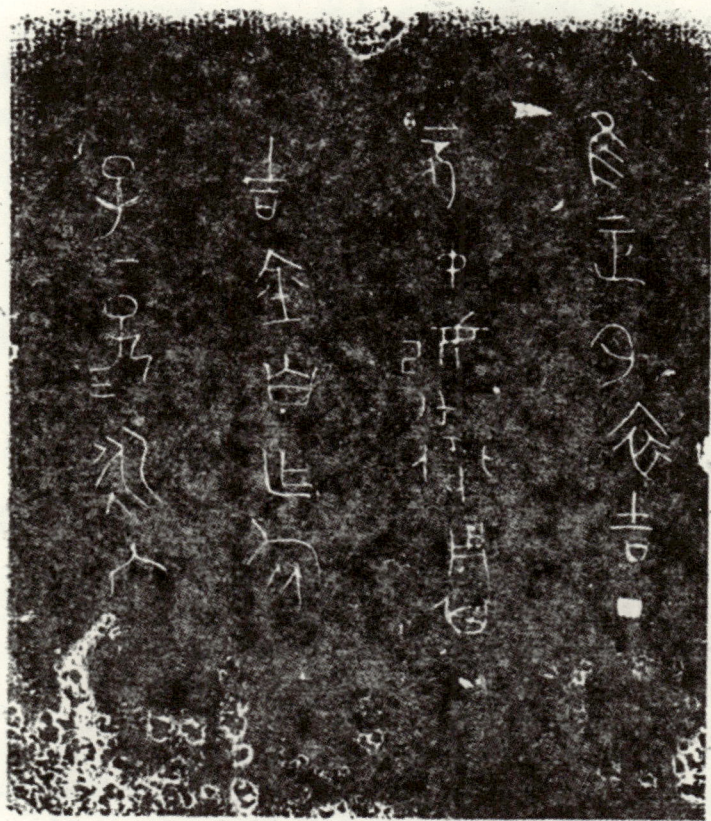

唯正月初吉丁
亥，仲妃衛用其
吉金，自作旅〔簠〕，
子=孫=永寶。

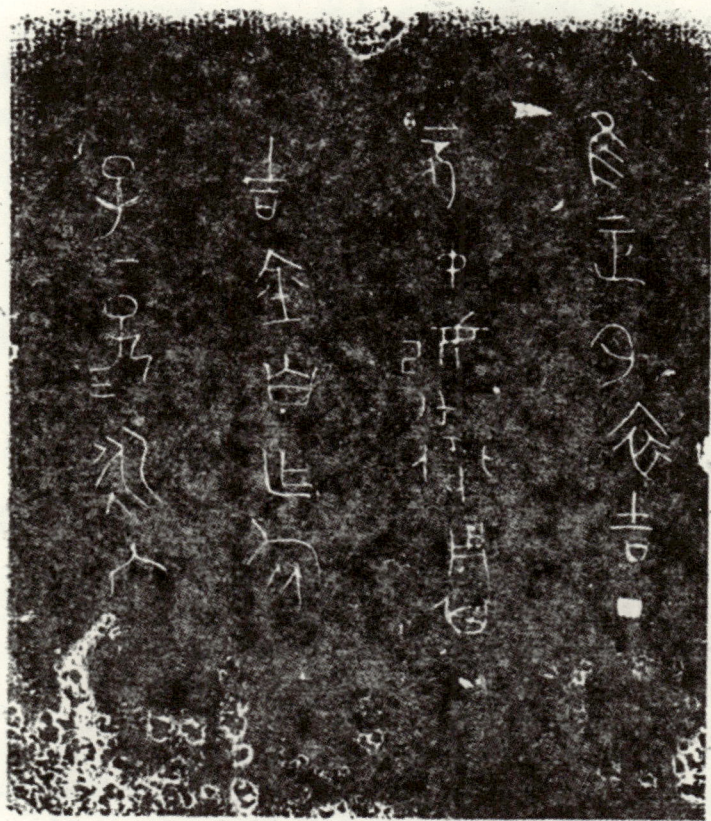
429

525 仲妃衛簠

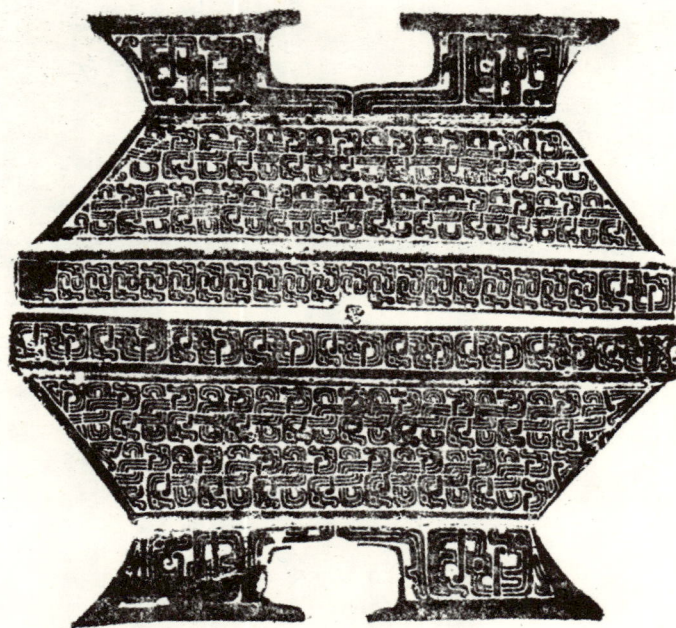

字數：22（又重文 2）
度量：通高 20 釐米，重量 4.8 千克
時代：春秋後期
著錄：《淅川下寺春秋楚墓》33 頁
出土：1990 年河南淅川縣下寺 M7：10
現藏：河南省文物考古研究所

唯正月初吉丁
亥，仲妃衛用其
吉金，自作旅
簠，子子孫孫用之。

526 郭召簠

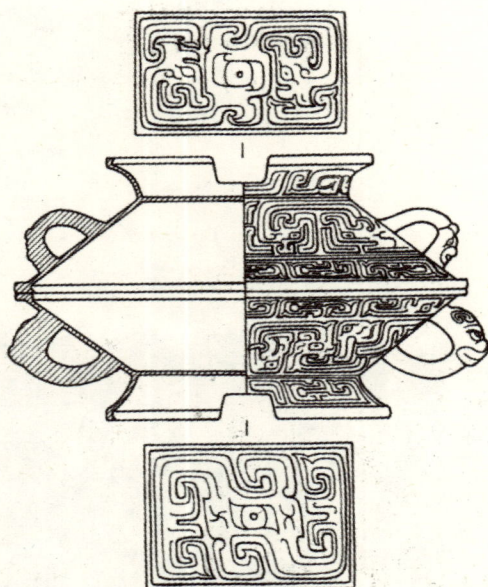

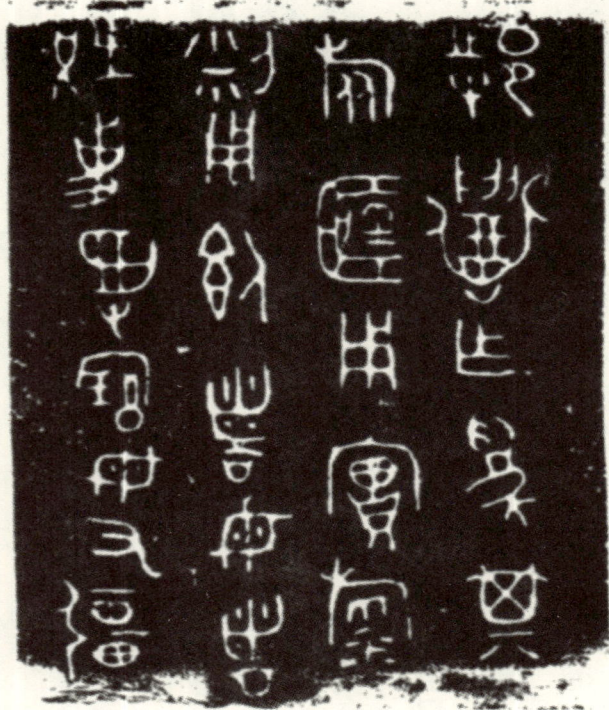

郭召作爲其
旅簠。用實稻
梁，用飤諸母諸
兄。使受寶，毋有疆。

字數：23
度量：通高 8.7 釐米
時代：西周晚期
著録：《考古》1998 年 9 期 13—14 頁
出土：1995 年 3—5 月山東長清縣仙人臺 M3：9
現藏：山東大學考古系

527 蔡侯簠

（蓋）　　　　　　　　　　　　　　（器）

唯正月初吉
丁亥，蔡侯朕
孟姬寶匡簠，
其眉壽無疆，
永寶用之。

字數：24（蓋器同銘）

時代：春秋後期

著録：《中國文字》新廿二期（抽印本）151—164 頁

528 蔡侯簠

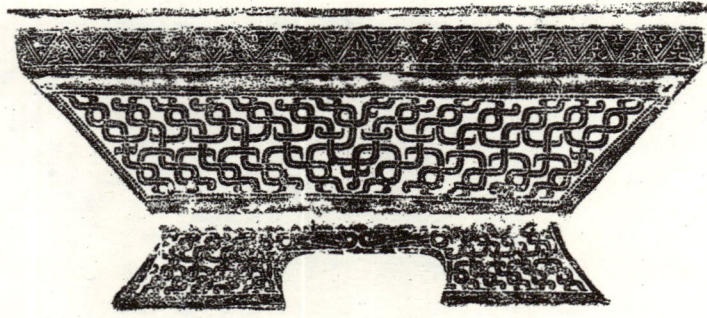

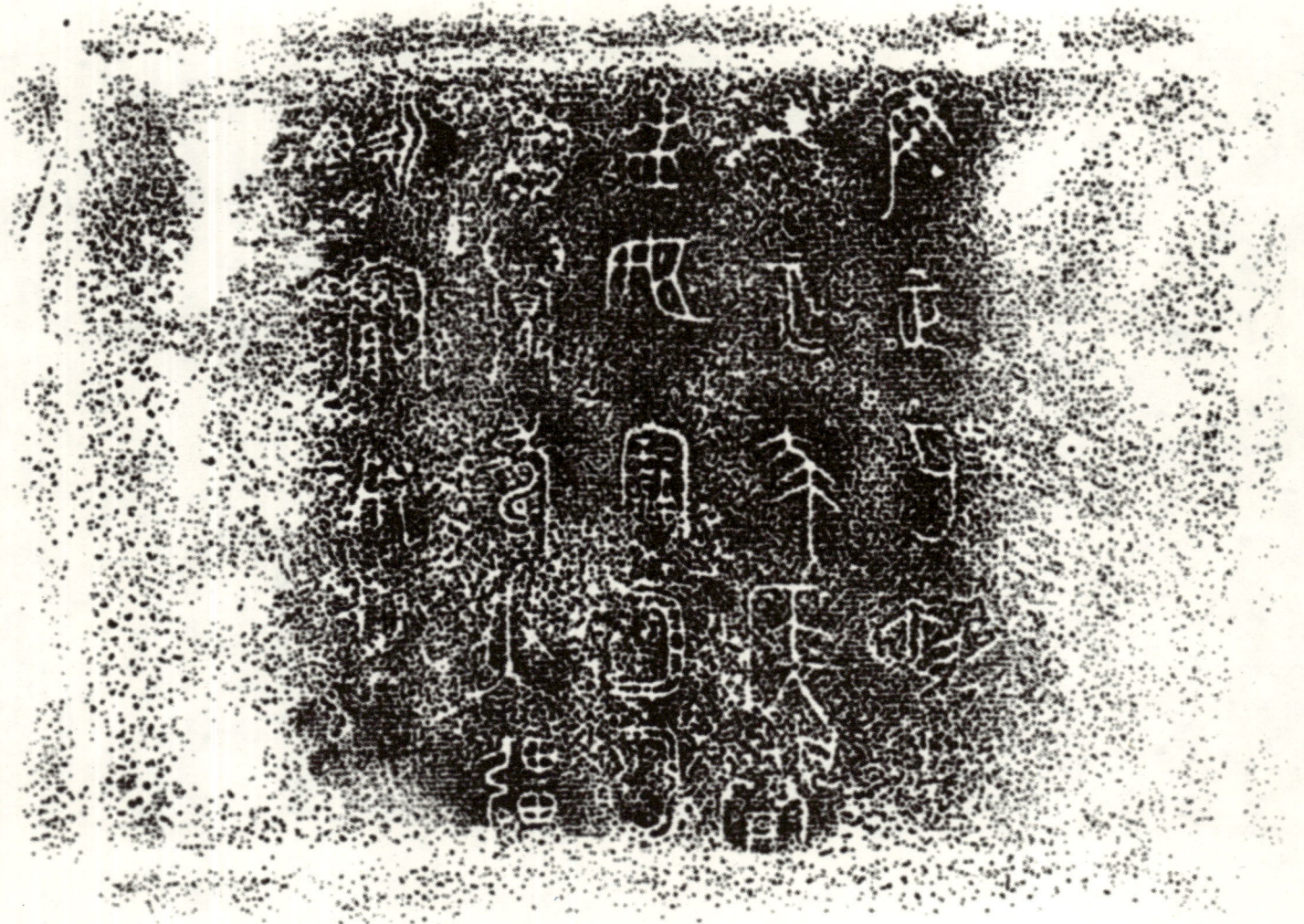

唯正月初吉
丁亥，蔡侯腠
孟姬寶匡簠，
其眉壽無疆，
永寶用之。

字數：24
時代：春秋後期
著録：《中國文字》新廿二期（抽印本）151—164頁

529 蔡大膳夫趠簠

（蓋）　　　　　　　　　　　（器）

（蓋）

唯正月初吉
壬申，蔡大膳
夫趠作其餳
簠。其萬年眉
壽無疆，子孫
永寶用之。

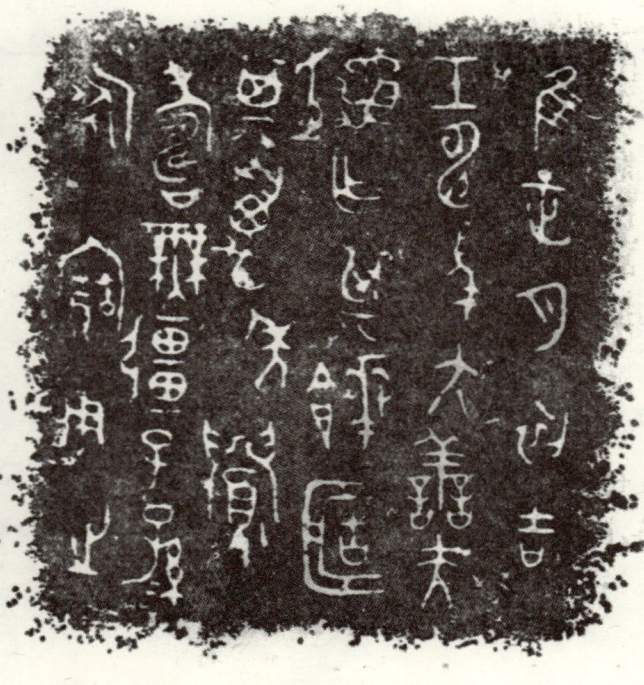

（器）

唯正月初吉
壬申，蔡大膳夫
趠作其餳簠。
其萬年眉
壽無疆，子孫
永寶用之。

字數：29（又重文 2，蓋器同銘）
度量：通高 18.5 釐米
時代：西周晚期
著錄：《考古》1989 年 11 期 1041—1043 頁；《中國文物
　　　報》1988 年 1 月 1 日 2 版
出土：1987 年 8 月湖北襄樊市宜城縣朱市鄉磚瓦廠
現藏：湖北襄樊市博物館

530 原氏仲簠

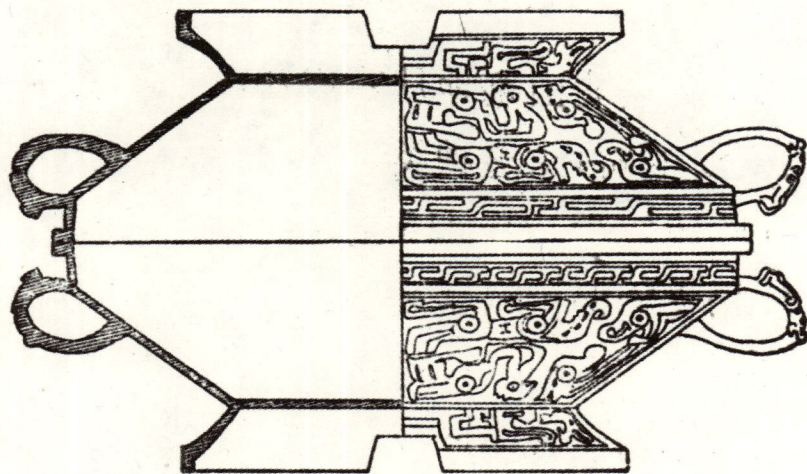

字數:30

度量:通高 18 釐米

時代:春秋前期

著録:《考古》1988 年 8 期 766—767 頁;《考古》
　　　1989 年 4 期 310—311 頁

出土:1977 年 10 月河南商水縣練集鄉楊莊村墓葬

現藏:河南周口市博物館

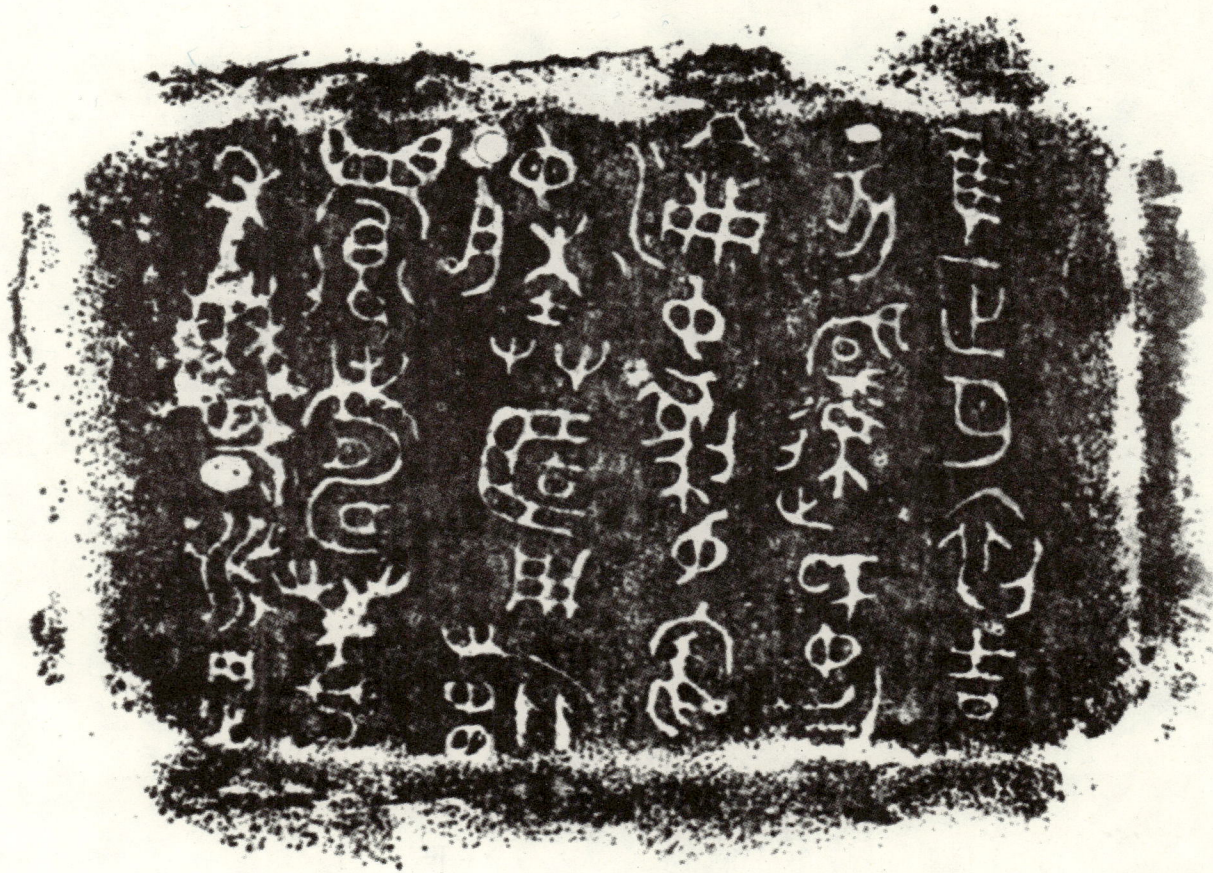

唯正月初吉
丁亥，原氏仲作
淪母、馴母、家
母媵簋。用祈
眉壽，萬
年無疆，永用之。

437

531 原氏仲簠

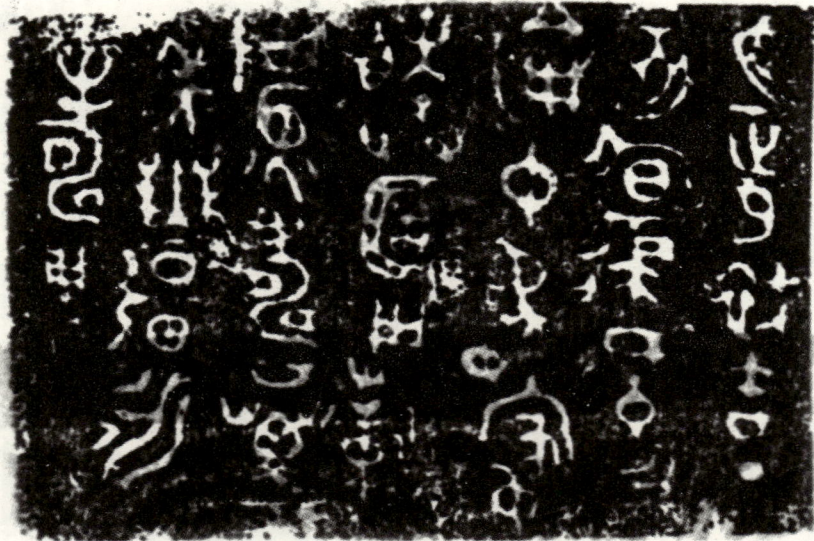

唯正月初吉丁
亥，原氏仲作
淪母、駒母、家母
媵簠，用祈
眉壽，萬
年無疆，永
壽用。

字數：30
度量：通高 18 釐米
時代：春秋前期
著錄：《考古》1989 年 4 期 310—311 頁
出土：1984 年河南商水縣朱集村
現藏：河南商水縣文物管理委員會
備註：器已殘

532 原仲簠

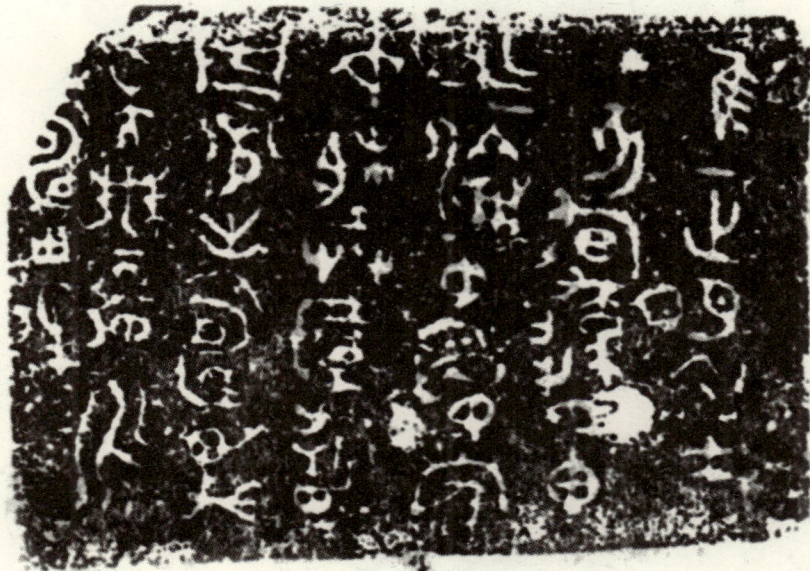

唯正月初吉
丁亥，原氏仲
作淪母、馴母、家
母媵簠，用祈
眉壽，萬
年無疆，永
壽用之。

字數：31
度量：通高 18 釐米
時代：春秋前期
著録：《考古》1989 年 4 期 310—311 頁
出土：1984 年河南商水縣桼集村
現藏：河南商水縣文物管理委員會
備註：器已殘

533 何次簋

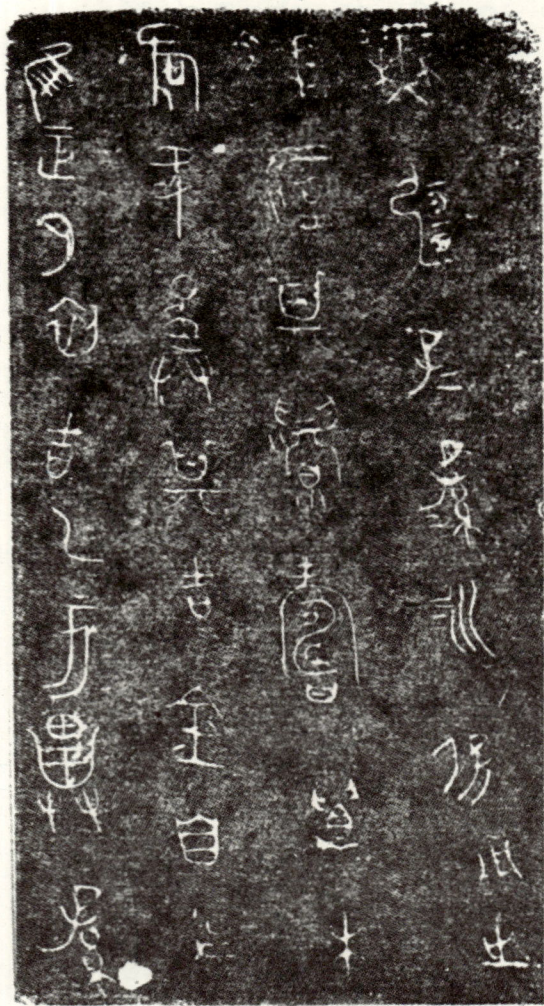

唯正月初吉乙亥，畢孫
何次擇其吉金，自作
餞簋。其眉壽萬年
無疆，子孫永保用之。

字數：32（又重文 2）
度量：通高 18.8 釐米，重量 6.33 千克
時代：春秋後期
著録：《淅川下寺春秋楚墓》11 頁
出土：1990 年河南淅川縣下寺 M8：2
現藏：河南省文物考古研究所

534 何次簠

字數:28(又重文 2,器 28 蓋 27)
度量:通高 19.5 釐米,重 6.1 千克
時代:春秋後期
著録:《淅川下寺春秋楚墓》11 頁
出土:1990 年河南淅川縣下寺 M8:3
現藏:河南省文物考古研究所
備注:同出兩件,大小、形制、紋飾相同

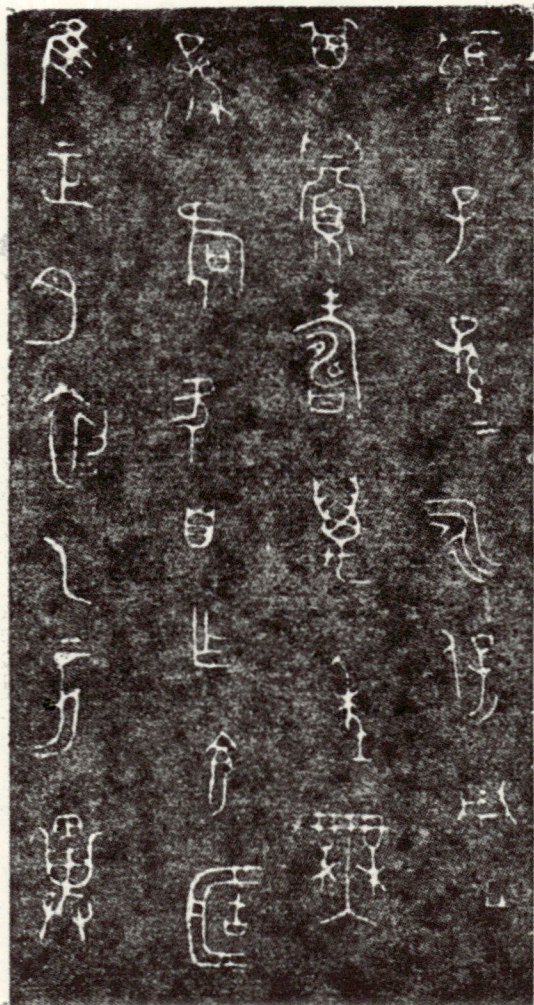
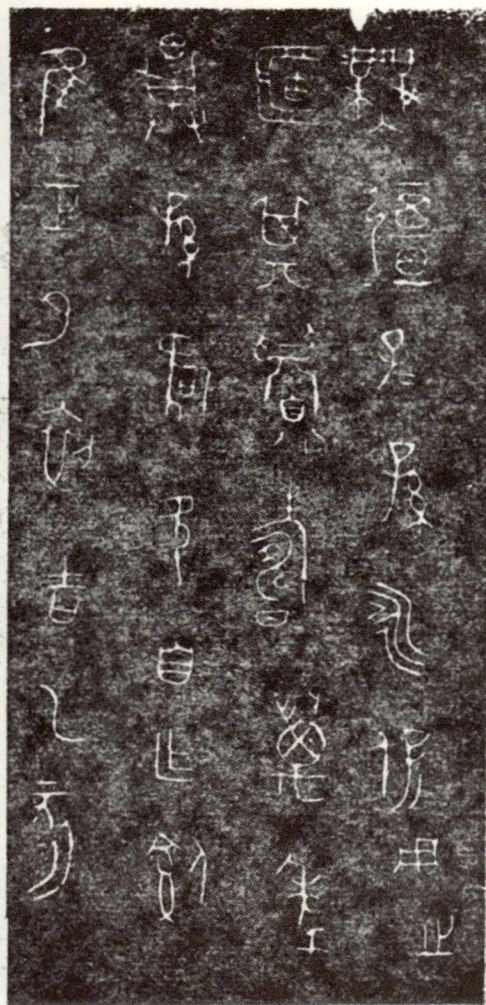

（蓋）　　　　　　　　　（器）

無疆，子孫永保用之。

簋，其眉壽萬年

畢孫何次自作飤

唯正月初吉乙亥，

疆，子孫永保用之。

其眉壽萬年無

孫何次自作飤簋。

唯正月初乙亥，畢

442

535 何次簠

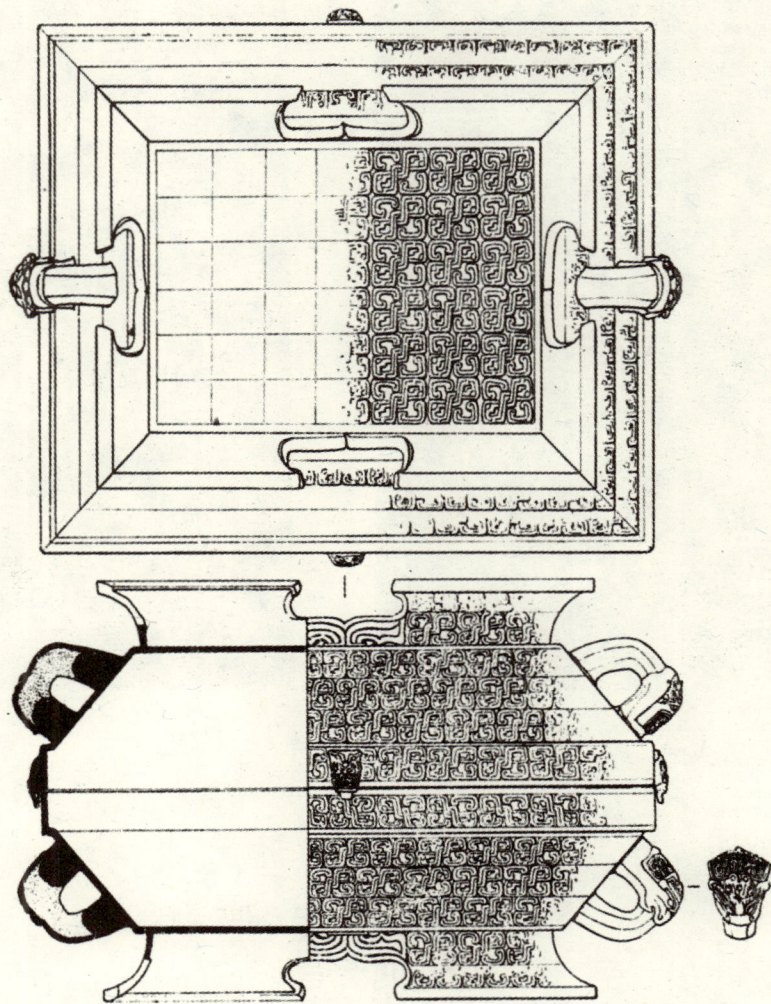

字數:28(又重文 2,蓋器同銘)
度量:通高 18.8 釐米,重量 6.4 千克
時代:春秋後期
著錄:《淅川下寺春秋楚墓》14 頁
出土:1990 年河南淅川縣下寺 M8:4
現藏:河南省文物研究所

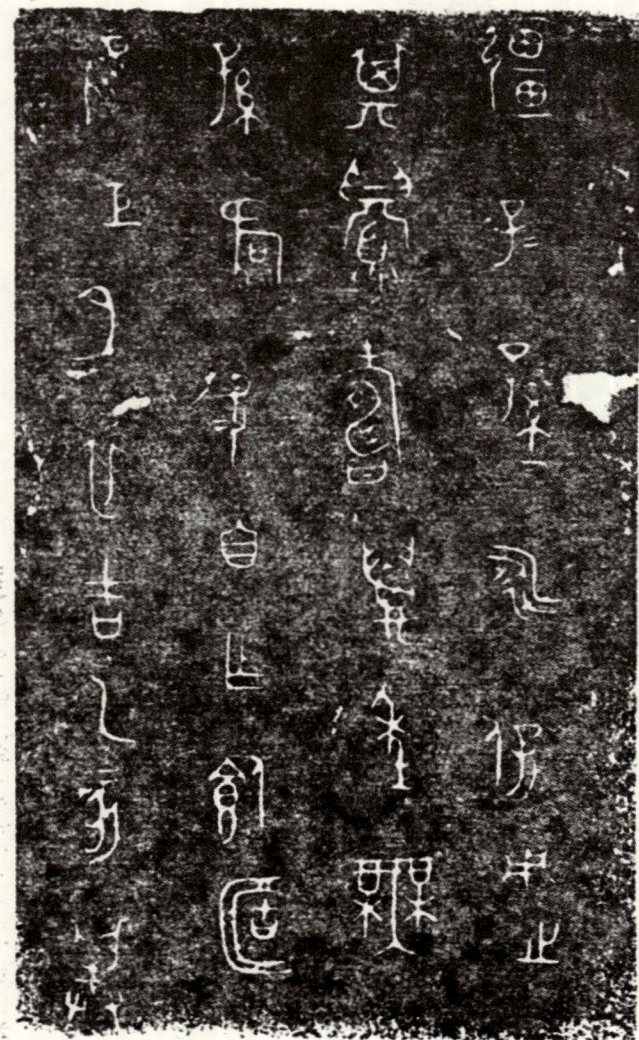
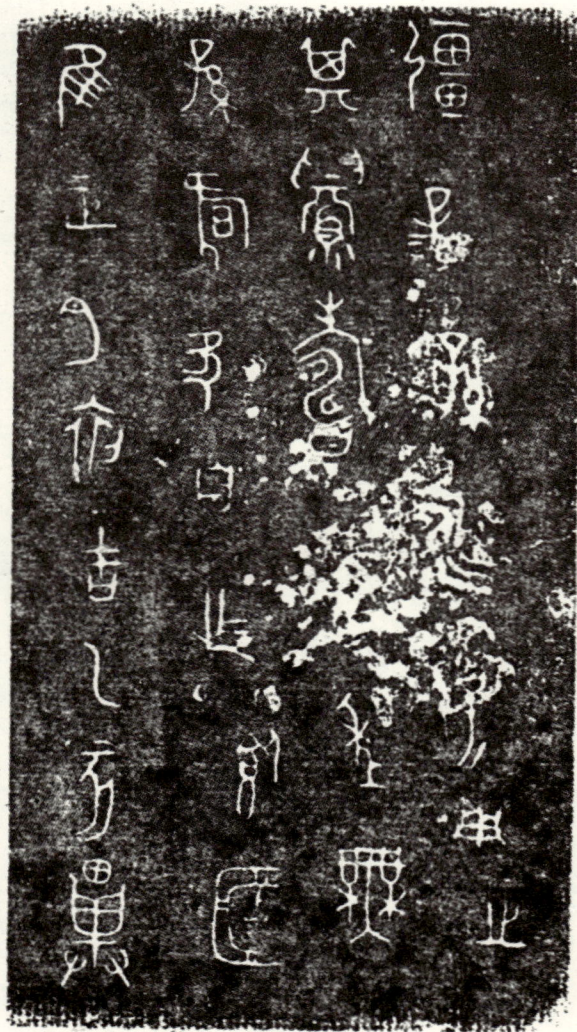

（蓋）　　　　　　　（器）

唯正月初吉乙亥，畢
孫何次自作飤簋。
其眉壽萬年無
疆，子孫永保用之。

536 上鄀公簠

字數:34(又重文 2,蓋器同銘)
度量:通高 17.8 釐米,重量 5.55 千克
時代:春秋後期
著錄:《淅川下寺春秋楚墓》10 頁
出土:1990 年河南淅川縣下寺 M8:1
現藏:河南省文物考古研究所

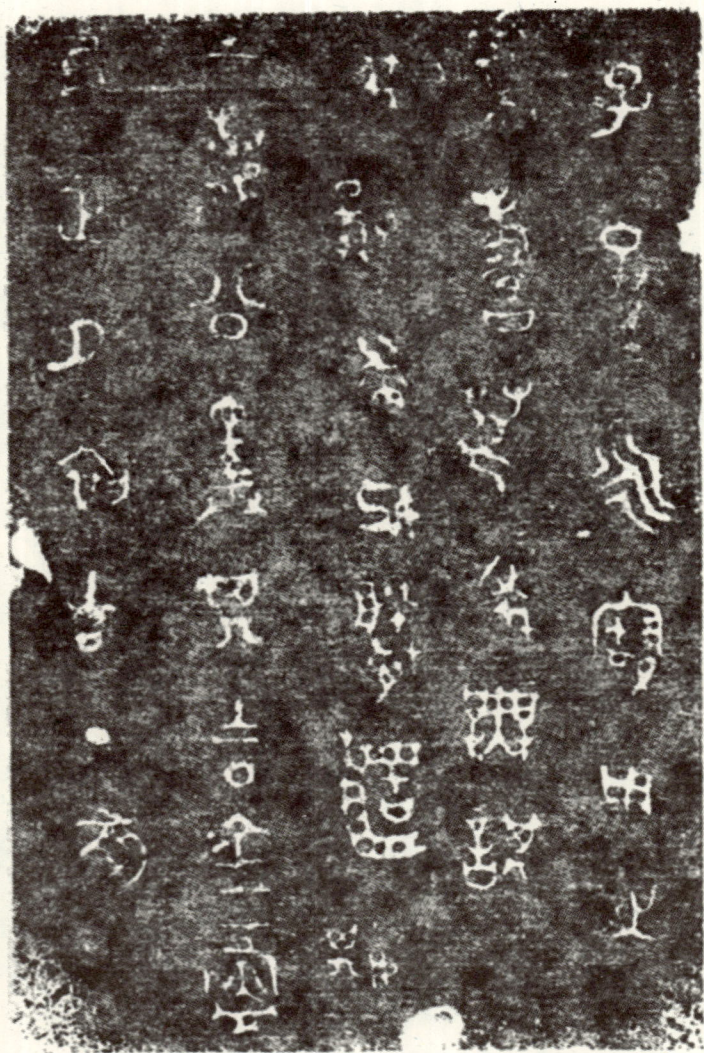

（蓋）

（器）

子孫永寶用之。
眉壽萬年無期，
叔嬭番妃塍簠。其
上郡公擇其吉金，鑄
唯正月初吉丁亥，

子孫永寶用之。
眉壽萬年無期，
嬭番妃塍簠。其
擇其吉金，鑄叔
唯正月初吉丁亥，上郡公

446

荆公孫鑄其
膳敦。老壽用
之，叕寶無期。

字數：15
度量：通高 10.7 釐米，口徑 20.7 釐米
時代：春秋後期
著錄：《考古》1989 年 6 期 565 頁
出土：光緒年間山東膠南縣六汪鎮山周村
現藏：山東膠南縣博物館

538 宋右師延敦

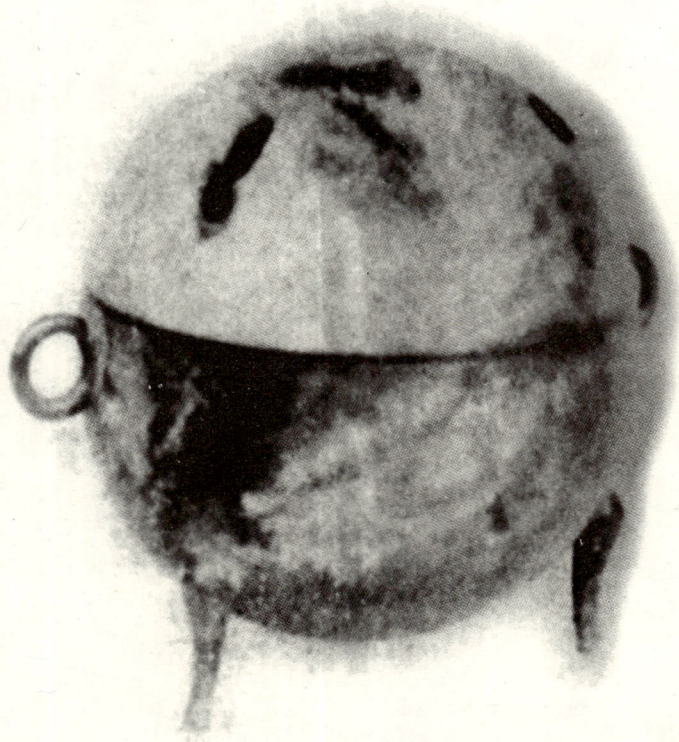

字數：29（又重文 3，蓋器同銘）
度量：通高 15 釐米，口徑 15.5 釐米
時代：春秋後期
著録：《文物》1991 年 5 期 88—89 頁
流傳：二十世紀六十年代河南南陽市博物館徵集
現藏：河南南陽市博物館

（器）

朕宋右師
延，惟嬴盟
揚天恤，畯
共天常，作
齊𦣞粢器。天
其作市于
朕身，永有
慶。

（蓋）

朕宋右師延，
惟嬴盟揚
天恤，畯共天常，
作齊罪米器。天
其作市于朕
身，永有慶。

539 史父乙豆

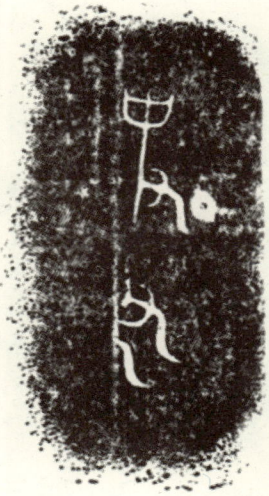

史。父乙。

字數：3
度量：通高 12.1 釐米，口徑 13.1 釐米，重 0.65 千克
時代：西周早期
著録：《寶鷄強國墓地》(上)60 頁
出土：陝西寶鷄市竹園溝 13 號墓 M13:23
現藏：陝西寶鷄市博物館

540 𤔲父癸豆

𤔲。父癸。

字數:3
度量:通高 12.3 釐米,口徑 13.5 釐米
時代:商代後期
著録:《考古與文物》1990 年 5 期 25—38 頁
出土:陝西西安市東郊老牛坡
現藏:陝西西安市文物中心

541 虢季豆

虢季作甫，
子_二孫_二用享。

字數:8(又重文2)
度量:通高 15.2 釐米,口徑 16.4 釐米,重 2.45 千克
時代:西周晚期
著録:《三門峽虢國墓》上册 60 頁
出土:河南三門峽市虢國墓地 M2001:105
現藏:河南三門峽市文物工作隊

453

542 虢季豆

虢季作甫，
子孫用享。

字數:8(又重文 2)
度量:通高 15.4 釐米,口徑 23.6 釐米,重 2.5 千克
時代:西周晚期
著録:《三門峽虢國墓》上册 60 頁
出土:河南三門峽市虢國墓地 M2001:148
現藏:河南三門峽市文物工作隊

543 梁伯可忌豆

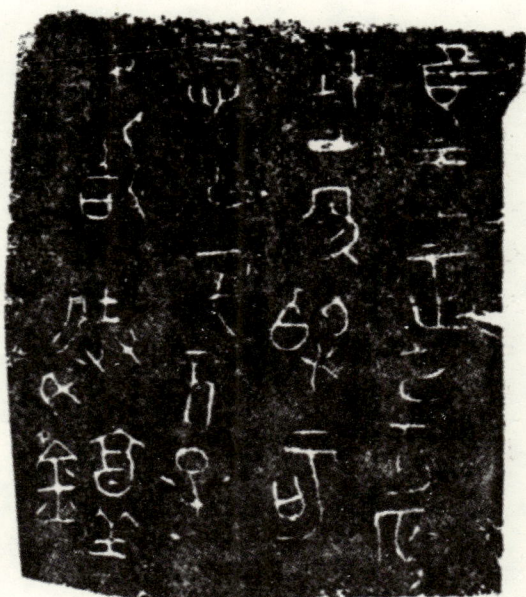

唯王正九月，辰
在丁亥，梁伯可
忌作厥元子
仲姞縢錞。

字數：20（又合文 1）
度量：通高 22 釐米，口徑 17 釐米
時代：戰國後期
著錄：《考古》1990 年 11 期 1045 頁
出土：1987 年 8 月山東淄博市臨淄區白兔丘村東淄河灘
現藏：山東齊國故城遺址博物館